LA FRANCE : UN PAYS SOUS INFLUENCES ?

Claude Revel

LA FRANCE : UN PAYS SOUS INFLUENCES ?

Vuibert

Du même auteur

« *L'ordre mondial du XXIe siècle en question* » in *La Chinamérique – Un couple contre-nature ?* (collectif), Eyrolles, 2010

Nous et le reste du monde – Les vrais atouts de la France dans la mondialisation, Éditions Saint-Simon (mention d'honneur du prix Turgot d'économie 2008), 2007

La gouvernance mondiale a commencé : acteurs, enjeux, influences... Et demain ?, Ellipses, 2006

L'autre guerre des États-Unis – Économie : les secrets d'une machine de conquête, avec Éric Denécé, Éditions Robert Laffont, 2005

Quand PDG et ONG osent, collectif de quatre conseillers du commerce extérieur de la France, Eyrolles, 2004

L'auteur souhaite remercier
Stéphanie Verrupen.

Ouvrage publié sur le conseil d'Éric Delbecque.

ISBN 978-2-311-00632-2

Sommaire

AVANT-PROPOS

L'influence : menace ou opportunité ?

Normes mondiales de la bonne université, du bon pays où investir, louanges puis critiques des biocarburants, États sous contrôle d'agences privées, rôles de Facebook et Twitter dans les révolutions arabes, succès mondial du concept de développement durable... ces quelques exemples parmi des millions d'autres sont des illustrations de jeux d'influence. Les technologies de l'information facilitent l'adhésion, la conviction et la manipulation, individuelles ou collectives. La combinaison de ces évolutions avec l'extension impressionnante des échanges a reçu le nom de mondialisation. Avec son dérivé l'influence, l'information en est une des énergies, au même titre que le gaz et le pétrole. Brute, l'information peut être de plus ou moins bonne qualité. Elle peut, ou non, être raffinée, frelatée. Les entreprises qui l'exploitent deviennent aussi puissantes et courtisées que les pétroliers. L'information et l'influence ont déjà complètement redistribué les cartes de la puissance depuis une trentaine d'années. Certains États, certaines entreprises ont anticipé voire formaté ce nouvel environnement. D'autres non.

Point n'est besoin d'aller chercher des manœuvres occultes, illégales et dissimulées, même s'il y en a, bien sûr. La « simple » réalité de ce qui est permis peut dépasser la fiction. La gouvernance – au sens de mode de fonctionnement – qui a commencé à se mettre en place au niveau du monde facilite et légitime un nombre incroyablement élevé d'influences de toutes sortes, qui ont un impact sur l'élaboration de nos règles de vie et sur la formation de nos opinions.

L'influence n'est pas qu'une technique. Qu'il s'agisse de *soft power* d'État, de diplomatie d'entreprise ou de *lobbying*, une influence efficace s'appuie sur une direction, une mission, des valeurs sous-jacentes. Le public a plus de moyens qu'auparavant de vérifier – en temps réel – la cohérence des propos et des actes avec les valeurs affichées. Beaucoup d'entreprises qui l'avaient oublié dans des messages trop déconnectés de leur réalité l'ont réappris à leurs dépens. Les dirigeants de toutes origines se sont également mis à raconter des histoires, au sens littéral du terme puisque le « *storytelling* » s'est généralisé comme outil d'influence politique. Néanmoins, là encore, trop de cynisme a nui et le rôle mis au jour des *spin doctors* ou conseillers en communication de l'ombre a plutôt nui *in fine* à l'image des hommes politiques qu'ils servaient, comme par exemple Tony Blair.

L'information, comme toute énergie, peut être utilisée à toutes sortes de fins, des plus pures aux plus criminelles. Si la terre est plate pour tous [1], elle l'est aussi pour les mafias et groupes criminels en tous genres qui ont prospéré avec la limitation territoriale de l'application des règles des États. Ils usent de l'information comme du reste, de manière malhonnête, en l'achetant, en la travestissant, en la trafiquant... pour en faire un instrument de profit et de puissance.

La présence de nombreux mots anglais dans ce livre traduit mieux que toute démonstration l'influence principale qui s'exerce sur la gouvernance actuelle du monde, qui a elle-même instauré l'influence comme mécanisme clé de fonctionnement de l'économie et de la politique. Peut-être après-demain un même livre utilisera-t-il des mots chinois, ou arabes. Qu'il soit entendu qu'il n'y a aucune hostilité dans ce constat, mais un grand regret de notre propre passivité devant l'intelligence et les efforts des États-Unis, tout particulièrement depuis les années 1970, et une obligation de clairvoyance devant la montée d'autres puissances. Il est dommage qu'en France les dirigeants publics et privés depuis trente ans aient laissé le pays se figer, sans compréhension réelle des évolutions du monde, dans un système de castes et de réseaux à l'ancienne facilement façonnable par des influences publiques et privées étrangères. Le « génie français » est resté mécaniste, sûr de son excellence, il n'a pas su adapter quand il était temps son remarquable modèle de société et l'a décrédibilisé, il n'a pas vu l'immense action d'influence qui se diffusait peu à peu dans le monde occidental et qui était fondée sur un capitalisme beaucoup moins humaniste, qui aujourd'hui a dégénéré et échappe même à ses auteurs.

On peut regretter que l'Union européenne n'ait pas été aussi anticipatrice que son cousin d'outre-Atlantique. Depuis une vingtaine d'années s'est mis en place dans le monde un nouvel « esprit des lois » que nous avons qualifié d'ordre libéralo-moral [2], fondé sur deux piliers : le marché le plus libre, voire débridé et des règles d'éthique *soft* contrôlées par l'image. Venant des États-Unis, il est d'essence démocratique mais il a dégénéré et il prétend uniformiser sous sa férule.

La concurrence des idées et par les idées n'est pas l'apanage des États développés. Quelques autres grandes influences sont à l'œuvre : celle du Qatar et des émirats, peut-être plus largement l'influence islamique ; celle du Brésil, très actif dans les enceintes multilatérales et dans les pays pauvres pour lesquels il est un modèle ; et surtout celle de la Chine. Nous n'en sommes qu'aux prémices de l'influence normative au sens large que pourrait un jour pas si lointain exercer ce pays, devenu membre à part entière de la communauté économique mondiale depuis son entrée à l'OMC en 2001, non seulement dans le champ industriel, mais aussi en matière environnementale, éthique, sociale, culturelle. Cela bien sûr si ses faiblesses internes ne le conduisent pas à des secousses trop violentes.

La mondialisation a induit des compétitions immatérielles qui se jouent à coups d'information et plus particulièrement d'influence. On oublie souvent la concurrence des normes de tous ordres, des systèmes de droit, d'enseignement, des modèles politiques, économiques et sociaux, des cultures au sens large. Ces compétitions concernent les États mais aussi les entreprises. Il s'agit « d'idées » mais au caractère et aux conséquences très opérationnels ! Des marchés peuvent ainsi être ouverts ou fermés. Ces questions sont stratégiques pour les entreprises car, un jour ou l'autre, il faudra régler les problèmes de l'hétérogénéité des règles et normes dans le commerce international, de la sécurisation des investisseurs et donc d'une *Rule of Law* minimale de tous les États.

Le champ de l'influence est sans limites. Il nous paraît essentiel de nous interroger d'abord sur ses « fondamentaux » puis de nous concentrer sur l'influence comme source et mécanisme de la décision publique, de la compétition économique, du formatage des opinions, instrument et facteur de pouvoir qui oriente la vie du globe de manière insidieuse, bien souvent sans que ses habitants s'en rendent compte. Cet ouvrage vise à être utile aux individus qui veulent rester libres ainsi qu'aux entreprises qui veulent tirer le meilleur parti de la globalisation des échanges. Il a enfin pour objectif de « donner envie » aux Européens, et pour commencer aux Français, de jouer un rôle dans les fonctionnements, la gouvernance, le mode de vie... qui se mettent en place au niveau du monde.

Le parti pris que nous assumons dans cet ouvrage est la recherche d'un monde non uniformisé, à la pensée non standardisée, avec un socle d'intérêt général commun à définir et respecter par tous. La difficulté est grande de ne pas tomber dans deux types d'errements : celui que l'on connaît aujourd'hui et qui consiste en un affrontement de cupidités vaguement encadrées par une éthique en pack et celui que l'on a connu et que l'on pourrait retrouver demain, d'autorités publiques totalitaires fondées sur des idéologies et pourquoi pas des religions. Des influences s'exercent aujourd'hui dans les deux sens. Il nous semble que le « modèle » (au sens de mécanisme) européen continental concilie dans son essence les exigences de profit indispensables à la croissance et une assurance minimale de bien-être, le tout dans une démocratie dont les valeurs ne sont pas que monétaires. La bonne nouvelle est que ce modèle n'est pas qu'occidental, de nombreux auteurs étrangers nous disent que le souci de justice, de liberté et d'égalité des chances pour tous ne nous appartient pas exclusivement.

Pour exercer une influence, il faut le vouloir. Cela demande un état d'esprit « proactif », qui est celui que l'auteur souhaiterait voir adopter par les décideurs français et européens à l'international... et par leurs concitoyens pour les y pousser.

CHAPITRE 1

L'influence, rouage clé du nouvel ordre mondial

Influence[1] : « *flux provenant des astres et agissant sur les hommes et les choses ; influence physique et mécanique* ». L'influence impliquerait donc fatalisme et déterminisme ! Heureusement non, elle est aussi à portée de l'homme, qui la décline en : action, volontaire ou non, d'une personne sur une autre (ascendant, emprise, empire, domination, persuasion) ; pouvoir social (autorité, crédit, importance, poids, prestige, « un homme d'influence ») ; pouvoir moral et intellectuel (dans lequel nous inclurons l'influence de courants politiques, religieux...) ; et autorité d'un État dans une zone ou sphère (« zone d'influence »).

À ces définitions il faut aujourd'hui ajouter *lobbying*, *soft* et *smart powers, business diplomacy, public diplomacy, advocacy*... Sommes-nous passés à un dictionnaire anglais ? Non. Nous reviendrons largement sur le sujet.

L'influence est un concept et une pratique parmi les plus transverses et multiformes qui soient. La définition précitée nous renvoie à quatre disciplines différentes : la psychologie, la sociologie, les sciences morales et politiques et la géopolitique. Ces catégories sont aujourd'hui bousculées et servent des desseins que peu auraient imaginés. La psychologie des foules et la psychologie sociale sont désormais des alliées du marketing commercial et politique, l'approche sociologique nous aide à décrypter les réseaux traditionnels et les nouveaux médias sociaux. Les sciences politiques, la géopolitique et la géoéconomie apportent à l'analyse économique une approche essentielle en termes de jeux d'influences. Cet ensemble nous permet de comprendre et d'anticiper le monde complexe auquel nous avons affaire. L'influence se nourrit d'analyses et d'expériences pour devenir de plus en plus professionnelle. Elle est une pensée opérationnelle qui débouche sur l'action. Elle reste pourtant d'abord un phénomène aussi ancien que le monde.

Qu'est-ce que l'influence ?

Séduction et argumentation

La relation d'influence agit en recherchant l'adhésion, par deux grands moyens : la séduction et l'argumentation. En principe, la séduction s'adresse à l'affectif, à l'émotion, tandis que l'argumentation parle à la raison. La séduction agit sur un registre moins conscient, plus implicite, plus tacite que l'argumentation. La seconde est traditionnellement mieux considérée que la première.

Il ne faudrait pas, cependant, trop différencier ni hiérarchiser ces deux voies de l'influence, en qualifiant l'argumentation de noble, tandis que la séduction serait un peu grossière : en effet, on peut séduire par un beau sourire, un beau visage ou plus généralement par la mise en valeur de la beauté, mais aussi par un beau raisonnement (l'esthétique des raisonnements mathématiques a ses adeptes) ou encore par une œuvre d'art, qui peut à elle seule remplacer toute une argumentation. Par exemple, le tableau *Guernica* de Picasso convainc de l'horreur de la guerre bien mieux qu'un discours et a exercé une importante influence pacifiste et antifranquiste. Autrement dit, la séduction peut être artistique ou intellectuelle, émotion sublimée par rapport à une attraction basique et immédiate. Elle peut être aussi culturelle : on peut être séduit par l'*American way of life*, de manière irraisonnée, parce qu'on se sent bien dans cette manière de fonctionner. Cet attrait a spontanément propagé l'image des États-Unis pendant des décennies.

À l'inverse, une argumentation peut être fondée sur des chiffres faux ou fallacieux, assemblés d'une certaine manière pour la circonstance. Les chiffres et, d'une manière générale, la preuve quantitative sont à prendre avec autant de précautions que les tentatives de séduction. L'argumentation peut utiliser des faits biaisés, incomplets, ou des interprétations erronées de la réalité. Pourtant, le raisonnement sera « impeccable ». C'est le cas, entre autres, des raisonnements à caractère paranoïaque, extrêmement séduisants car très structurés, d'apparence logique mais délirants car construits sur des bases fausses. Ces délires peuvent être délibérés, comme les fameux « Protocoles des Sages de Sion », faux qui a exercé une forte influence antisémite depuis le début du XIXe siècle jusqu'à la négation des attentats du 11 septembre 2001, théorie qui influence encore profondément certaines populations. Les arguments utilisés peuvent aussi reposer sur les croyances les plus folles ou les plus arriérées. C'est souvent le cas des gourous dans les sectes (qui en outre peuvent être de grands séducteurs).

Enfin, qu'appelle-t-on « raison » ? Le mode de pensée occidental diffusé par les Encyclopédistes ? Sur quelles valeurs convainc-t-on ? Sur quels arguments ? Cela dépendra évidemment des circonstances. Les arguments ne sont pas « bons » ou « mauvais » en eux-mêmes, ils sont plus ou moins bien adaptés aux demandes et codes du lieu et du moment, à ce qui est considéré comme la « doxa ». L'argument « raisonnable » dépend de l'époque. Il apparaît aujourd'hui raisonnable pour une entreprise occidentale de dépenser de l'argent pour soutenir un artiste ou une action humanitaire car cela fait partie de son image, donc de sa notation. Il y a cinquante ans, c'était un caprice du dirigeant, voire un abus de bien social.

Finalement, il ne semble pas que l'argumentation « raisonnable » soit moins fragile que la séduction. Dans la pratique, on constate la plupart du temps un mélange des deux éléments, à des degrés divers. Et il ressort que l'essentiel est d'abord de « donner envie ». « L'accroche » s'adressera à la raison ou à la séduction, peu importe, mais l'homme politique, le dirigeant, l'entreprise, l'État, qui veulent exercer une influence doivent d'abord donner envie de traiter avec eux, pour ensuite délivrer un message et y faire adhérer le récepteur de ce message. En 2009, dans un fameux article, « *Get smart* », publié en juillet/août dans la revue *Foreign Affairs*, Joseph S. Nye Jr, le père du concept de *soft power* cite le président Eisenhower sur une des formes de l'influence, le *leadership* : « *Il s'agit de faire faire aux gens quelque chose, non pas parce qu'on leur dit de le faire mais parce qu'ils ont instinctivement envie de le faire pour vous.* »

Ni force ni paiement ?

L'influence est une relation consciente ou inconsciente qui permet de faire agir ou penser autrui selon ce que veut l'émetteur de l'influence. Il est d'usage d'ajouter : « sans exercice de la force ni paiement » (« ni contrat ni contrainte », selon l'expression de François-Bernard Huyghe[2]). Ces catégories sont-elles aussi nettes dans la réalité ? À nouveau, non.

Car en fait, qu'est-ce que la force ? L'influence pourrait elle-même être considérée comme une force supérieure qui s'exerce sur une conscience. La contrainte n'est pas ressentie mais elle s'exerce néanmoins, parfois contre des sentiments ou convictions déjà établis. C'est le cas des influences exercées par une autorité morale ou religieuse. On pourrait soutenir que même la séduction peut relever de l'ordre de la contrainte psychologique voire physique : le charisme, qui en est sa forme ultime, est une force de rayonnement à laquelle il est parfois difficile de résister. Il s'agit d'une sorte d'autorité naturelle exercée par un être humain sur un autre. Les écoles de management et l'industrie de la formation professionnelle tentent de développer le *leadership* ou « charisme professionnel » chez leurs élèves. Pourquoi ? Parce que ce don ou cette qualité acquise permettent de faire agir et/ou penser d'autres personnes comme on le souhaite de la manière la plus douce pour tout le monde, et la plus facile : par l'adhésion directe, sans besoin d'argumentation ni de séduction affichée. Mais n'est-on pas là encore dans le domaine de la force, même si celle-ci est très implicite ? « Une autorité naturelle émanait de lui » ou encore « il émanait de lui une force surnaturelle » nous disent les clichés littéraires...

Et qu'est-ce que le paiement ? La notion de paiement peut être plus complexe que l'échange monétaire : par exemple, le paiement peut consister dans une gratification psychologique (se sentir préféré) ou encore dans l'espoir donné d'une vie meilleure. Exemple plus terre à terre : on se laissera plus facilement influencer par la pensée du candidat à la mairie qui vous promet un logement !

Dans « convaincre » il y a « vaincre », et « convaincre » vient du latin *convincere* qui veut dire vaincre entièrement. Quant à « séduire », cela signifie amener à part (du droit chemin), séparer. La notion de « prise de l'autre » est donc bien présente dans les deux mots. L'influence est une prise de l'esprit de l'autre, bien plus subtile que la prise physique.

Une arme qui ne tue pas

In fine l'influence est une arme, pacifique certes, mais une arme, c'est-à-dire un instrument de prise de pouvoir sur l'autre. Cette arme ne tue pas. Plus exactement, elle ne tue que l'avis contraire pour le remplacer par celui du possesseur de l'arme. Comme le dit Éric Delbecque,

« *l'influence est une arme propre* »[3]. Si nous résumons, l'influence est une relation éminemment compliquée qui va agir sur : la raison, la conscience, l'affectivité, les convictions, les émotions, en les faisant évoluer sans que le sujet en ressente l'obligation ni ne soit payé pour cela. Cette faculté étrange qui permet de faire penser et agir autrui selon ses souhaits sans user de contrainte ouverte ni d'argent permet bel et bien de prendre possession d'une conscience. L'influence est une relation dynamique, un flux d'information qui va immerger (in-fluence), voire submerger l'autre. Comme l'écrit François-Bernard Huyghe, l'influence est une « *démarche visant à changer la façon dont autrui perçoit la réalité* ».[4] En conséquence, elle est aussi un moyen d'action sur la décision d'autrui.

L'influence est l'arme de la prise de pouvoir politique. L'information diffusée par les États-Unis en URSS pendant des dizaines d'années *via* des radios clandestines et des livres non moins secrets tentait d'imprégner les consciences pour les « retourner » dans le sens américain, c'est-à-dire pour miner de l'intérieur le pouvoir soviétique. Les Russes (puisque cette nationalité dominait l'Union des républiques socialistes soviétiques) n'étaient pas en reste et finançaient secrètement des mouvements prétendument pacifistes. Parallèlement, les deux pouvoirs se livraient à une propagande ouverte, à coups d'effets d'image (cinéma, manifestations sportives, conquête spatiale...). Dans tous les cas, le but était d'exercer une action sur les opinions. Dans un tout autre environnement et une tout autre culture, la doctrine de la non-violence théorisée et pratiquée par le Mahatma Gandhi au début du siècle dernier peut être considérée comme une forme d'influence politique. Elle est bien une pression pacifique pour faire évoluer des décisions !

L'influence a été considérée comme une arme dès l'origine des temps, une arme paradoxalement conçue pour éviter la guerre, la vraie, la physique, la sanglante. Le grand Sun Tzu, général chinois et auteur de *L'Art de la guerre* au 6e siècle avant J.-C., nous dit qu'en exerçant une influence démoralisante sur l'adversaire, on le fait rendre gorge plus vite et plus facilement qu'en tentant de le décimer. Notamment, ridiculiser des chefs n'est jamais inutile : « *Tout l'art de la guerre est fondé sur la duperie.* » On rappellera Machiavel : « *tout l'art politique est de faire croire* » ou encore Lénine : « *dites-leur ce qu'ils veulent entendre* ». Ces thèmes ont été brillamment traités par un auteur français contemporain hélas décédé, Vladimir Volkoff, dans de nombreux ouvrages dont ces citations sont tirées et dont nous ne saurions trop recommander la lecture [5].

Cette arme dispose aujourd'hui – et ce n'est qu'un début – des apports techniques des sciences cognitives, des neurosciences, des nanotechnologies, des biotechnologies, de la chimie... Les capacités d'influence sur la volonté humaine pourront bientôt être décuplées par des substances chimiques, des actions d'ondes, l'implantation de puces excitant tel ou tel endroit du cerveau, les opérations chirurgicales permettant d'annihiler tel ou tel désir ou au contraire d'en susciter... En sens inverse, des nanorobots ayant la forme d'insectes pourront venir surveiller le terrain. Ces expériences sont déjà en cours par beaucoup d'États, dans des laboratoires tenus secrets [6].

Comme toujours en avance, la littérature regorge d'exemples de prise de possession de l'esprit par une action sur le corps. Souvenons-nous de mythes de l'Odyssée comme celui des philtres de la magicienne Circé ou du récit de Tristan et Yseut. Les breuvages utilisés par les magiciens de légende pour forcer la décision préfigurent les méthodes employées par certains services secrets. La science-fiction, de son côté, utilise depuis longtemps les actions psychologiques à distance. Aujourd'hui, des laboratoires très réels travaillent sur ces techniques. Ces travaux ne datent pas d'hier, les Soviétiques sont réputés avoir mené des recherches approfondies sur le sujet dès les années 1920, de même que – sans doute plus tard – leurs concurrents de la guerre froide américains et britanniques. On consultera avec intérêt une bibliographie établie en 1972 par la CIA sur les articles scientifiques soviétiques et étrangers portant sur la biophysique, les relations entre psychisme et biologie... [7]

Cette arme dispose de moyens apparemment aussi pacifiques que la culture. Celle-ci exerce en elle-même une influence par l'effet qu'elle produit sur les consciences, quelle que soit sa forme, artistique, intellectuelle, politique. Ces effets peuvent assez facilement être instrumentalisés pour servir des causes. Et ce avec la facilité nouvelle apportée par les réseaux mis à disposition par Google, Yahoo !, YouTube, Facebook, Twitter et des milliers d'autres, tuyaux qui, minute après minute, et mois après mois, charrient, tels des fleuves, des milliards d'informations, parmi lesquelles certaines sont des armes de conviction (commerciale en particulier) non visibles de leurs cibles. Le nombre de ces influences par le Web plaiderait pour une dilution de leurs résultats, chacune ayant son contraire. Cela, c'est la vision idyllique d'un monde de concurrence pure et parfaite dans tous les domaines, y compris celui de l'information. Bien évidemment, ce monde n'existe pas et c'est compter sans la puissance de certains émetteurs d'informations. La problématique est la même que pour la décision publique à partir des *lobbies*, telle qu'elle se pratique aux États-Unis : l'expression des lobbies est libre et on compte sur leur nombre pour équilibrer le sens des opinions, sauf que certains d'entre eux sont plus puissants que d'autres et que l'égalité des influences est une fiction. Il n'est donc pas dit que la multiplication des « tuyaux » sur le Web et leur mise à disposition de tous entraînent la facilitation des influences de tous, comme on l'entend souvent.

L'influence se confirme comme arme pour les acteurs économiques également. À côté du marketing d'influence qui se développe « exponentiellement » et parfois dangereusement pour les libertés, information, désinformation, conviction, *lobbying*, buzz... se répandent entre entreprises, entre États et, chose nouvelle, entre acteurs privés et États. Ceux qui possèdent cette « ingénierie » disposent d'un champ d'action très vaste, avec une « rentabilité » exceptionnelle en termes de personnes touchées au vu du temps passé. Ces capacités d'influence renforcées entraînent un besoin d'éthique internationale dont les gouvernants actuels ne semblent pas se soucier outre mesure, sauf quand le droit de propriété est atteint. Pour le reste, la discipline est assurée par les groupes privés propriétaires, qui *a priori* ne sont pas en charge de l'intérêt général. Et qui eux-mêmes ne sont pas paralysés par les scrupules, comme on peut le constater quand on lit (ce qu'on ne fait jamais) un contrat Facebook.

Manipulation, désinformation, fausses rumeurs... les dérives de l'influence

L'influence implique-t-elle une volonté ? Pas nécessairement, il peut y avoir des influences involontaires, positives ou négatives (« *cette fréquentation exerce une mauvaise (ou une bonne) influence sur toi...* », « *cette personne donne le bon (ou le mauvais) exemple* »...). C'est le cas du charisme qui, si l'on s'en tient à l'étymologie du mot, est une grâce, une faveur, un don d'influence. On ne peut parler de manipulation quand l'influence s'exerce à l'insu de l'émetteur lui-même.

Ce n'est pas le cas de plusieurs autres techniques. D'une manière générale, l'action d'influence a pour effet de faire penser ou agir l'autre comme on le souhaite. Mais elle peut être plus ou moins visible pour sa cible. On trouve deux cas distincts : soit la personne objet de l'influence est informée de l'objectif de « l'influenceur », comme par exemple en *lobbying* professionnel, technique visible et encadrée, ou encore elle en est consciente, quand elle est sensibilisée aux techniques de manipulation, soit elle n'est ni informée ni consciente et ne sait pas reconnaître l'action dont elle est l'objet. L'influence s'exerce alors à son insu. Dans ce cas, on parle en principe de manipulation, même si, hélas, cette pratique semble devenue courante. On peut aussi lui faire croire à un objectif différent du véritable. Il s'agit alors d'instrumentalisation.

Les instruments sont divers. Dans un document sur l'influence – établi sous les auspices de l'ancien Haut responsable à l'Intelligence économique (HRIE) français –, l'influence serait la capacité à faire partager des croyances sans que la cible ou le groupe de cibles en ait conscience[8], par exemple, en masquant l'identité de l'émetteur de l'information. Cela se fait aujourd'hui couramment sur Internet où rien n'est plus facile que d'adopter une autre identité que la sienne. Mais sommes-nous encore là dans l'influence ? Ne flirte-t-on pas plutôt avec la manipulation ? En tout cas, nous ne saurions proposer ces techniques comme règle de conduite. Il faut cependant savoir les reconnaître car elles existent à grande échelle.

Les services dits spéciaux utilisent un corps de techniques, toutes fondées sur une bonne connaissance de la personnalité humaine et qui ne font intervenir ni séduction ni argumentation, mais jouent sur les caractéristiques psychologiques de l'individu, soigneusement étudiées au préalable. Notons qu'il s'agit là généralement de faire faire, ce qui va plus loin que faire penser. La séduction et l'argumentation doivent s'appuyer sur un mobile intime fort. L'acronyme MICE résume les moyens à disposition pour faire faire quelque chose à quelqu'un en dehors de la violence physique : l'argent (*Money*), l'idéologie, la compromission et l'ego. Il s'agit en fait là aussi de manipulation. À noter cependant que la compromission, qui signifie en réalité le chantage par la menace de révéler des faits compromettants, est une forme de violence psychologique. En tout cas, on n'est clairement plus dans l'influence.

Les dérives de l'influence sont légion, mais leur qualification dépend là encore de l'état d'une société à un moment donné. Les limites légales se développent en parallèle aux techniques de l'influence, toujours en les suivant. Elles concernent le trafic d'influence, la corruption, la manipulation des cours en matière financière, la diffamation ou le dénigrement, qui en cassant la réputation d'un homme ou d'un produit émettent des influences négatives. La loi pour la confiance dans l'économie numérique de 2004 prévoit – entre autres dispositions – des procédures rapides en cas de diffamation sur Internet. Cependant certaines dérives de l'influence sont très difficiles à prouver et ne font pas encore l'objet de sanctions spécifiques. C'est le cas de la désinformation, c'est-à-dire l'utilisation d'informations volontairement fausses (généralement en partie seulement pour être plus crédibles) ou amputées de leurs éléments décisifs, ou associées à d'autres informations avec lesquelles elles n'ont en réalité aucun lien, ou encore d'arguments volontairement tronqués, pour parvenir à une manipulation ou instrumentalisation voire à une déstabilisation, du sujet ou de l'entreprise. Bien entendu, cette information peut prendre une forme visuelle et/ou auditive.

Pour illustrer tous ces termes, prenons l'exemple du cas d'espionnage allégué chez Renault en 2010, qui les contient, semble-t-il, tous : en plein été 2010, une « alerte éthique » interne dénonce trois cadres pour soupçon de diffusion d'informations confidentielles sur le programme de voitures électriques du groupe. Très vite, on apprend qu'ils auraient monnayé leurs informations à une puissance étrangère. Début 2011, le président du groupe parle de certitudes sur les faits reprochés tandis que le ministre en charge évoque la « guerre économique » et la nécessité de mieux protéger les secrets industriels en France. La Chine est expressément visée dans tous les médias, qui disent reprendre des informations des services de renseignement. Puis ce sont les directeurs en charge de la sécurité du groupe qui sont mis en cause, pour mensonges et désinformation, puis la direction générale elle-même, pour s'être laissé berner et pour l'absence d'organisation interne révélée par cette affaire, enfin on apprend bien plus tard que des pièces mettant en cause les cadres incriminés étaient des faux. Ne connaissant en rien les dessous probablement très complexes de l'affaire, nous nous bornerons à une analyse technique : l'alerte éthique était fondée sur une désinformation, qui paraît aussi être un élément d'une manipulation, qui avait visiblement un ou des objectifs autres que la seule protection du groupe. Parmi ces objectifs, on peut imaginer : la mise en cause d'une puissance étrangère (pour en cacher une autre ?), l'éviction de quelques personnes, la déstabilisation de la direction générale, l'attaque d'image sur l'État français actionnaire (rappelons que le ministre en charge a rapidement et sans preuve repris le thème de l'espionnage industriel chinois), la déstabilisation du groupe ou simplement du programme électrique en question, en laissant planer un doute sur la fiabilité de ses responsables, la mise en exergue des capacités d'espionnage extérieur dans ce groupe... ou tout simplement imaginer une vengeance d'individus ou de clans contre d'autres. Dans tous les cas, l'utilisation d'une information fausse ou biaisée (désinformation) a été de pair avec des objectifs dissimulés (manipulation), et pour l'instant – semble-t-il – inavoués, qui ont secoué l'entreprise (possible tentative de déstabilisation).

À l'échelle de l'opinion collective, la manipulation de l'information existe depuis toujours. Elle prend cependant une dimension nouvelle avec la multiplication des sources et des accès à l'information, des manières de la traiter, formuler, répandre avec les outils informatiques... et l'existence d'une « opinion collective » mondiale, sur laquelle nous reviendrons. La diffusion même d'informations brutes, non transformées par des commentaires, peut être un outil d'influence voire de manipulation : cela a été le cas des documents officiels délivrés par le site Wikileaks, et la question reste toujours posée de savoir quels intérêts elle servait. Beaucoup, sur la rive sud de la Méditerranée et ailleurs, sont convaincus que les révélations sur les chefs d'État égyptien et tunisien ont été le premier signal des révolutions. C'est aussi l'avis de Julian Assange (le créateur et directeur de Wikileaks) lui-même (voir *infra*). Évidemment se pose la question de savoir si cette conséquence était souhaitée et calculée, ou non.

Dans le champ des « erreurs » factuelles aux lourdes conséquences, on peut également citer la « gifle » tunisienne du 17 décembre 2010, celle (censément) donnée par une policière à un jeune vendeur de légumes et qui, associée à l'interdiction de poser son étal, l'aurait poussé au suicide par le feu, déclenchant ainsi des émeutes qui finirent par mettre fin au régime du président en place. Des sources très sérieuses expliquent aujourd'hui que les choses ne se sont pas passées ainsi [9]. La policière a été relâchée et ce fait n'est plus mentionné au premier anniversaire de la révolution tunisienne. On ne parle plus que de l'interdiction policière de la disposition de l'étal comme cause du geste fatal du jeune homme. La gifle n'a sans doute jamais eu lieu, or, en son temps, elle a joué un rôle incontestable, symbole du mépris des autorités pour les « petits » et, pour certaines personnes de culture musulmane, encore plus mal tolérée de la part d'une femme, même policière, à un homme. Bien sûr, cette gifle n'était pas l'essentiel, bien sûr la situation du régime devenait de toute manière intenable, mais elle a « apporté sa touche » au déclenchement de l'explosion. Une fausse information a ainsi contribué à influencer le cours politique d'un État, voire d'une région du monde. Ce n'est pas le premier exemple dans l'histoire, on pense bien sûr à un pays de la même zone, l'Irak, et à ses pseudo-armes de destruction massive qui ont servi à déclencher une guerre.

Il en va de même en guerre de l'information économique. On ne compte plus les entreprises ou secteurs qui ont été ébranlés par des articles ou des rumeurs volontairement lancées, par la concurrence ou par des associations et publications (parfois « idiots utiles », parfois travaillant pour les premiers), qui produisent de graves effets définitifs même si les attaques finissent par être réfutées.

Prenons le cas de cette ONG qui critiquait auprès de la Commission européenne la présence de substances nocives dans certains parfums et qui fut convaincue par les représentants de ces derniers d'avoir fourni au laboratoire des échantillons biaisés. Bien sûr l'ONG nia l'avoir fait volontairement. Mais plus personne ne s'est attaqué – et probablement ne s'attaquera pour longtemps – aux parfums en question. Cela est un cas de contre-influence réussie, pour beaucoup d'autres où la décrédibilisation, même totalement fausse, porte ses fruits. La dissémination de rumeurs fait également partie de la panoplie des outils de manipulation.

Les exemples abondent, illustrant des techniques diverses mais qui souvent se réfèrent au risque sanitaire, nouveau totem des décideurs. On peut citer la campagne contre les saumons d'élevage européens que l'on a connue en 2004, née à partir d'un article scientifique dans la revue américaine *Science* puis reprise dans *Nature*, relayée dans la presse française alors même que les résultats de l'enquête étaient contestés tant en Europe qu'aux États-Unis et, finalement, furent invalidés [10]. Une autre affaire bien connue et analysée est celle du benzène trouvé dans les bouteilles de Perrier aux États-Unis en 1990, au moment où Nestlé rachetait Perrier à Coca-Cola : les plaintes lancées par des avocats à la suite d'une découverte de la FDA (Food and Drug Administration) américaine ont provoqué le retrait de 200 millions de bouteilles et une importante chute du cours de l'action alors que la justice ne trouva finalement trace d'aucune intoxication... Le même Nestlé fut accusé en 2007 par plusieurs ONG de contrevenir aux règles de l'OMS (Organisation mondiale de la santé) en promouvant abusivement auprès des femmes africaines ses laits en poudre comme substitut au lait maternel. En somme, Nestlé était accusé de désinformation, ce que peut en effet devenir un marketing trop agressif.

Ce qui différencie l'influence de ses dérives, ce sont l'éthique et la conscience. Plus que la distinction entre contrainte et adhésion, les clivages que nous formulerions pour distinguer une action « d'influence » d'une manipulation sont d'ordre éthique. Ils reposent sur la conscience ou non qui est donnée à la cible de la « force » qui est en train de s'exercer sur elle. Cette conscience sera bien plus forte dans l'échange d'arguments visant à convaincre et s'adressant à la raison. C'est pourquoi le mode d'action connu sous le nom de *lobbying* est finalement, et contrairement à sa réputation sulfureuse, le plus honnête et le moins contestable, quand il est professionnel et encadré, comme cela est en principe le cas dans les démocraties.

De Freud à Cialdini : le XXe siècle et l'influence

Quelle faculté étrange que celle qui permet à un individu ou un groupe d'individus d'exercer sur un autre une action non violente et non monnayée telle que ceux-ci modifient leur perception des choses ! La fin du XIXe siècle et le début du XXe voient naître plusieurs approches modernes de ce qui n'est pas encore appelé influence mais plutôt suggestion et de l'autre côté, suggestibilité : suggestibilité individuelle, avec le phénomène de l'hypnose qui passionne des médecins comme

Charcot puis Freud, suggestibilité des foules, que Gustave Le Bon identifie et décrit comme menant à une véritable et étonnante transformation de l'individu.

Dans *Psychologie collective et analyse du moi*[11], Freud cherche des raisons individuelles à ces réactions étonnantes de l'homme en foule, raisons qui très résumées et simplifiées sont la résurgence d'un amour enfoui pour « l'autre collectif », un retour à la horde primitive et l'identification au chef. De Le Bon, on a pu dire que ses théories avaient été utilisées par les mouvements totalitaires. C'était en tout cas à son corps défendant, mais ce qui est remarquable chez lui c'est sa prémonition d'influences collectives bien plus sophistiquées que celles de la simple foule physiquement assemblée. Ainsi écrit-il en 1923[12] : « *avec les moyens actuels de publicité, une opinion ou une doctrine peut être lancée comme un produit pharmaceutique quelconque* ». Il ajoute, avec sagesse et prescience : « *Tous les hommes sont plus ou moins suggestionnables, mais ils le sont surtout dans les sujets qu'ils ne connaissent pas. Ainsi s'explique la crédulité de nombreux savants. [...] Si la publicité des journaux constitue un moyen de persuasion très efficace, c'est que peu d'esprits se trouvent assez forts pour résister au pouvoir de la répétition. Chez la plupart des hommes elle crée bientôt la certitude.* »

Ces remarques émises sur les journaux peuvent, nous semble-t-il, s'appliquer aussi bien aux nouveaux médias. De même, le lien primitif d'amour dans le collectif que mentionne Freud ne ressemble-t-il pas étrangement au lien créé avec des listes « amis » internautes membres d'une même « communauté », que l'on retrouve avec jubilation sur la Toile et qui peut pousser à des actions collectives de protestation ou de violence, d'abord virtuelles puis réelles ?

Dans le courant du XXe siècle, les recherches et doctrines qui se succèdent en psychologie sont largement utilisées pour la vente et le management. Par exemple, l'analyse transactionnelle d'Éric Berne dans les fameux *Que dites-vous après avoir dit bonjour ?*[13] puis *Des jeux et des hommes*[14], qui s'inspire de la psychanalyse et détermine des états permanents du moi, enfant, adulte et parent, permettant, si on les maîtrise, d'influencer l'autre, a beaucoup servi les techniques de vente en indiquant les postures à adopter par les vendeurs. La question du conformisme ou influence du groupe est étudiée aux États-Unis par Asch puis par Milgram, lequel établira aussi une « loi » sur le nombre maximum d'étages de relations nécessaires pour contacter un inconnu (six d'après lui). Cette loi sera contestée mais permettra d'établir des règles sur les réseaux (*networking*), prélude à de très riches travaux depuis[15]. La recherche devient très opérationnelle : la psychologie sociale s'illustre avec plusieurs chercheurs dont Freedman et Fraser qui en 1966 développent la notion de « *Compliance without Pressure* »[16] avec notamment la technique d'influence dite du pied dans la porte, qui permet de faire pression sur la décision de l'autre en lui demandant d'abord peu puis en augmentant la demande. Ils affirment qu'à partir du moment où quelqu'un a donné un accord sur une action, même de manière très limitée, ou simplement a commencé à répondre oui à des demandes, il tend à se sentir plus impliqué dans l'action en question. Là encore, c'est la vente qui en tirera bénéfice.

En France, Serge Moscovici[17] s'intéresse dans les années 1970 aux modes d'influence des groupes et établit en 1976 une théorie de l'influence de la minorité. Il mettra en évidence l'importance de l'unanimité dans le groupe qui veut exercer une influence, même si celui-ci n'est pas numériquement majoritaire. Il s'interrogera sur les relations entre pouvoir et influence. Il soulignera la différence entre le pouvoir coercitif et le pouvoir normatif, celui de l'influence, mais qui lui-même a besoin de s'appuyer sur des valeurs partagées. Il mettra également en évidence le rôle du comportement (que l'on peut remplacer par « l'exemple ») pour influencer. Sur un autre plan, on ne peut s'empêcher de penser à l'entrisme trotskyste où une minorité, voire un individu, « retourne » une communauté. Ces analyses des influences minoritaires sont aujourd'hui utiles pour décrypter et gérer les réseaux, classiques mais aussi sociaux, dans lesquels un groupe d'individus peut prendre le pouvoir « comme dans la vraie vie ». Néanmoins, par rapport à ces théories de psychologie sociale des années 1970, la déferlante de l'information multiforme change, nous semble-t-il, les paradigmes, dans la mesure où aujourd'hui, comme nous le verrons plus loin, la maîtrise de l'accès virtuel devient un élément clé de l'influence.

Plus récemment l'Américain Robert B. Cialdini a développé sa théorie des six armes de l'influence dans un *bestseller*[18] : la réciprocité, l'engagement et la cohérence, la preuve sociale, la sympathie, l'autorité et la rareté. Comme les précédentes, ces théories ont été largement utilisées pour la vente/négociation mais aussi pour développer le *leadership* et le charisme qui ont investi les champs du management et du conseil. À noter que dans des publications récentes, en 2002, Cialdini prévoit aussi le futur sombre de l'influence, qui avec ses nouveaux outils instrumentalisera de plus en plus les consommateurs, et incite ces derniers à ne pas se laisser faire. Il leur explique même comment réagir.

Contrairement aux Américains, les Français ont une approche innée plutôt négative sur l'influence, qu'ils ont tendance à considérer globalement comme de la manipulation ou du trafic. Le titre même de l'ouvrage *Petit traité de manipulation à l'usage des honnêtes gens*[19], paru en France en 1987, le montre bien, alors qu'il y est question de techniques du type « du pied dans la porte », qui ailleurs sont plutôt considérées comme des outils. C'est pourquoi l'approche pluridisciplinaire de l'influence par l'intelligence économique née en France au début des années 2000 a eu du mal à s'implanter, et ne commence à être enfin reconnue qu'à cause de la pression du monde extérieur.

Les nouvelles cartes du monde

Depuis la fin des années 1980 et le début de l'Internet généralisé, une nouvelle ère s'est ouverte pour l'influence. Elle est devenue un outil de pouvoir élargi par l'action conjuguée de deux phénomènes : la mondialisation et l'explosion de l'information. Véritable source d'énergie, l'information a toujours été utilisée pour modifier son environnement et en particulier les perceptions des autres. Aujourd'hui, cela peut être fait relativement facilement et très vite à très grande échelle. D'autant qu'avec les informations sur mobiles, de moins en moins nombreux seront ceux qui n'ont aucun accès aux données virtuelles. Et cet accès sera en quasi-temps réel par rapport à l'émission de l'information. Mais d'abord, le contexte de la mondialisation présente plusieurs caractéristiques qui contribuent à faire de l'influence un nouveau paramètre incontournable.

Le développement des échanges internationaux et des interdépendances a fini par imposer une échelle mondiale dans tous les domaines. Le contexte international est aujourd'hui présent dans quasiment toutes les problématiques. Des décisions purement locales doivent aujourd'hui respecter des règles internationales : pensons par exemple à la fabrication des fromages régionaux, encadrée par les normes européennes. Comment sont élaborées ces règles et normes ? La réponse est simple dans son principe : par des jeux internationaux d'influence, à partir de concepts lancés par des parties prenantes (*stakeholders*), entreprises, *think tanks*, ONG... À titre d'exemple, le concept de développement durable, lancé par des *think tanks* américains puis repris par l'ONU, a donné lieu à celui de responsabilité sociale également repris par l'ONU, qui lui-même a donné naissance depuis le début des années 2000 à des normes publiques et privées incontournables.

Enfin la société de l'information !

Autre élément, la société de l'information tellement annoncée, parfois avec une clairvoyance étonnante, comme par Alvin Toffler, est aujourd'hui opérationnelle. On notera aussi la prescience de romanciers, comme Aldous Huxley dans *Le Meilleur des mondes* et George Orwell dans *1984*.

La facilitation de l'accès à l'information et de sa diffusion est un fait. Plus de 2 milliards de personnes ont accès à Internet dans le monde, dont plus de 6 % utilisent le moteur de recherche Google créé en 1998. Son but, énoncé sur son site officiel : « *organiser les informations à l'échelle mondiale dans le but de les rendre accessibles et utiles à tous* », est un résumé à lui seul du très profond impact du développement des technologies de l'information et particulièrement de l'Internet. On parle là d'accès à l'information. Mais la facilitation de la diffusion d'information est encore plus spectaculaire. Les chiffres des « réseaux sociaux » ou plutôt « médias sociaux », puisqu'ils permettent d'abord d'émettre de l'information, évoquent des conséquences que nul ne sait encore vraiment évaluer qualitativement.

Twitter, créé en 2006, comprend entre 175 et 200 millions d'usagers, LinkedIn entre 50 et 100 millions de membres, Facebook né en 2004 en serait à environ 700 millions en février 2012. Google +, le nouveau réseau social de Google lancé en juin 2011, aurait atteint 10 millions d'utilisateurs en un mois. YouTube, le site de partage de vidéos, compte, lui, un milliard d'abonnés en octobre 2010 et, en mai de la même année, annonçait le chiffre de deux milliards de vidéos visionnées chaque jour (source Wikipédia). Les chiffres financiers suivent : en décembre 2010 la valorisation de Facebook était estimée à environ 33 milliards de dollars, elle a été de 70 milliards en 2011 [20] lors de sa valorisation par Goldman Sachs pour le rachat de parts par un investisseur, et serait de près de 100 milliards début 2012, soit à peu près celle de Hewlett Packard, né en 1939. Tout cela pour un chiffre d'affaires estimé à 2 milliards en 2011. Tous les espoirs sont permis pour les médias sociaux, l'Américain moyen leur consacre en 2010 près de 25 % de son temps Internet, ce pourcentage était de 15 % en 2009.

Google réalise quant à lui en 2010 un chiffre d'affaires de 8,5 milliards de dollars et est valorisé à 111 milliards. Et on parle peu des moteurs de recherche non américains, comme Baidu, le moteur de recherche chinois né en 2000 qui capte tout de même les deux tiers, dit-on, des utilisateurs chinois. Le moteur de recherche européen Quaero, lancé en 2008 avec financement de la Commission européenne après trois ans de discussions franco-allemandes, devait faire concurrence aux géants américains mais n'a pas pour l'instant rempli ses objectifs. Wikipédia, l'emblématique site d'encyclopédie libre alimenté par tous et permettant à tous l'accès à la connaissance, a été créé en 2001 et contient 20 millions de pages.

Qu'il s'agisse de Google, Altavista, Yahoo !, Bing, Exalead (français), Baidu, de tous les autres moteurs d'utilisation facile et ordinaire, de tous les sites auxquels ils donnent accès et bien entendu des informations diffusées par les chaînes de radios et télévisions, de tous les médias sociaux, cette mise à disposition met en place une information commune à tous les humains ou « presque ». N'oublions cependant pas les « trois à quatre milliards » qui n'ont pas d'accès technique à Internet, par pauvreté ou par censure politique.

Ce contexte technique sert le désir de consommation, mais il peut aussi donner une portée mondiale aux influences plus politiques. Cette « couverture universelle » par la société de l'information favorise la diffusion d'informations mais aussi de concepts. Le « développement durable » a connu un succès médiatique et surtout rapide qui n'est pas dû au hasard mais à sa promotion massive par une grande diversité d'organisations phares relayées par des réseaux virtuels dans le monde entier. Il en va de même du concept de transparence, dont d'ailleurs une

ONG a pris le nom (Transparency International), qui permet de légitimer un certain nombre d'actions, de classements, de propositions, y compris dans des sens parfois sujets à discussion. C'est ainsi que la technique dite du *whistleblowing** a été reçue avec sursaut dans des États qui ont connu la délation politique dans leur histoire récente, comme en France.

Le cheminement est simple : ces trois concepts – développement durable, transparence, *whistleblowing* –, parmi beaucoup d'autres, sont nés en terre anglo-saxonne. Ils ont été diffusés et peu à peu rendus incontournables par une irrigation mondiale à partir de *think tanks* et de grandes institutions internationales et enfin ont donné naissance à des accords internationaux, des lois et règlements nationaux, des normes et « meilleures pratiques » (*best practices*). Ces concepts auraient de toute manière émergé, mais le Web et les médias sociaux les ont aidés à le faire plus vite et partout. Nul besoin de démontrer l'influence massive qu'ils ont prise sur notre vie politique et individuelle, et ce dans le monde entier.

Un marché mondial des influences

Cette facilitation de l'information couplée à la mondialisation libérale a contribué à la redistribution des cartes du pouvoir. Elle a permis le succès de certains acteurs *a priori* moins puissants que les États ou que les entreprises multinationales, par exemple les organisations non gouvernementales (ONG). Elle a permis la diffusion de messages collectifs à des échelles inégalées jusque-là. Elle a créé une opinion publique mondiale aujourd'hui livrée à un « marché » des influences et qui, loin d'avoir le choix comme elle le pense, pourrait bien être consom-

* Littéralement « siffler l'arrêt de jeu », consiste à établir des *process* donnant la possibilité à tout salarié de dénoncer une pratique inappropriée, corruptive ou autre, constatée dans l'entreprise, et ce sans risque pour son poste (l'anonymat est garanti). Cette mesure est obligatoire aux États-Unis pour les entreprises cotées et tend à prévenir le plus tôt possible les phénomènes de corruption et trafics en tous genres. Par le biais de leurs filiales, elle se retrouve donc appliquée en France aussi. C'est également une demande pressante de plusieurs ONG que d'en internationaliser l'application.

matrice soumise, comme dans bien d'autres industries. Car la fabrique d'informations est devenue une industrie, traversée par des influences qui entendent en faire une « fabrique du consentement »[21].

Les « mondialisations » précédentes étaient dominées par des États. À côté d'eux, aujourd'hui, de grandes entreprises, des banques, des fonds, des ONG, des forums et des *think tanks* sont devenus des acteurs mondiaux de premier plan et des interlocuteurs privilégiés des organisations internationales, les uns par leur poids financier, les autres par leur poids « moral » ou « expert ». Les groupes privés disposent de tous les moyens techniques d'information nécessaires pour diffuser des messages, quand ils ne prennent pas directement des parts dans des véhicules d'information (comme en France les groupes de MM. Arnault, Pinault et Bolloré dans la presse et dans les services culturels). En sens inverse, ce sont aussi parfois des fournisseurs d'information comme Apple, Google et les autres, devenus majors mondiaux, qui étendent leur influence en prenant des participations dans d'autres industries. Le politique n'est pas loin, les grands médias n'étant jamais totalement déconnectés des dirigeants politiques de leurs États et/ou d'autres pays. On retrouve – et on retrouvera de plus en plus – dans ce secteur les mêmes luttes impitoyables que pour le gaz et le pétrole, la même oscillation entre intérêts publics et privés et le même mélange des genres entre affaires et politique.

Quant aux ONG, leur puissance a été consacrée par les événements de Seattle, en novembre-décembre 1999, lors de l'ouverture du *round* de l'OMC. Ces événements furent un premier exemple d'influence à l'échelle de la planète grâce aux technologies de l'information. À cette époque, les ONG, si reconnues de nos jours, étaient encore considérées comme des associations dédiées à l'humanitaire et au développement. En s'opposant à l'ouverture des négociations, elles empêchèrent tous les États du monde et les plus grandes institutions internationales de négocier et de tenir la conférence. Tout simplement parce que ces États n'avaient pas tenu compte de leurs demandes. Que ces faits aient été plus ou moins organisés à d'autres fins n'empêche pas que les ONG acquirent à Seattle une « légitimité » de représentation comme contre-pouvoir « démocratique » aux pouvoirs multilatéraux et nationaux. Cette « légitimité » reposait sur le pouvoir d'influence médiatique. Enfin, ces trois jours de Seattle* signèrent la naissance d'une opinion publique mondiale qui est aujourd'hui un acteur à part entière des événements mondiaux, très courtisée, sujette à toutes les influences voire plus, dont la question est de savoir si à force d'être soumise à des pressions sur le Web, elle est en train ou non d'acquérir une expertise spontanée d'analyse et de tri de l'information.

Aujourd'hui, cette opinion publique lit et entend les mêmes nouvelles en même temps, se passionne voire se mobilise sur les mêmes sujets, sans manifester de priorités (excitation suprême sur le Web pour la mort de Michael Jackson, pour la conférence de Copenhague sur le climat, pour les révolutions arabes...).

Peut-on penser que cette « opinion » dispose de tous les éléments pour analyser les informations reçues ? Il paraît *a priori* assez aisé d'orienter ces foules virtuelles, qui pourraient bien se comporter selon les mêmes principes que ceux étudiés par Gustave Le Bon et Freud, notamment la sensibilité à la suggestion, particulièrement dans une période de crise de l'autorité partout dans le monde. Avec les réseaux sociaux, la suggestion vient des pairs, des amis de la communauté virtuelle avec lesquels on dialogue. Quoi de plus facile que d'influencer ces pairs, en étant l'un d'eux ? Les échanges planétaires d'informations sont immédiats et cette rapidité renforce un phénomène noté par nos deux auteurs : l'être collectif peut prendre, sous la suggestion rapide, des décisions étonnantes qu'il n'aurait jamais prises seul ou en y réfléchissant un peu plus longtemps. L'individu change du tout au tout en devenant membre d'une foule. Aujourd'hui, les foules sont virtuelles et peuvent donc être en quelque sorte télécommandées de très loin. Nul besoin d'un chef charismatique sur place. Des mouvements récents l'ont montré, animés par des messages téléphoniques et des *tweets*, comme les manifestations anti-G20 ou les mouvements arabes ou encore ceux des Indignés.

Dans le marché des influences, un autre type d'acteurs a fait une carrière remarquable : il s'agit des « organisations expertes » ou lieux de rassemblement d'expertises, comme les instituts plus ou moins spécialisés (par exemple l'IASB, International Accounting Standard Board, sis

* Le film *Bataille à Seattle* (*Battle in Seattle*) de Stuart Townsend, produit en 2008, en expose remarquablement l'histoire.

à Londres, dans le domaine des normes comptables et financières), les *think tanks*, les forums (par exemple le World Competitiveness Forum ou Forum de Davos), voire certains cabinets internationaux de conseil qui ont réussi à se doter de l'aura du management américain, lui-même impacté par le rayonnement des universités de ce pays.

Dans ce foisonnement d'acteurs et d'influences, les légitimités anciennes sont dépassées et n'ont pas été remplacées. Ou, plutôt, les légitimités publiques anciennes sont en train d'être remplacées par les « légitimités privées » issues des marchés. Aujourd'hui, tout acteur disposant d'une bonne maîtrise des médias peut avoir une chance d'exister, de lancer « du contenu », c'est-à-dire d'exercer une influence. Et les sujets ne manquent pas, pour les ambitions commerciales comme politiques : les modes de consommation mais aussi les cultures, les droits, les idées, les croyances, les modèles voire les hommes politiques sont à la fois des vecteurs et des objets de l'influence, actionnés par la plupart des acteurs énumérés ci-dessus, dans des proportions plus ou moins fortes. Il faut hélas leur adjoindre les acteurs mafieux et criminels (qui parfois sont les mêmes, se cachant derrière des façades respectables).

Des compétitions new look

La compétition internationale prend des formes nouvelles. Elle n'est plus seulement économique, technologique, commerciale et financière, elle ne porte plus seulement sur le prix, la qualité et même la marque, mais désormais aussi sur des paramètres immatériels de l'environnement comme le droit, le climat des affaires, les systèmes de pensée, l'image, et la capacité à faire naître l'innovation. La concurrence, exacerbée par la mondialisation des échanges, s'exerce de plus en plus en amont, c'est-à-dire sur et par les normes juridiques en formation, la conviction des décideurs étrangers, la formation des élites, la diffusion de concepts de gouvernance... qui fonderont les règles du jeu mondial. Ce sont des batailles de l'information, qui renvoient à des problématiques d'intelligence et d'influence. Ces notions sont aussi importantes pour les entreprises que pour les États : pour les unes, il s'agit de préparer et formater le terrain de leur compétition, de répondre à de nouveaux risques, de jouer de nouveaux rôles, pour les autres, de préserver ou non leur puissance d'attraction et *in fine* leur puissance tout court. La bataille des marques touche aussi les États, qui sont obligés de mettre en place ou de revoir leurs politiques d'image ainsi que de travailler sur la signification de leur nom dans l'inconscient collectif mondial (voir *infra*). Pour tous il y a nécessité d'expliquer et de convaincre dans un monde dominé par l'information. Ces combats sont gagnés en amont, ou ils sont perdus. En bataille de l'information, il n'y a pas d'autre approche efficace que l'anticipation.

En « société de l'information », la concurrence passe par l'influence globale. « *Systèmes légaux, institutionnels, types de politiques économiques, culture, valeurs, tout est lié et en interaction.* »[22] La société de l'information, c'est la réunion des 5 « i » : information, intelligence (aux doubles sens anglais et français), influence, interculturalité et innovation.

Les entreprises sont obligées de convaincre à la fois leurs actionnaires (*shareholders*) et leurs parties prenantes (*stakeholders*, c'est-à-dire les acteurs clés de leur environnement, tels que les syndicats, les ONG, les notateurs divers et variés, etc.) du bien-fondé de leurs stratégies. Pour une entreprise, l'action commerciale peut de moins en moins s'exercer sans tenir compte de son image, certes, mais aussi de celles de son secteur et de son État d'origine. L'entreprise véhicule en effet avec elle tout un environnement, lié à un type de droit, à des normes techniques et sociales et à des modes de gouvernance. L'entreprise réussit non seulement par ses prix, son expertise et son marketing, mais également par les notions culturelles et même morales qu'elle véhicule. Pour l'actionnaire, l'image est importante comme source de bonnes notations, donc de bonne tenue de l'action. Pour les clients et consommateurs, elle va plus ou moins convaincre d'acheter. Enfin, pour les parties prenantes partenaires de l'entreprise, une image crédible (ou la volonté de l'améliorer) est la condition *sine qua non* d'un dialogue constructif. L'image exerce donc une influence directe et automatique sur la perception de l'entreprise par le monde extérieur et, dans un deuxième temps, sera un des prérequis sur lesquels appuyer une action volontariste d'influence/*lobbying*.

Il en va de même, de plus en plus, pour les États, contraints de se justifier devant des acteurs publics mais aussi privés, non seulement sur des questions financières, devant des agences de notation, mais également sur la qualité de leur cadre institutionnel (fiscalité, éducation, etc.) devant des ONG. Pour l'État traditionnel, la donne est véritablement nouvelle. L'État se retrouve en effet acteur parmi d'autres, avec un statut à peine différent. Il doit repenser les objectifs et les méthodes de son rayonnement stratégique. Il doit surveiller son image pour pouvoir être crédible dans les négociations internationales. Cette image est à la fois de plus en plus personnalisée, représentée par son principal dirigeant et de plus en plus « normée » : aujourd'hui l'influence des concepts de durabilité, d'éthique et de responsabilité est telle que l'État ne peut s'en exonérer.

La souveraineté n'est plus un bouclier, les États sont soumis comme les acteurs privés à des évaluations et classements, qui sont autant d'outils d'influence. Les États sont scrutés et notés par les acteurs privés que sont les agences de notation (financières et extra-financières), les ONG spécialisées (comme Transparency International sur la corruption) et les institutions internationales (Banque mondiale, OCDE et autres). Pour un État, la capacité à créer un cadre propice à faire émerger la valeur et la richesse (par l'éducation, la recherche, la politique fiscale...) n'est plus suffisante en elle-même ; il ne lui suffit plus d'être objectivement attractif, encore faut-il en convaincre les acteurs-clés de son environnement. C'est l'objet des efforts effrénés d'agences d'État destinées à attirer l'investissement, comme Invest in France, Germany Trade and Invest en Allemagne... Et, pour ceux qui en ont compris l'intérêt, de stratégies de séduction.

Un pays comme une entreprise doit « donner envie ». Les Français ont la chance de disposer d'un modèle normatif assorti d'un art de vivre et d'un capital culturel exceptionnel, qui sont à l'étranger des éléments de rêve et d'attraction. Mais ils les laissent dépérir et ne les utilisent pas assez pour y asseoir des stratégies d'influence économique et politique.

Dans la nouvelle compétition, il faut convaincre, donner envie et aussi s'allier. Mais dans l'interdépendance des échanges et des acteurs, concurrents et alliés ne sont plus des notions pérennes. Un mot nouveau a fait son apparition dans le vocabulaire géoéconomique, celui de « coopétition ». Sa paternité est obscure[23] mais sa signification est claire : dans un monde multipolaire, des concurrents doivent savoir coopérer quand nécessaire, pour des causes d'intérêt commun supérieur. C'est souvent le cas dans des soumissions d'appels d'offres, où les consortiums[24] sont formés d'entreprises qui peuvent aussi bien être des concurrentes dans d'autres consortiums formés sur d'autres marchés. Ou encore, des entreprises peuvent s'unir pour une recherche très chère ou pour faire modifier un texte multilatéral. C'est d'ailleurs le principe des fédérations internationales, où des entreprises très concurrentes font front commun devant une institution, adversaire commun, et où la compétition sur le message à porter a lieu en amont.

La coopétition est devenue un concept clé de l'intelligence économique (IE). En effet, la compétition ne doit pas se concevoir dans une simple logique de guerre économique mais, au contraire, de maîtrise de la coopération dans la concurrence, qui peut être féroce. Ce qui est plus ardu car le but n'est plus de tuer ou de prendre l'autre, mais de le conserver en bon état pour pouvoir au contraire développer plus de richesse à travers lui. Les États doivent jouer ce jeu-là. Certes ils sont concurrents mais ils sont aussi alliés objectifs dans la mise en place d'un état de droit. L'influence est un domaine d'application particulièrement fécond pour la coopétition.

L'influence, concept central de l'intelligence économique

La complexité de la globalisation associée à la nécessité de l'expliquer et de la maîtriser a donné naissance à l'intelligence économique, une approche pluridisciplinaire combinant économie, économie politique, géoéconomie, sociologie, psychologie, histoire, et utilisant les nouveaux outils de l'information. Dans cette approche, l'influence est la troisième phase du processus de traitement de l'information. Elle repose sur la première phase, à savoir le recueil et l'analyse qui permettent la compréhension et l'anticipation de l'environnement, et suit ou va de pair avec la deuxième, qui consiste en une sécurisation immatérielle ou protection de ses données, de son savoir-faire, de son image et de sa réputation.

Les Suédois, et généralement les Nordiques, sont réputés être des précurseurs en matière d'intelligence économique. Les Vikings la pratiquaient déjà, paraît-il, avec *maestria*. Aujourd'hui, il existe une véritable école suédoise d'intelligence économique, créée par Stevan Dedijer, né Yougoslave mais connu pour ses travaux académiques et opérationnels à partir de l'université de Lund en Suède. Cependant la formalisation de l'information en tant que nouvelle énergie et source de valeur pour l'entreprise est venue des États-Unis. Ce n'est pas par hasard. L'arrière-plan culturel du pays y a contribué[25]. L'information a très vite été comprise chez les Américains comme un facteur de production, qui contribue à la formation de la valeur ajoutée de l'entreprise. Cette prise en considération de la valeur immatérielle est une des raisons de la domination actuelle du « logiciel de pensée » anglo-saxon. Elle s'est étendue au Canada, où de nombreux chercheurs et praticiens travaillent sur ces questions[26].

D'un point de vue pratique, pendant longtemps le monde anglo-saxon a distingué et même cloisonné les méthodes. La *Business Intelligence* est réputée avoir été créée en 1958 par un ingénieur d'IBM, Hans Peter Luhn. Cette approche repose sur le traitement automatisé de données et a eu de nombreuses déclinaisons. Puis en 1980 est arrivée la *Competitive Intelligence* (CI) avec le livre de Michael Porter *Competitive Strategy: Techniques for Analyzing Industries and Competitors*[27], suivi par ceux de Leonard Fuld[28], de Craig Fleisher et Babette Bensoussan (respectivement Canadien et Australienne)[29], puis de Ben Gilad[30] (Israélien) avec ses *Competive Early Warning Systems* en 2003. Le concept de CI est proche de celui de veille concurrentielle en France. En revanche, la CI ne contient pas l'influence, qui est traitée séparément sous les noms de *lobbying, advocacy, soft power, business diplomacy, public diplomacy, public affairs*... Le risque, lui, est approché sous la grande catégorie du *risk management*. Dans les sphères étatiques, il correspond au concept d'*Economic Security*. Aujourd'hui, cependant, un mouvement de synthèse est perceptible (voir *infra*).

En France, à l'époque du rapport Martre (1994), première synthèse sur le sujet, le concept d'intelligence économique unit deux aspects de l'IE actuelle : la maîtrise de l'information et la sécurité. La première sert la seconde. Peu à peu, l'intelligence économique reconnut l'influence comme une de ses composantes. Comme souvent, il y eut des pionniers, dans les pratiques et dans leur conceptualisation. En pratique, des expériences professionnelles étaient engagées puis poursuivies, comme la création en 1988 de l'OBSIC, organisme mutualisé de veille concurrentielle internationale pour et par les majors du BTP français et sa jonction sous une même direction en 1996 avec le syndicat professionnel en charge de la fonction d'*advocacy* normative, une forme de l'influence, de ces mêmes majors auprès des organisations internationales. En 2001, le *Dictionnaire de la mondialisation*[31] dirigé par Pascal

Lorot proposa une entrée « Influence » et au même moment se tenait un colloque organisé par la revue *Géoéconomie*[32] sur l'enjeu des normes internationales en termes de souveraineté et la nécessité d'influencer leur élaboration comme le font nos concurrents étrangers. Ceux qui défendaient ces positions prêchaient alors dans le désert. Ils étaient peu nombreux, quelques auteurs et représentants d'entreprises internationales, dont la conscience de ces enjeux venait de la pratique, le phénomène étant nouveau et inconnu de la plupart des représentants du monde académique et des administrations. Pourtant, qui dit normes et enjeu de souveraineté dit influence.

Cette importance n'avait en revanche pas échappé à quelques stratèges américains publics et privés, et ce depuis le début des années 1970. Parmi d'autres résultantes, en même temps que le colloque de 2001 se déroulait une « belle » opération d'influence, en l'ignorance totale de la plupart des acteurs français concernés (les quelques autres travaillant probablement au contraire en accord avec les promoteurs de cette opération) : c'était le début du processus d'élaboration des normes comptables et financières qui allaient être adoptées dans l'Union européenne en 2005 et qui, issues de concepts anglo-saxons, allaient profondément influer sur le paysage économique et financier européen.

Pour en revenir à la France, les rapports Carayon[33] à partir de 2003 puis la nomination d'Alain Juillet comme Haut responsable à l'Intelligence économique (HRIE) à la fin de la même année accélérèrent la prise de conscience du caractère global de la démarche d'intelligence économique. En octobre 2006, Alain Juillet écrivit sur le site du HRIE que « *l'adoption d'une gestion stratégique de l'information est une condition* sine qua non *pour mettre en place une politique d'influence d'envergure soucieuse de soutenir la puissance d'un État ou d'une entreprise* ».

Il y eut aussi énormément de dérives du terme, tant en matière de veille, qui fut comprise et hélas pratiquée par certains pseudo-professionnels comme de l'espionnage, que de sécurisation, parfois tout simplement assimilée à de la sécurité physique, toutes activités estimables mais qui ne sont pas de l'IE. Quant à l'influence, elle pâtit encore d'un flou sur ses pratiques, qui en France ont décidément parfois du mal à sortir des chemins du trafic d'influence. Il est encore difficile de faire comprendre à beaucoup de décideurs que l'intelligence économique et l'influence sont des modes normaux et légitimes de gouvernance de l'entreprise et de toute organisation[34]. Des instituts s'y consacrent pourtant, comme l'INHESJ, Institut national des hautes études de la sécurité et de la justice, pourtant initialement plus dédié à la sécurité, avec en particulier Éric Delbecque[35]. Par ailleurs, la France souffre un peu de la faible attention et considération portée par ses élites au renseignement. Celui-ci, par sa méthode, est pourtant la base de l'intelligence économique. Dans sa fonction au service de l'État, il couvre ensuite d'autres terrains que s'interdit l'IE, mais les deux devraient avoir des relations saines et ouvertes. C'est ce lien qu'essaie de mettre en place, entre autres, le Centre français de recherche sur le renseignement[36] (CF2R).

Le lien entre l'influence et l'intelligence économique est double : d'une part, en termes de méthode, une action d'influence digne de ce nom ne peut se concevoir sans veille ni anticipation préalable ; d'autre part, quand on a une bonne connaissance et une bonne anticipation de son environnement, qu'on sait en prévenir les risques, quoi de plus naturel que de chercher à agir dessus, à le formater, plutôt que le subir. L'influence est une forme de sécurité, il y a en effet un risque à ne pas faire d'influence puisqu'on laisse les autres la faire dans un sens qui n'est pas nécessairement celui que l'on aurait choisi. Ne pratiquer aucune forme d'influence est aussi risqué pour une entreprise que pour un État. Il est bien de prévoir, il est bien de s'adapter aux règles du jeu, il est bien de réagir, mais il est encore mieux d'agir en amont de situations anticipées, pour ne pas subir des situations créées par d'autres[37].

L'influence est une sécurisation bien comprise, puisqu'en structurant son environnement de manière favorable à ses intérêts, on sécurise son action. Elle peut s'exercer sur plusieurs paramètres de l'environnement : les règles et normes, sa propre image et la perception qu'en ont les autres acteurs, les opinions des décideurs, les opinions publiques. L'influence, surtout dans sa version de diplomatie au long cours, est une forme d'assurance. Disposer de réseaux de compétences amis peut éviter bien des déboires. Cette manière de voir permet d'ailleurs de répondre à la sempiternelle question des « court-termistes » : combien cela coûte-t-il ? Ceux qui ont subi une crise, une chute de réputation ou une règle néfaste à leurs intérêts le savent.

S'appuyant sur une connaissance et une anticipation aussi parfaites que possible du « terrain de jeu », de ses risques, de ses menaces et de ses opportunités, utilisant des réseaux de compétences, l'influence est le stade le plus abouti de l'intelligence économique. Elle repose sur une démarche : ne pas toujours réagir et se défendre, mais aussi prendre l'initiative. L'influence procède d'une vision managériale, c'est une gouvernance éclairée. Dans notre conception, elle est également liée au management des connaissances, ou *knowledge management*, qui permet d'exploiter en interne les connaissances acquises à l'extérieur et/ou disponibles à l'intérieur de l'entreprise. En effet les connaissances et les réseaux nécessaires à une bonne influence existent souvent dans l'entreprise et doivent être identifiés et utilisés. L'influence est réellement indissociable de l'image, affirmation particulièrement vérifiée dans les enceintes multilatérales. Celle-ci est elle-même déterminée par la crédibilité, laquelle est fonction du respect des principes de responsabilité demandés par les organisations multilatérales... La boucle est bouclée.

Notre pays s'illustre comme souvent par un paradoxe : les notions d'intelligence économique et d'influence à la française sont bien plus qu'économiques. Elles impliquent de prendre en compte des éléments politiques, culturels, psychologiques, historiques... qui déterminent l'environnement [38]. Notre notion d'intelligence économique est extrêmement riche conceptuellement et s'adapte bien à notre époque où aucune théorie et aucun outil ne peuvent seuls expliquer un monde complexe. Elle a donné lieu à des expériences réussies, des bonnes pratiques, une formalisation... qui commencent à se faire connaître à l'étranger [39]. Quant à l'État français, qui a promu ce concept auprès des entreprises, il ne parvient pas vraiment à se l'appliquer à lui-même. Côté privé, nombre de décideurs issus des plus grandes écoles et universités n'ont pas réellement compris tout le champ de la notion d'influence, qui est assimilée au « *lobbying*/corruption » (parfois aussi encore pratiqué). *Last but not least*, le monde universitaire ne s'approprie pas (ou mal) ce concept trop transversal qui vient casser des frontières historiques entre disciplines.

Des chercheurs nord-américains se dirigent eux aussi aujourd'hui vers des concepts synthétiques. On peut citer en ce sens la notion d'« *insight and foresight* », défendue notamment par le professeur Jonathan Calof[40] au Canada, ou encore celle de « *Business Information Gathering* » (BIG) développée par le professeur américain Paul Mugge au sein du CIMS[41], en Caroline du Nord, avec des entreprises. Il s'agit respectivement de ce que, en France, on appelle d'un côté veille et anticipation et de l'autre veille économique. L'approche BIG est à noter car elle se démarque de l'approche quantitative de la « *business intelligence* » pour reconnaître la nécessité d'un apport qualitatif et de la multidisciplinarité des approches. Autrement dit, l'apport automatisé de données doit être largement complété par des notions de sciences humaines pour permettre une réelle intelligence du monde. Il existe aussi une école chinoise d'intelligence économique et surtout une pratique, l'ensemble étant représenté pour les interlocuteurs occidentaux notamment par le Professeur Miao, directeur de la Shanghai Library et vice-président de SCIC (Society of Competitive Intelligence in China). Cette approche est axée sur le renseignement technologique, aujourd'hui de plus en plus complété par les analyses multidisciplinaires issues des *think tanks* gouvernementaux. N'oublions pas l'école japonaise, « coqueluche » des consultants et dirigeants français dans les années 1980, dont la recherche d'informations partout dans le monde, le grand ministère de l'Industrie (MITI), les maisons de commerce, le maillage serré entre banque et industrie, les méthodes de management (dont les fameux « cercles de qualité »)... furent une base de la croissance. D'une manière générale, les différentes appréhensions de l'intelligence économique et de l'influence sont liées à la culture nationale, comme l'explique bien Philippe Clerc, notamment dans un court mais percutant article de 2006[42].

Aujourd'hui est développée aux États-Unis la notion de *contextual intelligence*, ou d'intelligence du contexte, par le maître du *soft power*, Joseph Nye. Cette intelligence de l'environnement est très exactement la base de notre intelligence économique. Si on y ajoute le concept de coopétition que nous avons vu plus haut, nous, école française, sommes en fait sur un terrain conceptuel beaucoup plus proche de la pensée américaine que ce qui est souvent dit.

Les stratégies d'influence

La définition de l'influence économique dans la mondialisation pourrait être la suivante, adaptée de celle du *Dictionnaire de la mondialisation* de 2001[43] : « *Stratégie, tactique et mise en œuvre d'une action durable de conviction, menées auprès de décideurs ou d'opinions par une argumentation appropriée et honnête, [...] passage obligé pour tous les acteurs de la mondialisation : entreprises, organismes professionnels, États, ONG,* think tanks... ». Une autre définition datant de 2005 apporte une approche systémique qui nous paraît fondamentale : « *La stratégie d'influence peut être définie comme la combinaison d'un ensemble de modes d'actions, exercés de manière directe ou indirecte, ouverte ou couverte, vis-à-vis de personnes, de collectivités, d'organisations et/ou d'États en vue d'obtenir un meilleur crédit, de prendre de l'ascendant et finalement d'orienter les décisions dans le sens souhaité.* » Elle a été rédigée par Natacha Romma et Éric Boutin en 2005 et passée au crible de la validation expérimentale sur le *lobby* antinucléaire dans une note passionnante[44].

Les stratégies d'influence professionnelle recouvrent de nombreuses déclinaisons, dont les dénominations répondent à des réalités diverses, d'États, d'entreprises, de fonctions. Elles ont cependant en commun une origine et une dénomination anglo-américaines.

Lobbying, advocacy, public affairs, communication

Le *lobbying*, on l'a vu, est une technique d'argumentation développée à l'égard de décideurs politiques ou économiques pour les convaincre sur un sujet, souvent une régulation. Le *lobbying* peut être une action ponctuelle ou une étape d'une action d'influence au long cours, comme la diplomatie d'entreprise (*business diplomacy*). Celle-ci est une stratégie de long terme, d'amont, mettant en place des alliances avec des acteurs clés, des partenariats entre État, secteur privé et société civile, une action régulière.

La dénomination affaires publiques (*public affairs*) désigne un type de fonctions dans l'entreprise, toutes celles qui touchent aux relations institutionnelles nationales et internationales. En réalité, le mot institutionnel est limité par rapport au nombre élevé de parties prenantes et d'interlocuteurs clés avec lesquels l'entreprise doit aujourd'hui poursuivre des relations régulières. L'*advocacy* est un mode d'action au long cours, qui consiste à expliquer en permanence ses stratégies et ses actions aux bons interlocuteurs et qui ressemble en définitive à une sorte de plaidoyer, d'où le nom qui lui est donné outre-Atlantique et outre-Manche. Cette pratique est devenue tellement habituelle qu'elle est presque assimilée à du conseil.

La communication est un outil de l'influence. Elle aide à faire passer les messages en travaillant professionnellement les relations et en aidant à sélectionner et traiter correctement les cibles. L'influence c'est, à notre avis, la communication plus l'argumentation dans une proportion respective d'un tiers et deux tiers. Car l'influence est d'abord une question de contenus : pour influencer il faut avoir un contenu, un message cohérent.

Diplomatie économique, business diplomacy, public diplomacy...

La diplomatie n'est plus réservée aux États. Par définition, la diplomatie est fondée sur l'influence et la diplomatie économique ne déroge pas à cette définition : « *La diplomatie économique consiste en un ensemble d'activités visant les méthodes et procédés de la prise internationale de décision et relatives aux activités économiques transfrontières dans le monde réel. [...] Elle a comme champ d'action le commerce, l'investissement, les marchés internationaux, les migrations, l'aide, la sécurité économique et les institutions qui façonnent l'environnement international, et comme instruments les relations, la négociation, l'influence.* »[45]

La montée en puissance des marchés et l'absence de gouvernance politique mondiale ont conduit à traiter la plupart des grands enjeux internationaux selon un prisme économique et même commercial. C'est pourquoi la diplomatie économique s'intéresse aujourd'hui à une grande diversité de sujets et, en même temps, ce champ jadis réservé aux États s'est ouvert aux acteurs non étatiques. Comme le dit fort bien Raymond Saner[46], la participation des acteurs non étatiques à la diplomatie et aux relations internationales est plus prononcée dans les pays dits industrialisés. Il faut d'ailleurs distinguer deux cas : parfois entreprises et ONG participent à la politique étrangère de leur pays, parfois les entreprises (et les ONG, plus rarement) mettent en place une diplomatie propre (la diplomatie d'entreprise). Raymond Saner attribue le développement important de fonctions diplomatiques dans les entreprises transnationales au fait que les pratiques habituelles des États industrialisés ne sont pas opérantes dans les pays dits émergents et qu'il faut donc absolument un outil spécifique. Les États ne sont d'ailleurs pas concurrencés seulement par les entreprises mais aussi par les autorités publiques de niveau local, que l'État soit fédéral, comme en Allemagne, ou non, comme en France et encore plus en Italie et en Espagne, où des régions dynamiques développent de véritables actions diplomatiques.

Distinguons donc la diplomatie d'entreprise (*business diplomacy*) et la diplomatie économique des États (*commercial diplomacy*), deux notions auxquelles il faut désormais en ajouter une troisième : celle de *public diplomacy.*

La diplomatie d'entreprise est le nom donné aux nouvelles politiques de relations extérieures des entreprises. Selon François Pitti[47], la diplomatie d'entreprise « *partage avec la diplomatie classique trois caractéristiques fondamentales : elle se focalise en priorité sur les interactions transnationales. Elle est décidée au plus haut niveau des organisations : États, sociétés ou associations. Enfin, elle accorde une importance stratégique à la perception internationale. [...] La diplomatie économique sert les objectifs clés des entreprises, au premier chef desquels la valorisation globale de la société.* »

Les grandes entreprises la pratiquent depuis toujours, mais la globalisation les oblige à en faire une activité à part entière.

Comme un État, ces multinationales développent des stratégies multilatérales, des partenariats, des alliances et défendent des politiques. Les grandes ONG internationales font de même. Des organisations telles qu'Oxfam, WWF, Care, etc. ou encore des coalitions d'ONG exercent elles aussi de manière habituelle une active diplomatie au long cours, parfois du *lobbying* sur des sujets très précis. Ce *lobbying* peut se doubler de campagnes sur l'opinion, autre forme d'influence. Une fonction importante de cette diplomatie est d'éviter la crise, ou de la faire mourir dans l'œuf, grâce à l'existence de réseaux de partenaires, de coacteurs dans des causes éthiques, d'alliés dans des coalitions.

Quant à la diplomatie économique, les diplomates de tous pays ont été priés de l'intégrer dans leurs tâches. Toujours selon l'auteur précité,

« *signe de l'imbrication croissante des sphères politique et économique, les diplomaties économiques influent sur les diplomaties politiques* ». Les entreprises ne peuvent pas faire abstraction des politiques de leurs États d'origine et, inversement, les enjeux stratégiques des entreprises pèsent lourdement sur les décisions des États. Les ambassades deviennent des relais de soutien aux acteurs économiques, qu'ils soient étatiques ou privés. En sens inverse, des organisations privées servent de relais aux politiques de diplomatie économique. C'est le cas au Royaume-Uni, en Allemagne (avec les chambres de commerce régionales) et un peu en France, avec le succès très mitigé de la nouvelle organisation mise en place à partir de 2005.

Par ailleurs, la notion de « diplomatie d'influence » est née, même si on peut s'étonner de ce pléonasme qui en réalité n'en est pas un car il prend en compte une réalité mondiale nouvelle. Il est une médiocre traduction du concept anglo-saxon de *public diplomacy*, qui vise une diplomatie qui s'est développée, approfondie, élargie et professionnalisée. Cette diplomatie n'est plus seulement réservée aux diplomates professionnels. Elle s'adresse à un public mondial de consommateurs avides d'images et d'information. Les réseaux sociaux lui dessinent un avenir prometteur.

Le superbe rapport de 2008 du *think tank* du British Council[48] reprend quelques définitions dont celle du directeur du master de *public diplomacy* de l'université de Southern California : la *public diplomacy* consiste « *pour un acteur international à essayer de maîtriser son environnement international en s'engageant dans une action avec des publics étrangers* ». Par rapport à la diplomatie classique, qui traite d'État à État, la *public diplomacy* est pratiquée par, et s'adresse à, des acteurs de statuts très différents. Et surtout, comme le souligne le US Center on *public diplomacy* de cette même université, la *public diplomacy* est à deux voies : elle doit forger un message vis-à-vis de l'extérieur mais aussi analyser et comprendre comment ce message est reçu et se doter d'instruments d'écoute aussi bien que d'instruments de persuasion.

Pour un État, cette « diplomatie du public » ne passe plus seulement par ses propres agents, mais aussi par des partenaires, entreprises, *think tanks*... Elle n'est pas que de la communication : elle doit impérativement avoir un message porteur, véhiculer un projet. Il s'agit expressément d'influencer des populations étrangères, dans un certain but.

Officiellement, elle emprunte les voies suivantes, comme expliqué par un rapport du Congrès américain de 2008 [49] : programmes internationaux d'information, échanges culturels et diffusion de nouvelles internationales non militaires.

Simon Anholt, spécialiste mondial du *nation branding* (théorie et pratique de la « marque commerciale des États », de sa mesure et de son amélioration, voir détails *infra*), souligne la contradiction de l'expression *public diplomacy*, qui fait exploser le concept de diplomatie, puisque celle-ci reposait jusqu'à présent sur le secret, mais il rappelle aussi la nécessité de diriger la diplomatie vers tous les publics : « *Le fait est que le destin des nations ne dépend pas seulement de leurs relations avec les gouvernements des autres nations, mais plus que jamais de leurs relations avec les publics internationaux. Être admiré par des gens ordinaires dans d'autres pays emporte des conséquences totalement différentes pour un État, une ville ou une région, comme pour les entreprises et leurs produits.* » [50]

On peut se demander si cette *public diplomacy* et ce *branding* ne sont pas de nouveaux noms pour la propagande. Comme le dit le diplomate américain Richard Holbrooke, cité dans l'excellent rapport mentionné ci-dessus : « *Appelez-la* public diplomacy, *affaires publiques,* psychological warfare, *et si vous voulez être direct, propagande.* » Cette confusion ne nous semble pas correspondre à la réalité, même si parfois la frontière peut être une question de degré et, comme toujours, d'éthique. Le rapport *Options for Influence* relève les définitions bien distinctes de l'OTAN elle-même (*NATO Military Public Affairs Policy*) : « *La* public diplomacy *est la totalité des mesures et moyens pour informer, communiquer et coopérer avec un grand nombre de publics ciblés dans le monde, dans le but d'élever leur degré de compréhension de l'OTAN, de promouvoir ses politiques et ses activités, et donc de renforcer le soutien à l'Alliance et la confiance en elle.* »

Selon le même rapport, la propagande, est selon l'OTAN, « *l'information, les idées, les doctrines ou les appels spécifiques disséminés pour influencer l'opinion, les émotions, les attitudes ou les comportements d'un groupe spécifique dans le but de bénéficier directement ou indirectement à celui qui mène l'action* » et les opérations psychologiques ou « psyops » sont « *des activités à caractère psychologique utilisant des méthodes de communication et d'autres moyens dirigés sur des publics dûment approuvés, dans le but d'influencer leurs perceptions, attitudes et comportements en rapport avec la réalisation d'objectifs politiques et militaires».*

Social learning

Le *social learning*[51] ou influence socioculturelle est une démarche de prise de contrôle *soft* des sources d'information et/ou de leur contenu. Comme l'écrit Éric Denécé, il peut être pratiqué sous couvert de développement ou d'assistance, ou encore prendre la forme d'une mobilisation « politiquement correcte » et neutre de milieux scientifiques ou de recherche universitaires pour le progrès économique et social mondial. En réalité, il instrumentalise les pôles de connaissance les plus performants, les institutions internationales, les entreprises et les ONG sur des intérêts particuliers, afin de conquérir les sources d'information et les centres de décision situés aux points névralgiques d'un pays visé. D'un point de vue économique, il s'agit d'adapter, parfois longtemps à l'avance, le client à son offre, de détruire celle de la concurrence, mais aussi de substituer l'influence politique et culturelle de son État à celui de la partie adverse. L'influence du mode de vie sur le monde des affaires est fondamentale. Les traditions et les cultures continuent de façonner l'environnement politique et réglementaire dans lequel se signent les contrats. La mise en œuvre du *social learning* se situe aux limites de l'éthique, l'écart entre persuasion et manipulation est plus que réduit.

Le *social learning* s'applique généralement à des États, mais il ne serait pas exclu que des entreprises privées particulièrement puissantes le pratiquent, le cas échéant en partenariat avec leurs États. On pense évidemment aux grands maîtres actuels des logiciels et des réseaux, Apple, Microsoft, Google, Baidu, Facebook, Twitter... (nous développerons ce point *infra*).

Marketing d'influence

Le mot « influence » étant en vogue, il est aujourd'hui récupéré par d'autres disciplines. On parle ainsi, par exemple, de marketing d'influence[52] ou de *marketing media social* avec un nouveau métier, le *community manager* (CM), en français « médiateur de conversation » :

« *Son rôle est de personnifier la marque sur les différents réseaux Internet* via *l'animation des échanges avec les internautes et la retransmission des valeurs de la marque. En matière d'influence, le CM a un rôle actif (transmettre les valeurs et agir positivement sur la perception de la marque et sur les achats) et un rôle défensif (vérifier que le réseau ne sert pas à la diffusion de désinformations, à une opération de déstabilisation ou même à des commentaires désagréables qui pourraient exercer une influence négative).* [53] » Il doit également bien mesurer les influences individuelles qui s'expriment au sein du groupe virtuel, l'émergence le cas échéant d'un leader qui prendrait le contrôle du groupe, etc.

Notre thèse est que la vie d'un groupe virtuel répond aux mêmes règles qu'un groupe réel, notamment sa prise en mains. À notre avis, les règles de contrôle, par la minorité notamment, si chères à Trotski, s'y appliquent de la même manière, voire plus facilement, car les aspects physiques de proximité humaine sont éliminés et le verbe joue à plein. Certes le charisme « sensuel » n'existe plus, mais l'image va le remplacer de plus en plus auprès de générations qui auront moins connu la proximité physique. On est étonné de l'effet produit par un livre et un homme âgé certes très énergique, mais la plupart du temps sur écran et/ou en ligne, comme Stéphane Hessel[54], auprès de jeunes gens du monde entier.

Le rôle du *community manager* est délicat car il doit rester serein pour modérer, et en même temps, il doit apporter du contenu, être parfaitement au fait des messages de l'entreprise, de sa culture, pour pouvoir diffuser un discours mais aussi répondre rapidement de la bonne façon. C'est pourquoi incidemment, un tel rôle est bien plus que technique et devrait être assumé par des personnes connaissant très bien l'entreprise. En créant son groupe ou sa communauté propre sur le Web 2.0, l'entreprise cherche aussi à ramener sur son terrain des discussions qui sinon pourraient avoir lieu sur des forums non contrôlables (qu'elle doit néanmoins surveiller car des commentaires désagréables peuvent tout de même intervenir). Le but est aussi de rendre les membres du groupe eux-mêmes agents d'influence. En cela, rien de nouveau non plus, si ce n'est la dimension multipliée à tout un réseau virtuel, qui grâce à Facebook ou LinkedIn peut être très fourni.

Anticipation et... prophéties à l'œuvre

L'entreprise ou l'organisation évoluent sur un « terrain de jeu » qui a des règles, des codes, des acteurs-clés, des pratiques, des représentations collectives traditionnelles, des références nouvelles, des zones d'ombre, des enjeux, des défis. Il faut les connaître, les comprendre et les anticiper.

Anticiper, ce n'est pas seulement prévoir, c'est agir par avance. Le lien entre anticipation, influence et action est fort. Quand on anticipe, on suppose d'abord un ou plusieurs avenirs qui pourront exister, avec des probabilités plus ou moins importantes selon les cas, mais qui par définition ne sont pas encore formés. Puis on cherche les moyens de s'adapter à chacun. À moins qu'il ne soit plus intéressant d'essayer d'adapter cet avenir à nous ! Et d'entrer dans une logique d'influence. L'avenir se forme à partir des forces actuelles (et anciennes) qui s'exercent et qui, en se combinant, vont donner lieu à un réel. Il convient donc d'estimer ces forces et, selon les cas, pourquoi ne pas être l'une d'entre elles ? Ou se joindre à l'une d'entre elles ? « *Il n'est pas tant demandé aux organes de prospective d'être des voyants, voire des visionnaires, que de concourir à domestiquer les dynamiques qui échafaudent l'avenir* », écrit très justement Christian Lechervy[55].

L'anticipation va permettre des décèlements précoces pour agir avant d'avoir à contre-réagir, d'où l'extrême importance de la qualité de la veille active sur laquelle elle est fondée. « *Mieux comprendre le monde d'aujourd'hui pour peser sur son ordonnancement futur* », nous dit encore Christian Lechervy. En clair, pourquoi se contenter de prévoir ce que d'autres vont (peut-être) faire ? Pourquoi subir des situations créées par d'autres ?

Mais anticiper n'est ni projeter, ni extrapoler. Il ne s'agit pas de poursuivre des tendances actuelles, même agrémentées par des variables nouvelles. L'anticipation ne peut s'exercer correctement que sur la base d'une évaluation fine des acteurs, de leurs intérêts et stratégies, des phénomènes collectifs de tous ordres en cours, des expériences passées, de la force des réseaux dont on dispose, des alliances possibles... Une réelle multidisciplinarité est nécessaire, de même qu'une grande honnêteté intellectuelle et qu'une éthique parfaite, toutes qualités difficiles à réunir qui expliquent la difficulté d'anticipation bien plus que des imperfections de logiciels et de scénarios. Anticiper nécessite de sortir des cadres de pensée habituels, d'imaginer des ruptures, des événements « aberrants », ou au contraire de faire preuve d'un bon sens terre à terre peut-être perdu par des stratégies trop abstraites ou quantifiées, et tout cela, sans rien s'interdire.

Les principaux obstacles à l'anticipation résident dans des rigidités psychologiques ou des biais éthiques : préjugés, peur d'incarner de mauvaises nouvelles (phénomène du « bouc émissaire », encore appelé « tuer le messager »), volonté de plaire au chef en lui disant ce qu'il a envie d'entendre, absence de courage devant le groupe, volonté affaiblie devant un chef charismatique ou dictatorial, etc. D'où l'intérêt de conseillers extérieurs indépendants et honnêtes. Mais tout comme un salarié, un tel conseiller peut être tenté de flatter les tendances qu'il sent majoritaires dans le groupe, notamment pour être rappelé. Son choix est donc crucial pour la stratégie de l'entreprise. Il ne faut en particulier pas se satisfaire de grilles et autres matrices standardisées.

La révélation de vérités pas toujours agréables devant le chef était à une époque incarnée par les « fous du Roi », en charge d'une fonction finalement indispensable et aujourd'hui disparue. Les activités sans ROI (*return on investment*) à un an étant aujourd'hui traquées par les « gestionnaires », les fonctions de long terme indispensables à la survie de l'entreprise reposent plus que jamais sur les seules épaules du dirigeant. La présence d'un bon conseiller (ou consultant) révèle un bon chef. Il doit être ouvert et surtout courageux car il est tellement plus rassurant de penser comme tout le monde, ou comme voudraient faire penser les actionnaires, et surtout tellement dangereux dans certains cas de penser différemment. Au final, ce sont l'éthique, l'ouverture et le courage imprimés par le supérieur le plus élevé qui permettront ou non à une organisation d'anticiper et donc d'influencer correctement.

Prophéties autoréalisatrices

Il existe un autre lien bien connu entre anticipation et influence, c'est celui de la prophétie auto-réalisatrice. En rendant publiques des prévisions, on les rend réalisables et on fabrique l'avenir. La tentation est évidemment grande de lancer dans des cercles dirigeants, dans la presse, sur le Web, dans les réseaux... des prévisions ou scénarios parfaitement étayés, sur des bases vraies ou non mais à l'apparence crédible, par l'auteur, les sources mentionnées, les partenariats... À force de les entendre, les opinions finissent par les intégrer comme vraies et réelles et agissent en conséquence.

Le phénomène de la prophétie autoréalisatrice (*self fulfilling prophecy*) a été étudié, entre autres auteurs, par Robert King Merton, décédé en 2003, professeur de sociologie à la Columbia University. Pour lui, la prophétie autoréalisatrice est, au début, une fausse définition de la situation entraînant un comportement qui fait que la conception originellement fausse va devenir vraie. Et dès que des signes sembleront prouver que la prophétie était vraie, ils seront mis en avant pour valider l'hypothèse de départ et ainsi prouver qu'elle était bonne. En allant plus loin, on peut donc arriver à faire vivre ce qui était faux ou au moins non avéré à une époque, et à le rendre vrai. Cela n'est valable que pour les phénomènes humains, car en sciences dures vient un jour où le faux ne peut plus tenir comme du vrai. Ce fut le cas des fameuses théories agronomiques de Lyssenko en Union soviétique, qui menèrent à la famine.

Ces prophéties autoréalisatrices ne sont pas toutes délibérées, mais sont souvent des vecteurs rêvés pour des stratégies d'influence. Les « avertissements » des agences de notation sur la situation des pays apparaissent comme entrant dans cette catégorie, de même que les déclarations de personnages officiels, comme fin août 2010 celle de Christine Lagarde, directrice générale du FMI à la conférence de Jackson Hole aux États-Unis : « *Les enjeux sont clairs : nous risquons de voir dérailler la reprise qui est fragile* », suivie d'une mise en garde générale aux banques européennes. Bien sûr la vérité est bonne à dire, mais est-ce énoncer une vérité que de faire part d'un risque, alors même que l'on sait que les marchés sont hypersensibles à l'information ? D'aucuns ont vu dans ces déclarations le relais d'une volonté américaine d'affaiblissement des positions des États et banques européens.

Parfois, ces prophéties vont bien plus loin. Il y en a actuellement une à l'œuvre au niveau mondial : celle de la grande crise planétaire de 2012. Elle est annoncée depuis plusieurs années de diverses manières : calendrier maya, prévisions astrologiques et bibliques mais aussi fin du 6e cycle de Kondratieff, ceux-ci ayant entre 40 et 60 ans et le premier ayant débuté en 1780 avec la révolution de la machine à vapeur, aujourd'hui remplacée par les industries de l'information et les nanotechnologies, ou encore fin de cycles immobiliers dans différents pays européens, épilogue de la grande crise débutée en 2007-2008...

Ces douces prévisions ne peuvent, pour le moins, susciter l'enthousiasme d'entreprendre... D'autant qu'elles sont renforcées par des publications lues par des dirigeants. On remarque d'ailleurs à ce sujet la fréquente et curieuse appétence, voire fascination, des élites pour des prophéties catastrophistes. On peut citer l'analyse récente du LEAP 2020[56], *think tank* bruxellois dont voici un extrait d'une production de début 2012 : « *Le grand basculement de 2012, c'est aussi celui des peuples. Car 2012 sera aussi l'année de la colère des peuples. C'est l'année où ils vont entrer massivement sur la scène de la crise systémique globale. 2011 aura été un « tour de chauffe » où des pionniers auront testé méthodes et stratégies. En 2012, les peuples vont s'affirmer comme les forces à l'origine des basculements majeurs qui vont marquer cette année charnière. Ils le feront de manière proactive parce qu'ils créeront les conditions de changements politiques décisifs* via *des élections (comme ce sera le cas en France avec l'éviction de Nicolas Sarkozy) ou* via *des manifestations massives (États-Unis, Monde arabe, Royaume-Uni, Russie).* » Laissons à l'auteur la responsabilité de ses prévisions, mais admettons qu'il est clair qu'en lisant cela on ne va pas faire tout à fait les mêmes choix d'investissement qu'en écoutant les analyses géoéconomiques habituelles.

Ce LEAP est un habitué des prévisions qui dérangent puisque, en 2007, il prévoyait la chute très prochaine du dollar. Il n'est pas le seul et les médias se repaissent de ce type de données, qui permettent d'organiser des débats et du *buzz*. On peut cependant constater avec Xavier Guilhou[57] que « *nos opinions, sous l'effet d'une saturation médiatique souvent malsaine et mortifère, sont de plus en plus interpellées par la multiplicité des cas de désastres naturels ou de dysfonctionnements collectifs et par leur gravité sous-jacente. Dans les faits il y a moins de morts par guerres ou désastres qu'au* XXe *siècle, mais le mode de représentation véhiculé par la puissance instantanée des médias donne l'impression de l'inverse* ».

L'influence, stratégie de puissance

Pour faciliter la compréhension, les mots pouvoir et puissance seront respectivement utilisés ci-après selon leur sens premier et le plus générique, à savoir : le pouvoir est conféré, il est la capacité de droit à agir, décider, faire faire. La puissance est la capacité en elle-même à agir sur les autres, c'est une forme de domination, elle est dynamique, elle ne découle pas nécessairement d'un pouvoir attribué. Aujourd'hui les deux définitions se brouillent, en partie du fait de l'élargissement de la capacité d'influence. Pour expliquer les liens entre puissance et influence, on peut se reporter à Raymond Aron : « *La puissance d'un individu est la capacité de faire, mais avant tout, celle d'influer sur la conduite ou les sentiments des autres individus. J'appelle puissance sur la scène internationale la capacité d'une unité politique d'imposer sa volonté aux autres unités.* »[58]

Des rapports de force bousculés

Depuis une trentaine d'années, des formes nouvelles de puissance se sont développées par rapport aux pouvoirs institutionnels. Ces derniers doivent de plus en plus partager la puissance qui leur était réservée jusqu'alors. En sens inverse, certaines puissances deviennent peu à peu des pouvoirs. Les formes de la puissance évoluent, disparaissent et s'interpénètrent. La puissance liée au pouvoir souverain qui est traditionnellement dévolue aux États s'affaiblit face à divers coups de boutoir d'autres acteurs.

Les premiers sont les organisations supranationales, mondiales ou régionales dont ils sont membres et dont ils doivent respecter les règles, et en outre, pour la France comme pour vingt-six autres États européens, l'Union européenne, institution *sui generis* à laquelle ils ont dévolu une partie de leur souveraineté. Les organisations multilatérales mondiales sont héritées du XXe siècle. On dit souvent qu'elles sont datées et doivent évoluer. Ce n'est pas vrai pour toutes, certaines ont parfaitement saisi le vent de l'histoire, en tout cas celui de la société de l'information. C'est ainsi que la Banque mondiale est devenue une puissance d'influence à part entière, usant non seulement de son pouvoir intergouvernemental mais aussi de sa capacité à générer des concepts, doctrines et bonnes pratiques, de gouvernance, de conditionnalité des aides, de développement...

En deuxième lieu, on trouve les acteurs privés dont la puissance financière est tellement grande qu'elle surpasse souvent celle de la souveraineté des États. On parle là des entreprises multinationales, grandes banques, fonds. Les entreprises les plus riches sont à peu près au niveau du trente-cinquième PIB mondial. Il faut y ajouter les mafias et tous les groupes criminels avoués ou non qui, par leur poids financier, sont capables d'orienter les politiques des États, la presse, le Web.

Autre type d'acteurs, ceux qui bénéficient d'un pouvoir moral, intellectuel et médiatique qui influence les autres : grandes organisations non gouvernementales, forums privés, *think tanks*, clubs et centres divers d'envergure mondiale, groupes Web, presse, blogueurs... Certains de ces acteurs se sont institutionnalisés comme contre-pouvoirs au niveau du monde, ainsi par exemple Oxfam, ONG à la puissance aussi grande que diversifiée, dont le président participe avec rang quasi officiel à des conférences ministérielles de l'OMC.

Par ailleurs, les rapports de puissance ont changé entre les États occidentaux et les États « émergés » que l'on appelait encore émergents il n'y a pas cinq ans. En 2010, les pays de l'OCDE (dits « les pays riches ») pèsent 51 % du PIB mondial contre 60 % en 2000 et, selon l'OCDE, 43 % en 2030. Les pays dits émergents et en développement ont des revenus par tête bien inférieurs à ceux des « riches » mais possèdent 1,5 fois plus de réserves (4 200 milliards de dollars) que les pays industrialisés, ceux-ci étant en outre de très loin les plus endettés.

À ces puissances qui se juxtaposent et se concurrencent, puissances souveraine, institutionnelle, financière, morale, intellectuelle et médiatique, il faut en ajouter quatre autres : la puissance militaire, historiquement dévolue aux États mais qui aujourd'hui d'une part se privatise, comme on le voit avec l'émergence de mouvements et milices dans de nombreuses zones du monde, d'autre part se multilatéralise, avec des forces communes d'intervention ou de maintien de la paix ; la puissance liée à la disposition de ressources rares, comme les sources d'énergie fossile mais aussi agricoles, les métaux rares, bientôt l'eau..., la rareté physique devenant un paradigme nouveau et de plus en plus prégnant ; la puissance technologique, en devenir permanent car élément concurrentiel majeur pour les puissances privées comme publiques ; et la « puissance d'influence » qui elle, au contraire des ressources physiques, semble s'être multipliée avec l'accès à l'information et à ses outils et a permis à des organisations sans armes et sans terres de jouer des rôles de niveau mondial. On pense aux ONG humanitaires, aux associations comme Amnesty International, Wikileaks, ou encore à des classements comme celui de l'université de Shanghai.

Les États sont également soumis aux influences plus dissimulées des conseils et experts privés chargés de les aider. Les grands noms du conseil comme par exemple Boston Consulting Group, Roland Berger et bien sûr les quatre grands de l'audit et de l'organisation, KMPG, Ernst & Young, Accenture, PricewaterhouseCoopers sont friands de ce type d'activités, à la fois rentables et génératrices de notoriété. Ils ne visent pas que les petits États mais aussi les grands, comme dans le cas de la revue générale des politiques publiques (RGPP) mise en place en 2007 en France, où des pans entiers de l'administration sont soumis aux audits et conseils de certains grands cabinets internationaux. Ces firmes véhiculent des visions, des outils et des solutions toutes plus ou moins issues des techniques de management enseignées aux États-Unis. Elles sont presque toutes animées de la même « philosophie » de réduction de coûts, le premier d'entre eux étant celui des hommes, toujours trop nombreux et trop chers... En France, ces entreprises trouvent un terrain propice, la culture de l'ingénieur très présente dans les postes de direction étant par nature encline à rechercher la machine ou le mécanisme intelligent, qui permettront de se passer de l'humain incontrôlable.

Lorsque le conseil devient de la prescription de politiques publiques par ces cabinets, comme dans le cas de la RGPP, il y a influence manifeste sur l'État. Cette influence n'est ni ouverte ni contrôlée, ce qui sur le principe pose de sérieux problèmes démocratiques. Il en est de même quand le conseil est d'origine multilatérale (FMI ou Banque mondiale, par exemple) mais cette influence-là, même parfois critiquable sur le fond, repose sur une légitimité intergouvernementale. Les influences d'un prescripteur privé sans légitimité autre que technique – et certaines affaires retentissantes (Enron, Arthur Andersen...) peuvent parfois faire douter de cette dernière – ne sauraient s'appliquer à des hommes politiques, dont la légitimité, elle, est issue du vote.

Quand c'est l'exécutif lui-même qui fait appel à ces experts, on peut s'agacer de voir ainsi livrer une légitimité publique à des acteurs privés qui ont leurs propres stratégies de rentabilité, voire d'influence, par définition individuelles. Certains experts en intelligence économique soulignent que les stratégies ne sont pas qu'individuelles : l'accès à des données étatiques souvent confidentielles ou du moins sensibles par ces cabinets filiales de grands groupes étrangers a été dûment signalé comme risqué par des spécialistes très sérieux et nullement paranoïaques. Il en est de même pour la désignation des commissaires aux comptes et courtiers d'assurance. Cela n'a pas empêché de prestigieuses et très régaliennes institutions françaises de choisir des cabinets connus comme liés au pouvoir américain. Un grand groupe a passé sans émotion un contrat technique permettant d'avoir accès à des données personnelles avec une puissante société chinoise.

On peut également s'interroger sur des mécanismes tels que celui créé par l'OCDE en 2007, le « *Partnership for Democratic Governance* », piloté par un certain nombre d'États, qui entend utiliser l'expertise privée (c'est-à-dire des cabinets internationaux) pour gérer des pans entiers de services publics d'États fragilisés (tels que la Somalie), en attendant leur consolidation. Certes on comprend l'intérêt de confier des administrations à des partenaires *a priori* neutres et non corrompus, de surcroît sous contrôle de l'institution, mais en sens inverse, quand il s'agit de services sensibles comme les douanes, par exemple, on peut craindre la mise en place de mémoires pour plus tard. En outre, la question démocratique est là sérieusement posée : en effet, quel que soit l'état de délabrement des pays, peut-on laisser leurs fonctions régaliennes à la gestion de cabinets privés dont le but ultime n'est certes pas l'intérêt général, mais leur propre intérêt ? Ou plus exactement : l'intérêt général relève-t-il d'une ingénierie comme une autre ? Il ne faut pas se cacher que ces scénarios sont à la puissance dix ceux déjà exercés de manière régulière *via* l'aide au développement. Les États qui ont une stratégie de puissance l'utilisent comme outil d'influence sur la formation des États fragiles, moins avancés ou sortant de crise, *via* l'outil de l'assistance technique, comme nous le détaillerons ci-après.

Soft power, smart power

L'expression *soft power* n'a jamais pu être traduite, ou plus exactement ses traductions (pouvoir doux, ou mou...) n'ont jamais convaincu. On l'utilise donc toujours dans sa forme originale. Ce concept bien « packagé », à l'anglo-saxonne, a été lancé par un Américain mais il était déjà appliqué bien avant par les États-Unis. L'auteur est Joseph Nye, professeur à Harvard, qui a servi comme sous-secrétaire d'État dans l'administration Carter et comme secrétaire adjoint à la Défense sous la présidence Clinton. Joseph Nye est aujourd'hui, entre autres fonctions, président du groupe nord-américain de la Commission trilatérale, un groupe de leaders internationaux des trois continents industrialisés lancé en 1973 et auquel on a prêté et on prête à nouveau une influence occulte importante. Il explique que le *soft power* est la capacité d'un pays à aboutir à ses objectifs internationaux par l'attraction qu'il exerce auprès des autres pays plutôt que par la force.

En 2009, il redéfinit le *soft power* et explique le *smart power*, un concept qu'il utilisait dès 1990, dit-il, et qui consiste à combiner le *hard* et le *soft power* selon la nécessité, arbitrée par une intelligence du contexte. L'expression *smart power* est pourtant plutôt associée à Suzanne Nossel, une diplomate au profil similaire à celui de Joseph Nye et, en pratique, à Hillary Clinton, qui le consacra en 2009 en sa qualité de Secrétaire du département d'État (« ministère des Affaires étrangères » américain). Il s'agit selon elle de ne rien s'interdire, de continuer de diffuser du *soft power* mais de ne pas hésiter à recourir au *hard*, d'utiliser chacun de manière intelligente (*smart*), dans l'intérêt des États-Unis. On se réserve le choix des armes, c'est le pouvoir de l'intelligence, qui consiste à utiliser les bons outils au bon moment.

Dans les années 1990, Joseph Nye explique que le pouvoir militaire ne peut tout gagner, que les États-Unis ont gagné la guerre froide par une combinaison intelligente (« *smart* ») de pouvoir dur et coercitif et de pouvoir doux et attractif. La perte de confiance dans le communisme a fini par provoquer la chute du mur de Berlin et cette perte de confiance a été soigneusement encouragée par des actions dites « *soft* » de diffusion de messages écrits, radiophoniques et autres venant des États-Unis. Signalons au passage que, dans la réalité, ces actions de diffusion de livres n'étaient pas toujours aussi *soft* que le dit Nye, car elles étaient interdites et donc totalement clandestines : ces ouvrages étaient appelés *samizdat* en russe et quand leurs émetteurs se faisaient arrêter par le KGB, ils étaient rarement traités de manière très *soft*. Envers la Chine, Joseph Nye a inspiré au gouvernement américain une double approche, faite à la fois d'un partenariat avec le Japon pour la contenir et d'une intégration dans la communauté mondiale. On est déjà dans le *smart*, combinaison du *hard* et du *soft*. Il est censé avoir inspiré également le Premier ministre britannique Tony Blair, qui a parlé lui aussi de combinaison de *hard* et de *soft power* et mieux encore, les dirigeants chinois, voire même des dirigeants privés comme ceux de Microsoft.

Joseph Nye, démocrate, s'est élevé contre l'appauvrissement de la pensée américaine pendant les années Bush, estimant notamment qu'à cette époque l'administration américaine crée plus de djihadistes qu'elle n'en tue[59]. Pour illustrer son propos, Joseph Nye donne un autre exemple : il est difficile d'attraper un terroriste (il donnait l'exemple de Ben Laden) et il y faut du *hard power*, des armes, du lourd. Il est beaucoup plus rentable d'essayer que des Ben Laden ne puissent plus se former, si l'on convainc les peuples concernés que l'islam modéré est préférable à l'extrémisme. Il ajoute une phrase extrêmement vraie dont se sont très librement inspirés tous les conseillers d'hommes politiques : « *In the information age, success is not merely the result of whose army wins, but also whose story wins* » (« À l'âge de l'information, on gagne non seulement grâce à la meilleure armée mais aussi grâce à la meilleure histoire »). On gagne parce qu'on convainc et qu'on séduit par une belle histoire. Raconter une histoire est une base du *soft power* : le *way of life* américain, la conquête de l'Ouest, Hollywood qui, grand allié et d'ailleurs spécifiquement mis à contribution par le plan Marshall, devient lui-même une histoire à raconter.

À ce sujet, le *storytelling* a remporté un vif succès auprès de beaucoup de politiciens, qui se sont emparés de cette technique de promotion qui consiste à mettre à disposition du public des récits variés, renouvelés, voire des suspenses, sur la personne ou la politique à valoriser. On ne parle pas d'idées ni de programmes ou de stratégies, on raconte l'homme, un bout de son enfance, sa famille, ses talents..., en effleurant (ou non) au passage les idées qu'il défend. Tony Blair a été un précurseur talentueux dans l'utilisation de ces méthodes, de même que, dans un registre tout différent, Steve Jobs, qui a fait d'Apple une histoire, la sienne, que chacun croit plus ou moins consciemment revivre en utilisant ses produits. Mais les *spin doctors*, notamment ceux de Tony Blair (Alastair Campbell) et de George Bush Jr (Karl Rove), qui ont voulu jouer uniquement de cette fibre et qui en ont perdu de vue tout lien avec la réalité, sont allés à l'échec. C'est en particulier la deuxième guerre d'Irak, savamment mise en scène et racontée par ces derniers aux États-Unis et en Europe, qui a provoqué un tollé quand il s'est avéré que le fond était faux et qu'en définitive l'opinion publique avait été abusée par une forme très bien travaillée mais sans fondement.

Pour revenir au collectif, il ne faut pas se méprendre sur la notion de *soft power*. Ali Fisher et Aurélie Bröckerhoff, dans le rapport *Options for Influence* déjà cité, l'indiquent bien : le *soft power* n'est pas un terme générique pour désigner les activités culturelles. Il ne faut pas appeler *soft power* tout ce qui n'est ni militaire ni économique. Le *soft power* est une activité spécifique, qui a pour but d'influencer la manière d'agir des peuples, ce qui n'est pas le cas de toutes les activités culturelles. Joseph Nye a bien dit : « *Le* soft power *est la capacité à obtenir ce que vous voulez en attirant et en persuadant les autres d'adopter vos objectifs. Il diffère du* hard power *qui est soit l'utilisation du bâton et de la carotte économique, soit l'usage de la puissance militaire.* » La culture peut être neutre, répulsive ou attractive. Elle est du *soft power* uniquement dans le dernier cas, quand elle permet de former les choix des autres. Les activités culturelles sont du *soft power* quand elles aident à la réalisation d'objectifs de *public diplomacy*. Au final, dit Joseph Nye, les principaux éléments du *soft power* d'un État sont sa culture (quand elle est plaisante pour les autres), ses valeurs (quand elles sont attractives et pratiquées avec cohérence) et ses politiques (quand elles sont légitimes). Il ajoute que le *soft power* n'est pas la solution à tous les problèmes de pouvoir, « *le fait que le dictateur coréen Kim Jong Il regarde des films d'Hollywood ne l'empêche pas de fabriquer la bombe nucléaire* ».

Il faut rester conscient que dans les expressions *soft power*, *smart power* ou *hard power*, il y a toujours « *power* ». Comme dans la relation psychologique individuelle, le but est *in fine* de prendre pouvoir sur l'autre. L'influence est un outil du pouvoir et de la puissance, qui aide à la prise de l'autre, en l'occurrence à la prise de son opinion voire de sa conscience, même si cette prise est exercée en douceur.

À la vérité, s'il est moins désagréable d'être dominé par un pouvoir doux que par un pouvoir dur, la manipulation des cerveaux que peut exercer le *soft power* n'en constitue pas moins une forme de non-respect de l'autre. La limite est parfois très ténue entre *soft power* et manipulation cynique. Une fois de plus, elle repose sur l'éthique de ses artisans et leur transparence. Par exemple, dans l'un des outils favoris du *soft power* qu'est l'attraction des élites étrangères, pratiquée à haut niveau par les États-Unis, il est éthique d'annoncer son intention, comme dans le programme *International Visitors Leadership Program*, qui annonce tout à fait clairement sur son site que son objectif est de sélectionner les leaders de demain dans les pays étrangers pour leur montrer le meilleur des États-Unis. C'est clairement une opération d'influence, mais sur laquelle à notre sens il n'y a rien à redire, elle est transparente et ceux qui s'y prêtent le font en connaissance de cause. Elle n'utilise pas non plus de moyen coercitif ni exagérément séducteur.

Si le pouvoir reste bien présent dans le *soft power*, en revanche il y a une vraie différence entre ce dernier et la *public diplomacy*. Celle-ci doit en effet déboucher sur la reconnaissance de l'autre par le dialogue interculturel qu'elle sous-tend, celui-ci relevant d'un authentique intérêt pour la perspective de l'autre et non d'une tentative de prise de pouvoir. Il s'agit alors non pas de convaincre l'autre mais de l'écouter, de le comprendre et de tenter de s'entendre d'abord sur la signification des mots. De même, l'art de la négociation pourrait être revisité en ce sens, en y introduisant la notion de négociation culturelle, qui oblige à prendre en compte non seulement le fond de la discussion mais aussi la manière de l'exprimer et la perspective différentes des partenaires[60].

CHAPITRE 2

Une gouvernance mondiale sous influences

La maîtrise des stratégies d'influences internationales est plus que jamais une composante des rapports de forces géoéconomiques. Dans le cadre de la gouvernance mondiale en construction, les techniques d'influences sont devenues des modes de fonctionnement et de management. La dissémination du modèle de décision politique américain associé au développement radical des technologies de l'information a fait de l'influence un élément majeur des décisions internationales et nationales.

« L'anglo-saxonisation » du monde

« *La mondialisation dont on parle tellement actuellement est un phénomène autant sinon plus juridique qu'économique. Il est utile de rappeler qu'un droit supranational est en cours d'élaboration, non seulement à Bruxelles mais aussi au niveau mondial, dans les agences de l'ONU, les institutions de Bretton Woods et à l'OMC. Il s'élabore aussi dans des sphères privées, associations professionnelles internationales, organisations non gouvernementales, instituts de réflexion. Les notions de droit traditionnelles explosent, les règles de fonctionnement de l'environnement des affaires évoluent. […] ces changements se préparaient dans l'ombre depuis fort longtemps […]. Ces enjeux concernent bien évidemment le domaine juridique mais ils le dépassent largement, par leurs conséquences économiques et culturelles. Ils posent la question de l'influence que nous voulons avoir dans le futur ordre juridique international.* »[1] Or celui-ci est déjà largement devenu un ordre de type anglo-saxon.

Le lobbying, norme de gouvernance à l'anglo-saxonne...

L'influence et le *lobbying* professionnels sont devenus la source essentielle d'inspiration pour les organisations internationales. Ces dernières sont « approvisionnées » en concepts, idées et propositions par les « parties prenantes » (*stakeholders*), entreprises, ONG, associations, *think tanks*, instituts... qui avant la phase officielle organisent des articles de presse, colloques, forums, comités consultatifs, groupes de travail. Tout cela est en général résumé sous le nom de *lobbying*. Les organisations internationales ne travaillent pas seules pour élaborer les règles. Les textes sont rédigés avec le concours de divers intervenants extérieurs, lobbyistes publics ou privés, qui vont défendre et promouvoir leurs messages dans tous les lieux stratégiques. C'est pour le moment le fonctionnement le plus démocratique qu'ait trouvé la communauté mondiale. Elle est en elle-même une preuve éclatante du *soft power* américain : la gouvernance du monde, qui a bel et bien commencé, fonctionne (pour l'instant) comme celle des États-Unis. Par capillarité, ces processus tendent aujourd'hui à être imités à l'intérieur même de tous les États démocratiques. Ce mode d'élaboration de la règle de droit et de la règle de vivre ensemble va de pair avec une vision de la société.

Il s'agit d'une forme de démocratie dont le jeu d'influences est le fondement même, car l'intérêt général est déterminé par arbitrage entre les expressions des positions privées. En France, selon la conception rousseauiste, l'intérêt général est indivisible, il appartient au peuple au nom duquel les élus décident et demandent à l'État d'exécuter. L'État dispose en son sein d'experts pour étayer leurs avis et pour mettre en œuvre, c'est pour cela qu'il recrute à haut niveau *via* ses grandes écoles et que ses agents, les fonctionnaires, sont relativement nombreux. À l'inverse, les Américains se méfient de l'État et ne veulent surtout pas qu'il devienne trop fort. Les informations et les expertises sont donc apportées par les lobbies et l'on estime que de la confrontation des opinions diverses naîtra la sage décision. Notons que c'est également la philosophie de Wikipédia dans un autre domaine... Cette approche politique n'est pas sans lien avec l'approche économique libérale, qui estime que la recherche du profit et de l'intérêt individuel garantit le bon fonctionnement du marché global.

On voit que l'approche est radicalement différente entre les deux pays, qui représentent chacun l'essence de leur système, la réalité internationale comptant un nombre croissant de régimes mixtes. La France elle-même, gagnée par la diffusion des coutumes américaines à l'ensemble du monde, privatise aujourd'hui de plus en plus la gestion de ses activités d'intérêt général (le soutien au commerce extérieur par exemple).

Dans ses fondements, le *lobbying* à l'anglo-saxonne n'a rien à voir avec le trafic d'influence, il est un outil de la démocratie et il est sévèrement contrôlé. C'est le cas aux États-Unis et de plus en plus dans les États qui l'acclimatent, en tout cas déjà au Parlement européen. Il demande de la part des lobbyistes un traitement professionnel, une veille et une présence continues, l'apport de propositions fondées, dont l'aspect utile à la collectivité sera mis en exergue, tout cela en utilisant les codes de langage et de pensée nécessaires pour être compris. Ces jeux de pouvoirs et d'influences sont subtils et changeants et exigent une approche rigoureuse pour les gérer et les maîtriser. C'est la raison de l'essor mondial des cabinets de conseil en *lobbying*, relations publiques, stratégies d'information et d'influence.

Si cependant le *lobbying* reste souvent assimilé au trafic d'influence, à savoir susciter une décision favorable par l'intermédiaire de tiers intéressés, c'est pour deux grands types de raisons : la première est que le trafic d'influence est le mode usuel de décision publique dans certains pays, y compris ayant adhéré à l'Organisation mondiale du commerce (OMC). Ce n'est un secret pour personne qu'au Moyen Orient, ce que nous appelons « trafic d'influence » est une base de travail du commerce national et international et que la profession d'intermédiaire a un sens souvent très élargi. Il existe des tarifs quasi officiels rémunérant les divers degrés des chaînes de décision. Les pays asiatiques le pratiquent aussi à grande échelle. Les États de l'Organisation de coopération et de développement économiques (OCDE) réprouvent et répriment la corruption et le trafic d'influence (voir détails *infra*). Ces usages s'y trouvent donc pénalisés dans tous les sens du terme, même si par des comptes *offshore*, par exemple, il est toujours relativement aisé de se livrer à des pratiques illégales. Ces usages sont désormais condamnés, condamnables. Ils détruisent l'image de ceux qui sont convaincus de s'y être livrés et la réprobation de la corruption et des trafics d'influence gagne du terrain, même si parallèlement se développe une profonde hypocrisie des entreprises et des États, y compris parmi les membres mêmes de l'OCDE, dont certains, comme le Royaume-Uni, possèdent des territoires « paradis fiscaux ».

Influence versus intérêt général à la française ?

La deuxième raison de la mauvaise réputation du *lobbying* est que dans une démocratie qui connaît la notion d'intérêt général « rousseauiste » décrite précédemment, comme la France, le recours au *lobbying* n'a pas de raison d'être et ne peut donc être que corruptif. Le *lobbying* ne s'est introduit en France que par diffusion du mode de fonctionnement américain mais il est dans son principe en conflit avec la forme française de définition de l'intérêt général. Pour bien comprendre le but du *lobbying* et le pratiquer de manière professionnelle en France, il faut prendre conscience de ce glissement d'une forme de démocratie vers une autre. Et ce, de tous les côtés, de celui des décideurs publics comme des dirigeants d'entreprises privées. Or, dans les deux cas, ces décideurs et dirigeants auraient tendance à se laisser aller au pire des deux formules en même temps, à savoir : d'un côté conserver la décision au sein de l'État seul et mépriser les informations apportées par les *lobbies*, uniquement considérés comme des corrupteurs et, de l'autre côté, ne pas se donner la peine d'essayer de convaincre professionnellement les autorités et essayer d'emporter leur décision par des copinages de diverses sortes. Le cercle est vicieux et ne peut qu'entretenir de mauvaises réputations. Il évolue heureusement, sous la pression de décideurs mieux formés aux réalités internationales, vers la pratique d'un *lobbying* professionnel à l'anglo-saxonne. Ce faisant, l'honnêteté y gagne, mais il n'est pas sûr que ce changement de modèle soit *in fine* bénéfique à l'autorité de l'État, que ces enjeux soient totalement perçus en son sein et par les politiques ni que cela aille dans le sens d'une juste représentation des intérêts économiques. Les petites entreprises notamment sont loin de pouvoir se payer les services de lobbyistes et leurs organisations professionnelles, souvent riches et dont ce serait le rôle, n'ont encore souvent que peu conscience de ces enjeux.

La guerre des valeurs

La compétition mondiale nouvelle repose sur une guerre des contenus. Qu'il s'agisse de stratégie ou de politique, l'action ne peut se réduire à de la communication. Ceux qui l'oublieraient en seraient bien mal inspirés, par exemple des entreprises qui feraient du *green-washing* sans programme de fond ou des États qui retravailleraient leur marque (*rebranding*) sans mettre en place une nouvelle politique. Ou encore des leaders politiques qui avanceraient des propos trop incohérents avec leur action. Les internautes se font aujourd'hui un plaisir de décrypter et diffuser des démentis en quasi-temps réel, comme les « Décodeurs » du Monde, ou d'envoyer des commentaires et des images, comme les « Observateurs » de France 24.

L'influence ne réussit qu'adossée à des valeurs. Et celles-ci doivent être cohérentes avec la réalité de l'émetteur du message. L'influence repose sur une inspiration profonde, sur l'existence d'un message structuré, partagé, sur la fierté de le transporter, de le transmettre. La capacité d'influence n'est pas seulement technique. Si le *soft power* américain s'est répandu aussi largement, c'est qu'il reposait sur une mission de l'État : les États-Unis ont profondément conscience de transporter des valeurs et de devoir les transmettre au monde. La notion de « mission » est omniprésente, autant au niveau de l'État que dans les entreprises (un *mission statement* existe dans tout texte émanant d'une organisation ou d'une entreprise américaines). Si les Chinois s'apprêtent à suivre le même chemin de *soft power*, c'est aussi parce que l'élite qui dirige le pays se sent investie de la mission de revenir à l'Empire chinois tel qu'il n'aurait jamais dû changer. On peut penser actuellement au même type d'inspiration pour des États islamiques, notamment le Qatar.

Et si l'Union européenne est autant chahutée par « les marchés » et les agences de notation, si elle exerce une influence beaucoup plus faible que celle des États-Unis sur la gouvernance mondiale, si la France de son côté est trop peu crédible dans les institutions internationales, on peut se demander si ce n'est pas dans les deux cas parce que la « mission » n'est pas définie, ou n'existe plus.

Le triomphe de l'ordre (libéralo-)moral

Tous ces processus se développent dans ce que nous avons appelé un esprit libéralo-moral[2]. La construction de la gouvernance internationale se veut fondée sur le droit, plus exactement sur des règles, qui ne sont pas nécessairement du droit positif : normes, bonnes pratiques, codes, principes directeurs, chartes, *process* rendus obligatoires... mais qui toutes respectent les valeurs communes grossièrement résumées par le développement durable et la responsabilité sociale. À tout niveau il faut être *compliant,* c'est-à-dire conforme. Conforme à quoi ? À la bonne gouvernance. Quels sont les critères de cette bonne gouvernance ? Ceux dont les promoteurs auront été les plus influents. Aujourd'hui, ce sont les Américains, parfois alliés à d'autres. Parfois les Brésiliens, sur des terrains très précis. Demain, les Chinois ? Les Qataris ? Les Russes ? Les Européens ?

Cette « gouvernance libéralo-morale » (que l'on peut appeler « GLM » pour imiter nos faiseurs de sigles en tous genres) est elle-même née d'influences remarquables. Le fondement du « projet » général est incontestablement, et très fortement, libéral. L'idée d'une interdépendance des marchés tempérée par des engagements volontaires des États avait été développée dès les années 1970 dans les cercles de la Trilatérale, groupement international de leaders américains, européens, japonais, dont à cette époque Zbigniew Brzezinski était le Secrétaire général (il sera plus tard conseiller aux Affaires étrangères du président Carter). L'essor fulgurant des marchés, ce que l'on a par la suite appelé « mondialisation », était prévu, anticipé même, et du coup put être formaté. Il était souligné que dans l'énorme croissance des échanges prévue il fallait que les États aient une sorte de règle de conduite, de conscience notamment en matière environnementale, et cela devait concerner en particulier les pays en développement. Ce thème passa à l'ONU qui se l'appropria et en fit le fameux concept de « développement durable » défini par le rapport « Notre avenir à tous » (« *Our common future* ») de la commission Brundtland[3] de 1987. Ce rapport était alimenté, entre autres, par les réflexions de la Trilatérale et de la Fondation Rockefeller (voir chapitre 5). Cette nécessité de coordination des États pour encadrer *a minima* la mondialisation qui se profilait fut confirmée par la conférence de Rio de 1992 qui impulsa la mise en place des Agendas 21 des États et des stratégies nationales de développement durable. À partir de cette date, le développement durable devint « le » pilier de toutes les régulations internationales. C'était, plus exactement, un squelette, dont la chair fut peu à peu créée à la fois par les États et par les acteurs privés.

Parallèlement, se dessinait un nouveau rôle attribué au secteur privé. Les engagements éthiques et citoyens étaient étendus aux entreprises et au secteur non étatique en général, car les marchés se développaient et la redistribution des cartes du pouvoir était en marche. Il fallait que ces nouveaux acteurs clés du privé se comportassent à peu près bien, même en l'absence de règles de droit supranationales. La « GLM » place une grande confiance dans les entreprises privées, censées répondre au moins aussi bien que les États, sinon mieux, aux besoins collectifs des sociétés. On considère que la réduction de la pauvreté viendra du commerce, non seulement domestique mais ouvert aux échanges mondiaux et dynamisé par les investissements directs étrangers, IDE (privés). Les entreprises se voient reconnaître une légitimité nouvelle dans l'ordre mondial, avec en contrepartie une responsabilité sociale sous forme d'engagements volontaires.

Développement durable et responsabilité sociale : des outils au service de l'ordre libéralo-moral

Ce nouveau rôle des entreprises est énoncé clairement dans le texte final de la Conférence de Johannesburg de l'ONU en 2002 : « *Nous nous accordons à penser que dans le cadre de ses activités légitimes, le secteur privé dans son ensemble, c'est-à-dire les grandes entreprises comme les petites, a le devoir de contribuer à l'émergence de communautés et de sociétés équitables et durables.* » Cette orientation est confirmée par le *Global Compact* (Pacte mondial en français), engagement volontaire lancé par le Secrétaire général des Nations unies, Kofi Annan, fin 1999, à l'adresse des entreprises, associations professionnelles, grandes ONG. Il comprend neuf principes, qui deviendront dix en juin 2004, articulés autour du respect par les entreprises de quatre grands impératifs : droits sociaux, droits de l'homme, protection de l'environnement et lutte anti-corruption (le dernier ayant été ajouté en 2004). Elle est également mise en œuvre *via* l'OCDE, dans ses « Principes directeurs et codes de conduite à l'intention des entreprises multinationales » (parus d'abord en 1971) en 2000 puis en 2011.

Le concept de développement durable est bien clairement d'origine libérale, et pas du tout « gauchiste », de même que son avatar pour les entreprises, la responsabilité sociale des entreprises (RSE). Dans l'esprit de ses promoteurs, il a plusieurs intérêts. En simplifiant, on part du principe que le marché économique s'autorégule. Mais on a aussi besoin de règles de comportement, d'une éthique de base, pour éviter la loi de la jungle. Qui va les faire ? « Mieux vaut » éviter une trop grande implication des États, trop bureaucratiques, égoïstes et limités dans leurs visions, les organisations internationales préfèrent s'appuyer sur des acteurs de niveau mondial, qui vont se contrebalancer. Donc les acteurs privés se légitiment en se liant eux-mêmes par des engagements, proposés par des organisations publiques ou auto-rédigés, comme, parmi bien d'autres, les *Equator Principles* pour les banques ou les normes du *Forest Stewardship Council* pour les forêts.

Ces engagements ne doivent pas être purement « cosmétiques » et une autre catégorie d'acteurs va voir son rôle puissamment accéléré pour y veiller : les organisations non gouvernementales, ONG, qui vont avoir – entre autres – pour fonction « d'aider » les entreprises à « bien » agir, par des partenariats, de leur fournir des idées et des méthodes, par des textes de bonnes pratiques et des codes et, enfin, de les évaluer et de les juger. C'est tout le champ des notations extra-financières, des certifications, des labellisations, puis, si cela se passe mal, du *naming & shaming*, c'est-à-dire de la dénonciation médiatique. Les ONG deviennent des interlocutrices privilégiées des organisations internationales, dont elles « légitiment » à leur tour l'action par une sorte de représentativité mondiale.

Aujourd'hui, les concepts de développement durable et de responsabilité sociale des entreprises sont intégrés dans tous les travaux des organisations internationales, des États, et sont le pilier de toutes les normes et autoréglementations privées. Les critères les plus techniques, comme par exemple ceux des appels d'offres d'infrastructures ou de l'attribution des crédits à l'exportation, doivent en tenir compte. Ils cohabitent très bien avec les valeurs traditionnelles du capitalisme et sont même aujourd'hui revendiqués par les valeurs nouvellement promues de la finance islamique.

Le grand jeu des règles du jeu : le poids de l'influence normative

Le besoin de règles du jeu ou *gouvernance* implique un minimum de règles du jeu de niveau international. Dans l'esprit décrit précédemment, toutes sortes d'acteurs publics et privés sont invités à participer à leur élaboration, en proposant des idées et des textes aux organisations multilatérales ou en les rédigeant eux-mêmes. Ces textes seront soit utilisés directement par les entreprises (cas par exemple des « standards » élaborés et vendus par le cabinet Accountability dont certains en partenariat avec le Global Compact), soit repris par un texte officiel (par exemple, les critères de *reporting* élaborés par la GRI ont été repris dans la loi française relative aux nouvelles régulations économiques – dite loi NRE – du 15 mai 2001).

Aujourd'hui les créateurs de règles internationales sont nombreux et divers : organisations internationales intergouvernementales et à travers elles les États qui les composent, ces mêmes États *via* leurs propres accords bi ou plurilatéraux, ONG, associations d'experts, instituts normatifs, *think tanks*, associations professionnelles d'entreprises... génèrent des idées et proposent des textes qui auront *in fine* des statuts divers. Des régulations européennes et mondiales se mettent donc en place et formatent l'environnement international puis, par diffusion, national, dans lequel évoluent les entreprises, à l'étranger comme en France. Car les règles adoptées internationalement sont en effet peu à peu versées dans les droits nationaux : c'est évidemment le cas en France des règles européennes, mais aussi des règles multilatérales mondiales, par exemple la convention anti-corruption d'agents publics étrangers de l'OCDE, un modèle d'influence conjuguée entre un État (les États-Unis), ses entreprises (bien représentées dans la délégation américaine et interlocutrices écoutées des représentants de leur État) et une ONG amie (Transparency International) [4], et de bien d'autres.

Au point que lorsqu'on entend exercer une action d'influence sur un environnement législatif ou réglementaire, il vaut aujourd'hui généralement mieux travailler directement au plan international, très en amont, tant il est sûr qu'il rejaillira un jour ou l'autre sur la règle nationale. Alors qu'agir au seul niveau national expose à devoir recommencer le même travail quelques années, voire quelques mois après. N'oublions pas enfin tous les lieux relais d'opinion et centres de préparation des règles à venir, tels que les colloques, forums et groupes de travail, dont on ne dira jamais assez l'importance informelle.

Le droit, outil privilégié de l'influence

En matière économique, le droit véhicule un type de climat des affaires, de relations du travail, de magistrats et de tribunaux, il attribue un rôle plus ou moins important au juge, prévoit des procédures différentes, occasionne des coûts différents aussi. Le droit est indissociable d'une culture économico-politique. La *civil law*, ou droit romain, véhicule une certaine vision de l'intérêt général, un monde régi par des principes et, en France, un État fort. Ces éléments sont interactifs, la prédominance de tel droit promeut telle culture, les formations qui lui sont attachées, un type d'institutions, et inversement. Ces éléments sont très liés à l'influence globale à long terme, ils en sont un des vecteurs les plus efficaces. Il est donc très intéressant d'influencer le droit lui-même.

Dans les faits, autant le droit romain est utilisé dans 60 % des pays du monde[5], autant, dans les affaires, le droit dit anglo-saxon s'est imposé. Cette domination des droits américain et britannique dans le *business* n'est en rien le fruit du hasard. Prenant pied sur un terreau de *soft power* américain diffusé depuis la Deuxième Guerre mondiale, le droit économique américain a été savamment promu dans les années 1980 avec une accélération à partir de la chute du mur de Berlin (1989), prolongée par la première administration Clinton (1993). Les cabinets d'avocats ont suivi le mouvement en se restructurant. L'Europe de l'Est a notamment bénéficié de programmes de reconstruction des droits, dont le plus célèbre est la CEELI, *Central and East European Law Initiative*, soutenue par l'État américain et mise en œuvre par les avocats de ce pays. Il y a eu aussi au même moment des actions de formation au système capitaliste menées par des fondations privées, dont celles du célèbre George Soros, l'Open Society Foundation et l'Open Society Institute, en particulier. En effet, toutes ces influences sur le droit vont de pair avec des politiques de séduction des élites étrangères, avec la réputation des universités, qui attireront ou non les jeunes cerveaux étrangers, avec la capacité générale d'attraction d'un système de pensée et, bien sûr, avec la volonté de développement des cabinets d'avocats anglo-saxons. Il n'y a pas complot mais connivence dans la vision prospective et dans la diffusion d'idées, irrigation des grands acteurs économiques par la pensée des *think tanks*, va-et-vient d'idées entre le public et le privé, et au total, conscience commune et résolution des concurrences internes quand cela est nécessaire pour tous.

L'influence régulière sur les règles et normes en formation est également devenue une activité majeure dans la compétition économique internationale. Elle s'exerce sur le droit au sens large : droit positif comme les traités, conventions internationales, accords, directives, lois, règles, communications interprétatives (on glisse déjà vers le droit « *soft* ») ; normes professionnelles, dont les enjeux ont changé avec la mondialisation et qui se retrouvent elles-mêmes en concurrence avec des « standards » plus souples ; et enfin *soft law*, standards, principes directeurs, codes, chartes, bonnes pratiques... La prédominance mondiale de l'environnement juridico-économico-financier anglo-saxon et de la culture du management qui l'accompagne n'est en rien un hasard, elle est due à une action patiente, anticipée et réfléchie depuis au moins trente ans. Les décideurs publics et privés américains ont fait preuve en ce domaine d'une attitude anticipatrice, proactive et toujours menée en partenariat, entre eux et aussi avec leur riche société civile, en particulier les fondations et *think tanks*. Ils ont ainsi pu peser sur les règles et normes dans tous les secteurs qui leur paraissaient stratégiques et y développer des industries et des services, comme dans l'information, la gestion du Web en faisant évidemment partie, ou encore, le conseil en management et la finance : prévoir, être là avant les autres, formater le terrain puis offrir aux autres de venir y jouer avec leurs règles à eux. Parfois, il faut d'abord détruire le modèle existant, comme dans le cas depuis quelques années, et plus que jamais actuellement, du modèle agricole européen, pilier de l'Union européenne mais qui résiste aux *lobbies* qui l'attaquent. La critique permanente des États-Unis et de quelques autres puissances agricoles mondiales est relayée depuis longtemps au sein même de l'UE par les Britanniques et leurs amis. Cette critique est aujourd'hui reprise au niveau multilatéral mondial par la

Banque mondiale (voir dernière partie) et pourrait avoir bientôt gain de cause en l'absence de réactions du niveau nécessaire.

Il nous faut en France nous imprégner de cette vision « pro-active » et pas seulement défensive du droit. Et même lorsque l'on prend des mesures défensives, il faut savoir les expliquer et convaincre nos partenaires. Il faut aussi, avant toute mesure interne, penser à son impact à l'étranger. Ainsi, l'image de la France en matière de lutte anti-corruption est injustement mauvaise dans le monde, et les mesures de sécurité économique qu'elle adopte pourraient être assimilées à une attitude d'évitement de la règle internationale, nous dit en filigrane Diane Pallez dans son travail sur l'exposition des entreprises françaises aux mesures anti-corruption[6].

Quoi de plus efficace que de formater l'environnement même dans lequel évolueront ses concurrents ? On a ainsi vu s'instaurer des règles et usages américains en matière comptable et financière, de lutte contre la corruption, d'harmonisation du crédit à l'exportation, ou encore... une absence de règles en matière bancaire. Un secteur crucial a également été très vite investi, celui des normes et règles d'éthique : fixer les comportements de ses concurrents comme on le souhaite, et sinon les culpabiliser et les faire critiquer est un *must* de l'influence[7].

Il ne faut pas chercher de grand complot derrière tout cela, mais plutôt un état d'esprit innovant et une volonté collective de réussite de la marque USA et de croissance de ses profits. Aujourd'hui, les Américains ont fait des émules, notamment les Chinois, qui commencent à établir leurs propres normes, d'abord techniques, comme sur la téléphonie, comptant il est vrai sur la taille de leur marché pour les imposer à tous. Demain, ils proposeront des approches plus politiques, qui seront soutenues par les alliés qu'ils se créent patiemment actuellement. C'est ainsi qu'ils ont déjà fait adopter par les pays émergents asiatiques l'accord appelé Consensus de Pékin, qui « détricote » le Consensus de Washington, corpus de valeurs économiques pour le développement définies par les Américains. Il faut s'attendre à ce que les Chinois proposent de plus en plus des valeurs et des méthodes économiques *made in China.*

Il s'agit là d'influences du futur. D'ores et déjà, en dehors du droit positif, l'influence normative a deux outils de choix à sa disposition : la norme et la *soft law.*

Norme et soft law

La norme en tant qu'outil juridique est également montée en puissance et permet des jeux d'influence intéressants. Les organisations normatives sont nombreuses et déchaînent les stratégies d'influence car la norme ouvre des marchés et défait les autres. Elle peut obliger une entreprise à changer sa chaîne de production, des sous-traitants peuvent être éliminés ou choisis à cause de normes nouvelles... Il est intéressant de constater que la norme professionnelle qui était jusqu'à présent exclusivement technique se « politise » aussi. Le domaine de la norme s'étend à des terrains moins techniques où l'influence fait intervenir non seulement des stratégies concurrentielles de marché mais aussi des visions de gouvernance. C'est un peu le cas avec la norme en discussion à Bruxelles sur le management stratégique de l'information. C'est tout à fait le cas pour la récente norme ISO 26000 (novembre 2010) sur la responsabilité sociétale des organisations. Il est remarquable que l'ISO ait pu réunir pour ce faire des délégations de 99 pays, qui ont élaboré avec beaucoup de mal mais un succès final une norme portant sur des sujets sensibles comme les droits de l'homme, ceux des femmes au travail, la non-discrimination des orientations sexuelles... Certes cette norme ne donnera pas lieu à certification et quelques pays ne l'ont pas votée (États-Unis, Turquie, Inde, Cuba, Luxembourg...). Mais le fait d'être parvenu à un accord sur des « méta-normes » internationales est extrêmement positif et augure de méthodes qui pourraient être utilisées à l'avenir pour une gouvernance planétaire commune.

La *soft law* a en commun avec la norme d'être (censément) établie par des experts et de pouvoir s'appliquer sans intervention d'une autorité publique. Des instituts experts, souvent issus d'ONG ou de *think tanks*, se sont ainsi multipliés dans tous les domaines. Quand il s'agit de fédérations ou d'associations professionnelles européennes et internationales, ils sont eux-mêmes en interne des lieux d'affrontement d'influences. Quels que soient leurs nom, code, charte, principes, bonnes pratiques, contrat type, règle type... ces modèles juridiques découlent en quelque sorte d'une privatisation ou « décentralisation » de l'élaboration de la règle. Il ne faut jamais oublier que nombre de ses créateurs privés la vendent, assortie de formations, certifications et contrôles rémunérateurs.

Comme le terme *soft power*, l'expression *soft law* a été traduite par droit doux ou droit incitatif, mais le terme anglais reste utilisé. La *soft law* est un instrument d'influence en elle-même puisqu'elle peut être fabriquée par des acteurs non étatiques et aussi pour les organisations internationales, parce que moins lourde à élaborer, elle peut être mise en place plus vite sur les secteurs où elles ont compétence. Il s'agit de textes sans valeur juridique contraignante, non assortis de sanctions, mais rendus obligatoires par la pression collective. Ils ne s'inscrivent pas dans un ordre juridique positif. La RSE est un champ privilégié de développement de la *soft law*, comme nous l'avons vu précédemment avec le *Global Compact* de l'ONU et les Principes directeurs et Codes de conduite de l'OCDE. Il s'agit là de *soft law* d'origine publique. L'adhésion à ces textes n'est pas juridiquement obligatoire, mais elle l'est en fait devenue informellement pour les acteurs privés opérant à l'international. Elle est une composante de leur image globale et leur permet de devenir membres du groupe informel des « Partenaires internationaux crédibles ».

La *soft law* a le mérite de venir combler des vides juridiques et de mettre en place des règles du jeu. Néanmoins elle n'est pas votée démocratiquement. Étant elle-même le résultat de jeux d'influences, sur quelle éthique se fonde-t-elle ? Comment défend-elle l'intérêt général, et d'ailleurs le défend-elle ? Comment connaître les intérêts qui président à l'élaboration des règles de *soft law* ? Qui en contrôle l'application ?

Le contrôle de l'application de la soft law est un des points les plus sensibles de la généralisation de ce mode de réglementation. On a pu parler de tribunal médiatique pour le qualifier. Le « *name and shame* » ou *naming & shaming* est en effet le mode de contrôle de l'application de la *soft law* par les ONG voire, plus doucement, par certaines institutions multilatérales. Celles-ci utilisent pour les États la forme adoucie de la *peer review*, qui est un contrôle de la communauté des pairs, sur eux-mêmes et par eux-mêmes.

Les ONG vigies, dont le travail quotidien est de traquer les manquements des entreprises aux principes de la RSE, sont légion. En fait toutes les grandes s'y sont mises, comme Oxfam (qui dénonça Nestlé sur le lait en poudre pour nourrissons en Afrique), Greenpeace bien sûr spécialisé dans les industries nucléaires et dans les atteintes à l'environnement, Global Witness qui fut à l'origine des informations sur la traite des diamants... Il s'agit de nommer à l'opinion publique les entreprises qui ne respectent pas les codes, notamment moraux mais aussi parfois politiques. Les entreprises de tous secteurs sont scrutées, depuis les appels au boycott de Nike pour avoir fait travailler des enfants dans ses ateliers en 2000 jusqu'aux dénonciations de Caterpillar pour avoir, par ses machines, participé à l'érection du mur israélien autour de la Cisjordanie et de Jérusalem. La *soft law* est donc presque aussi contraignante que le droit positif, mais son contrôle est assuré non par des tribunaux mais par l'opinion publique représentée par les ONG et associations. Cela présente évidemment de forts dangers d'instrumentalisation dans des stratégies d'influence et de déstabilisation. En fait, le *naming & shaming* n'a pas besoin d'être mis en œuvre, la crainte même d'être cité incitera l'entreprise (ou l'État) à se plier à telle ou telle règle... voire à passer un partenariat avec une ONG. On voit jusqu'où cela peut aller avec des acteurs peu honnêtes. On voit aussi comment une entreprise peut éviter le *naming & shaming* en entretenant des relations régulières et satisfaisantes avec un faisceau d'associations représentatives.

Toutes ces thématiques du droit concernent à la fois le secteur privé et les États. Les entreprises seront affectées par le type de climat des affaires que véhicule chaque droit, par les règles qui faciliteront ou non leur accès aux marchés, les cabinets d'avocats sont évidemment directement concernés. Le droit emporte des conséquences en matière d'emploi. Par exemple, la *Common Law* britannique « transporte » avec elle des professions spécifiques dans le domaine de la construction, avec toute la « tribu » des ingénieurs-conseils, *quantity* et *chartered surveyors*... dont le rôle est beaucoup plus développé au Royaume-Uni qu'en France. Quant aux États, le système de pensée, de climat des affaires et l'image qu'ils en projettent seront une composante de leur puissance de rayonnement international. Il faut reconnaître que les entreprises européennes, françaises particulièrement, se soucient peu de tout cela. Leurs États (hormis le Royaume-Uni) n'ont pris conscience que récemment de ces enjeux.

Une éthique pour encadrer la nouvelle gouvernance

L'influence devenant un outil de gouvernance au sein des institutions internationales comme dans de nombreux pays et ses instruments traditionnels et nouveaux se développant, elle se doit d'être contrôlée. Le contrôle de l'éthique au niveau mondial a commencé avec la lutte anti-corruption d'agents publics étrangers, sujet lancé par les États-Unis en 1995-1996 et devenu l'objet d'une convention OCDE de 1997, avec un texte très proche de leur propre législation, le FCPA (*Foreign Corrupt Practice Act*), élaboré en 1977, texte à portée extra-territoriale, comme le UK Bribery Act de 2010, tous deux modèles d'influence par le droit. La convention OCDE a été complétée notamment par une Recommandation de 2009. D'autres textes internationaux et nationaux ont suivi, dont les deux conventions du Conseil de l'Europe, pénale en 2002 et civile en 2003, et la convention de l'ONU de 2005, dite de Mérida, signée par 148 États et ratifiée par 115, avec des réserves pour beaucoup d'entre eux.

Cette dernière convention prévoit expressément le trafic d'influence et le traite de la manière suivante (article 18) : « *Chaque État partie envisage d'adopter les mesures législatives et autres nécessaires pour conférer le caractère d'infraction pénale, lorsque les actes ont été commis intentionnellement :*

a) au fait de promettre, d'offrir ou d'accorder à un agent public ou à toute autre personne, directement ou indirectement, un avantage indu afin que ledit agent ou ladite personne abuse de son influence réelle ou supposée en vue d'obtenir d'une administration ou d'une autorité publique de l'État partie un avantage indu pour l'instigateur initial de l'acte ou pour toute autre personne ;

b) au fait, pour un agent public ou toute autre personne, de solliciter ou d'accepter, directement ou indirectement, un avantage indu pour lui-même ou elle-même ou pour une autre personne afin d'abuser de son influence réelle ou supposée en vue de faire obtenir d'une administration ou d'une autorité publique de l'État partie un avantage indu. »

L'OCDE s'est également attaquée à la réglementation de l'influence sous l'angle de la réglementation du *lobbying*. Dans un premier temps, le Conseil de l'OCDE a approuvé une recommandation sur les principes et pour la transparence et l'intégrité des activités de *lobbying*, en février 2010 : « *Il s'agit du premier instrument international contenant des orientations à l'intention des décideurs sur la manière de promouvoir des principes de bonne gouvernance dans les activités de lobbying* », dit l'OCDE elle-même. La recommandation n'a pas valeur d'obligation au sens juridique, mais elle établit ainsi un principe auquel les États sont libres ou non de se conformer, il en va de leur image auprès de leurs pairs, et elle met en place les bases d'une coutume internationale. En 2011, l'OCDE a approfondi sa réflexion et a publié une étude en deux volumes : d'abord une étude comparative *Lobbying, pouvoirs publics et confiance : quel cadre législatif ?*, puis un deuxième volume intitulé *Promouvoir l'intégrité par l'autoréglementation.* Nous revenons donc au principe fondamental de la nouvelle gouvernance : l'autoréglementation.

Le *lobbying* est réglementé depuis 1946 aux États-Unis. Aujourd'hui, les *lobbies* doivent être enregistrés, doivent déclarer leurs revenus et leurs sources, c'est-à-dire les noms des clients et l'objet des activités, et ce trimestriellement, pour pouvoir travailler avec le Congrès. Le Parlement européen a mis en place un enregistrement des lobbyistes dès 1996, assorti de règles à respecter. La Commission a adopté en 2007 une « Initiative européenne en matière de transparence » (elle-même élaborée après de nombreuses consultations), qui a donné lieu en 2008 au lancement d'un registre facultatif des représentants d'intérêts. En mai 2011 les députés européens ont voté un projet de registre commun au Parlement et à la Commission. Depuis juin de cette même année, ce registre est effectif (toujours sur la base du volontariat). Une grande discussion est en cours, qui tendrait notamment à englober les *think tanks* dans l'enregistrement, compte tenu de leurs activités de promotion d'idées jugées souvent proches du *lobbying.*

Tout cela est récent, mais ce « retard » est normal puisqu'à l'origine les organes européens ont été pensés dans l'optique continentale, largement influencée par les Européens historiques, Français, Italiens, Allemands, Belges et Luxembourgeois. Comme on l'a vu, la notion même de *lobbying* appartient à une forme de démocratie différente, qui a été peu à peu importée des États-Unis par influence naturelle et aussi par le *soft power* qu'ils ont exercé. Autrement dit, il a fallu en quelques années « rattraper » une expérience et une évolution de soixante ans.

Parallèlement, notamment depuis la chute du mur de Berlin, les lobbyistes se multiplient à Bruxelles. Même si environ 4 500 sont enregistrés au Parlement européen, ils seraient aujourd'hui entre 15 000 et 20 000, dont la moitié américains, dans la capitale belge et européenne. Le Canada a également réglementé le *lobbying*, créant en particulier un Commissariat au *lobbying*. En France, après le rapport d'information du député Jean-Paul Charié en 2008, aucune législation n'est prise mais le Sénat et désormais l'Assemblée édictent leurs propres règles d'encadrement du *lobbying*.

Toujours en France, il existe d'autres sanctions du « détournement d'influence », avec notamment la répression de la manipulation d'information, de la fausse information financière, de la diffamation bien entendu, celle-ci trouvant de nouvelles applications avec l'e-réputation. Il est probable qu'à l'instar de la corruption, des « bonnes pratiques » de l'influence vont voir le jour chez les producteurs de normes privées. Elles se fonderont probablement sur la Recommandation OCDE de 2010 sur le *lobbying*, qui est elle-même un élément de *soft law* dans le domaine. Transparence International France a d'ailleurs publié en juillet 2010 dix premières propositions pour prévenir les conflits d'intérêts dans la vie politique. Un rapport a été rendu par une commission *ad hoc* présidée par le vice-président du Conseil d'État, Jean-Marc Sauvé. Réglementer le trafic d'influence est utile mais c'est le *lobbying* lui-même, en tant que pratique politique de la démocratie, qui doit l'être, au moins comme il l'est aux États-Unis et si possible mieux.

Des textes viennent donc régir peu à peu l'influence au plan mondial et pays par pays. Cependant, ses utilisations biaisées ont encore de très beaux jours devant elles. D'une part parce que la notion d'influence étant culturellement totalement différente d'une région du monde à l'autre, ses dérives auront du mal à être interprétées de manière à peu près semblable partout. D'autre part parce qu'en pratique, l'origine d'actions non éthiques par le Web et les réseaux est très difficile à identifier et qu'il reste de nombreux lieux du monde totalement fermés à toutes les considérations contenues dans les conventions OCDE et ONU.

CHAPITRE 3

Comment travailler les opinions

L'influence a acquis de nouveaux outils avec les technologies de l'Internet. Leur maîtrise permet à un acteur économique ou politique d'accroître sa puissance ou même de la créer. Elle aide à produire une réceptivité de l'opinion voire à la formater. Pour l'analyste comme pour l'opérateur, une question essentielle est de savoir si les médias et réseaux sociaux sont de nouveaux paradigmes de l'influence ou seulement de nouveaux outils obéissant à ses logiques traditionnelles. Dans tous les cas, l'influence est une ingénierie professionnelle.

Les savoir-faire de l'influence

Si l'influence recourt à des techniques, elle doit d'abord pour réussir reposer sur une orchestration de ses acteurs. Un plan d'influence se pense, se prépare, s'organise, fait intervenir de nombreux acteurs et de nombreux supports. Selon Alain Juillet, ancien Haut responsable à l'Intelligence économique, une action d'influence est « *une orchestration symphonique* » où « *plusieurs corps de métiers sont impliqués* » et [où] « *des grilles de lecture ont été savamment réfléchies et éprouvées* ».

L'influence est multiforme ou n'est pas[1] : « *L'influence fait partie du volet « action » ou offensif de l'Intelligence économique. [...] Une stratégie d'influence est par nature multiforme et décloisonnée dans l'espace et dans le temps. [...]. Contrairement au* lobbying *qui a des buts précis, par exemple remporter un grand contrat ou faire évoluer telle législation, l'influence est plus diffuse, elle cherche à formater le terrain et l'environnement des affaires en amont [...]. Il s'agit là de l'influence positive. Côté négatif, elle peut viser la déstabilisation. Car si le terme « trafic » n'est plus systématiquement associé à influence, deux autres dangers guettent à nouveau ce terme et ils sont liés à la matière première de notre nouveau monde : l'information. Il n'est en effet pas douteux que, pour asseoir leur propre influence, certains n'hésitent pas à fragiliser l'adversaire, par la désinformation et/ou l'instrumentalisation d'acteurs apparemment désintéressés, les deux étant grandement facilitées par le réseau des réseaux, Internet.* » Un plan d'influence est écrit sur mesure. Il n'y a pas de « prêt-à-porter ». Il est méthodique. Méthodique ne veut pas nécessairement dire totalement rationnel. Dans ces matières éminemment humaines, il faut savoir laisser place à l'intuition.

L'influence étant le troisième aspect (après la compréhension/anticipation et la sécurisation), et le plus abouti, du processus d'intelligence économique, un plan d'influence demande d'abord une collecte et une analyse préalables de données quantitatives et qualitatives, sur les acteurs clés de l'environnement à influencer, leurs stratégies, leurs alliances, leurs réseaux, sur les médias et relais d'opinion de toutes natures. Diversité est le maître mot : diversité des relais, des réseaux, des canaux de diffusion, des acteurs. La réussite des démarches d'influence repose sur des jeux groupés et coordonnés entre acteurs économiques, si possible différents les uns des autres. L'influence est un jeu collectif coordonné sur la durée, où chaque acteur a sa place.

Outre l'entreprise éventuellement concernée et l'association professionnelle, il peut être du rôle de l'État de défendre et promouvoir les messages de ses acteurs économiques après les avoir passés au crible de l'intérêt général et les avoir reliés à des concepts plus généraux en termes de rayonnement international. Il ne faut pas oublier que l'influence est aussi parfois une question de sécurité, voire de sécurité nationale. Ainsi des normes techniques radicalement différentes impulsées par de grands concurrents peuvent-elles casser non seulement des marchés futurs et des emplois, mais aussi une indépendance nationale, si l'on pense à tout le champ des nouvelles technologies.

Une influence réussie est fondée sur un faisceau de conditions réunies : un contenu conceptuel accompagné d'un bon *packaging*, des outils adaptés, une promotion/diffusion qui suppose de bons réseaux... Il ne faut pas se limiter aux amis : comme nous l'avons vu, l'une des règles de l'influence –partie de l'intelligence économique – est la « coopétition » c'est-à-dire, rappelons-le, la coopération si nécessaire avec des concurrents. Le jeu en réseau n'exclut personne ! Elle demande aussi continuité et discrétion. Une action de *lobbying* sur un texte de loi demandera moins de temps qu'une bataille de l'information sur des modèles juridiques et *a fortiori* des valeurs, mais toutes demanderont une volonté, des objectifs clairs et une expertise.

Préparer le terrain

Toute action d'influence qui se respecte « balise » ou prépare le terrain bien à l'avance. Comme nous l'avons déjà dit, il est un stade difficile à définir entre anticipation et influence, quand on détermine qu'un terrain stratégique est libre et qu'on décide d'agir. Faisant ainsi, on l'anticipe et on l'influence en même temps.

Une technique de préparation « efficace » du terrain est de réveiller ou susciter des tensions négatives à l'égard des concurrents potentiels de l'action d'influence. Cette technique largement utilisée en politique internationale est également devenue un outil préalable dans les affrontements économiques internationaux. Par exemple, les négociations de la convention de l'OCDE de 1997 contre la corruption d'agents publics étrangers furent précédées pendant quelques mois d'un certain nombre d'articles et d'interviews de responsables politiques et économiques américains dans la presse économique internationale, le *Financial Times* en particulier, portant les termes d'« *unfair competition* » (concurrence déloyale), voire « *fierce competition* » (concurrence féroce), « *rules (of international trade) improperly interpreted* » (règles du commerce international détournées), toutes bassesses censément exercées par les Européens et les Japonais au détriment des entreprises américaines (voir *infra*, dans le chapitre 4, la partie sur les États-Unis). Il s'agissait pour la partie américaine, très demanderesse de la convention et apporteuse de textes précis, de discréditer par avance les éventuelles positions adverses. En message d'influence politique et économique, la mise en lumière médiatique de cibles négatives permet de justifier l'intervention hostile, elle prépare l'opinion, il faut bien sûr la complicité des médias, mais aujourd'hui cela est très facilité par Internet. Facebook et Twitter, notamment, exercent non seulement une action directe sur l'opinion mais sont en outre devenus des sources pour les journalistes.

Le contenu du message d'influence est évidemment favorable à l'entreprise ou à l'État qui le produit, mais il doit aussi montrer son apport à la collectivité. Autrement dit, un message d'influence ne peut apparaître comme totalement égoïste. Par ailleurs, répétons que le contenu du message doit être cohérent avec la réalité pratiquée par son auteur, que ce soit une entreprise ou un État. On ne peut pas totalement mentir, et c'est bien l'un des intérêts de cette influence par ailleurs parfois cynique. On ne peut l'être totalement car le mensonge revient en boomerang. Les ONG et *hotlines* diverses et variées, alimentées par le *whistleblowing* (pour mémoire, alerte éthique ou dénonciation de faits inappropriés constatés dans l'entreprise) des voisins de bureau, se chargent de le faire éclater à la lumière.

C'est probablement l'une des influences « WASP » (*white anglo-saxon protestant*) les plus marquées que cette « diabolisation » du mensonge, qui s'applique aussi aux actions d'influence et de *lobbying*. Il s'agit fondamentalement d'une notion chrétienne qui n'existe pas dans les pays moyen-orientaux et orientaux, où au contraire le mensonge est une ruse intelligente et permise. Il sera intéressant de voir son évolution en tant que valeur et critère de gouvernance dans les années à venir. Sa pérennisation ou son déclin sera un marqueur de ceux de l'influence américaine, et même occidentale.

Habiller un contenu par un bon packaging

Pour influencer il faut avoir un contenu, on l'a vu : on est dans la guerre des contenus et ceux-ci doivent se référer à des valeurs. Dans des actions d'influence de longue durée, sur des idées ou des modèles, il est utile de créer des concepts, dont les déclinaisons seront ensuite utilisées. L'expression « développement durable » est l'archétype du concept rassembleur, au contenu fort, bien « packagé » et bien diffusé. Il a permis de formater le terrain des régulations dans le monde. Le contenu du message d'influence défend des intérêts individuels mais doit aussi savoir apporter à la communauté un contenu éthique ou « citoyen ». Depuis les conférences de Rio et surtout de Johannesburg, l'entreprise est citoyenne ! Et l'État recherche l'éthique !

Le contenu doit *en principe* apporter des informations, des analyses, de la connaissance... ou des histoires illustratives. La technique du *storytelling* est utilisée soit quand les choses vont mal et qu'il est difficile de convaincre par des arguments raisonnables, soit pour aider à construire puis à pérenniser une image et, derrière, une influence. On pourrait dire, paraphrasant Beaumarchais dans *le Barbier de Séville*: « *Racontez, racontez, il en restera toujours quelque chose.* » Si certaines histoires (notamment politiques) changent vite et n'ont souvent aucune suite, d'autres au contraire sont montées en mythes, régulièrement repris avec des variantes. Ainsi un grand classique fonctionne-t-il toujours aussi bien, celui de la jeunesse des milliardaires de l'informatique (une version de celui de « l'enfance des chefs », ou la jeunesse des leaders politiques) : au choix, bricolant dans le garage de ses parents (Bill Gates), construisant une machine à treize ans en téléphonant au PDG William Hewlett pour récupérer des pièces (Steve Jobs), développant des jeux informatiques à Harvard (Mark Zuckerberg)... Ces histoires contribuent indéniablement au succès de la marque mais elles exercent aussi une influence plus profonde sur les esprits : il s'agit entre les lignes d'une glorification du modèle américain, libéral, qui seul permet de telles réussites à des enfants de la *middle class.* Tout cela représente un vrai contenu de valeurs, parmi lesquelles la fierté nationale.

Dans le monde de l'influence, contenu et contenant sont étroitement imbriqués et la maîtrise de leur assemblage est essentielle. Il est d'usage de forger des « concepts » (ou présentés comme tels) et de les entourer de « papier brillant ». La place dominante prise par les concepts anglo-saxons dans le monde économique et des affaires tient à la capacité exceptionnelle de *packaging* de leurs auteurs, même quand ces idées ne sont pas les leurs originellement. Un brillant exemple est celui de la concession de service public ou gestion déléguée à la française, brillamment « relookée » en *public-private partnership*, puis, reconnaissons-le, renouvelée en BOT (*Build Operate Transfer*) ou BOO (*Build, Own, Operate*) et ainsi présentée avec succès par les avocats, bureaux d'études et opérateurs britanniques aux organisations multilatérales. Un autre concept commence à émerger aux États-Unis, celui de *social good*, proche de notre intérêt général, oh combien décrié outre-Atlantique quand il vient de France, mais présenté aujourd'hui comme un concept novateur. Le *Financial Times* en parle dès 2008 comme étant à inclure dans les enseignements des grandes écoles[2]. Faire d'un contenu conceptuel un produit « qui marche » et le cas échéant « qui rapporte » est un art et une compétence typiquement américains, un aspect parmi d'autres d'une approche générale par « boîte à outils » qui a conquis le monde par sa simplicité d'utilisation.

La question du *packaging* s'applique en premier lieu au nom. Dans une optique mondiale, le nom a une fonction profonde. Un terme facile à comprendre et à retenir permettra en effet de créer un mini-socle de valeurs communes à tous, contribuant ainsi à construire une coopération... et il sera aussi bien sûr mieux perçu et mieux accepté. L'expression « *fair level playing field* »[3] (que l'on pourrait traduire par « respect de la concurrence pure et parfaite ») a eu un beau succès parce qu'elle résume de manière simple, imagée et non idéologiquement marquée la loyauté nécessaire des relations de concurrence. Dans le champ politique, « printemps arabe », « révolution de jasmin », ou précédemment « révolution des roses » sont de bons exemples de *packaging*.

L'influence est par nature multi- et interculturelle. Il faut savoir utiliser les codes de celui qui vous écoute pour lui faire passer vos idées. Un auditoire à convaincre ne fera jamais l'effort de comprendre non seulement des idées nouvelles mais encore d'autres codes. Si le message s'adresse au monde, le titre doit être le « plus petit dénominateur commun » des représentations mondiales. Le *packaging* sous une expression simple et parlante dans toutes les cultures est une obligation d'une action d'influence.

Paradoxalement, au sein des organisations internationales et plus généralement dans le champ de la gouvernance mondiale, cette nécessité de compréhension mutuelle est la seule raison acceptable du langage spécial utilisé, vrai jargon parfois considéré comme ésotérique, technocratique et en tout cas normé : cette impression peut paraître agaçante pour les nouveaux venus et pour les acteurs extérieurs, qu'elle a tendance à exclure, mais elle permet de se comprendre entre opérateurs multilatéraux de très diverses origines. La lecture des textes produits par les ONG internationales, les institutions multilatérales économiques et de développement et les grands *think tanks* est édifiante de jargon. Cela dit, on continue à voir dans ces cercles, en filigrane de ces langages standardisés, des modes de pensée extrêmement différents dont il faut tenir compte dans l'établissement des argumentaires écrits et oraux. Tout cela doit évidemment être connu et analysé avant toute action d'influence ou de *lobbying*.

En dehors des mots clés connotés dans chaque jargon, le *packaging* pourra toujours utiliser avec bénéfice les termes traditionnels liés aux « valeurs-racines » de l'homme, comme la terre, l'eau, la santé, les enfants bien sûr. C'est ainsi que dans la campagne contre les biocarburants menée par un grand nombre d'ONG et d'entreprises hostiles, un slogan a fait particulièrement mouche : « *manger ou conduire, il faut choisir* ». Une autre forme de *packaging* d'un concept ou d'un message est son lancement et sa représentation par des personnalités non pas nécessairement expertes, mais célèbres, des « *people* » tels que Bono, le chanteur du groupe U2, Angelina Jolie, Bob Geldof... qui concourent volontiers à défendre des causes liées à la planète et aux déshérités.

Les mots clés ne sont pas innocents et véhiculent des valeurs clés de la mondialisation. En influence normative, leur utilisation à bon escient montrera que leur auteur connaît les codes internationaux, fait partie de la communauté reconnue des *stakeholders*, en accepte les règles internes, et que donc il est *crédible*, mot clé entre les mots clés. En même temps, il participe à la diffusion de modèles de pensée. On trouve aujourd'hui trois types de valeurs clés auxquels sont liés des mots clés.

Le premier concerne les valeurs économiques liées au capitalisme : le libre-échange, l'ouverture des marchés, la libéralisation des services..., toutes celles contenues dans le Consensus de Washington déjà mentionné. Accolés à ces valeurs on trouve les termes-formules précités qui reviennent « en boucle » dans les textes et discours : ainsi, pour figurer la concurrence pure et parfaite, on utilisera *level playing field* (souvent d'ailleurs déformé pour justifier toute diminution des interventions de l'État et tout nouveau *process* d'accroissement de transparence) et on exprimera l'absence d'assistanat aux pays en développement par « *Trade not aid* ».

Le deuxième type de valeurs concerne les valeurs éthiques regroupées sous le vocable de développement durable : protection de l'environnement, usage de droits sociaux minima, promotion des droits de l'homme et lutte anti-corruption. De ces valeurs sont nés des termes clés aujourd'hui phares, comme bonne gouvernance, transparence, lutte contre le changement climatique, protection des minorités, *empowerment* (intraduisible, entre autonomie et responsabilisation). Même si le développement durable est originellement voulu dans un schéma libéral, ce groupe de valeurs peut parfois se retrouver en lutte frontale avec la première catégorie. Ainsi les prises de position de certains écologistes sur le boycott de la viande ou précédemment des agrocarburants deviennent-elles gênantes pour les industries agro-alimentaires et les grandes entreprises chimiques et agricoles. On touche là une contradiction explosive du système libéralo-moral.

Enfin émerge un nouveau type de valeurs liées à la religion. On assiste à des luttes diplomatiques qu'on pensait ne plus voir depuis des siècles, comme par exemple celle sur la condamnation du blasphème, récurrente dans des cercles onusiens comme la Commission des droits de l'homme de Genève... On n'aurait pas non plus imaginé que des valeurs religieuses puissent transporter une influence économique dans un droit laïque. Pourtant, c'est le cas de la finance islamique et de son entrée dans le droit économique français, soutenue par la ministre de l'Économie et des Finances Christine Lagarde. Après un guide de l'AMF de juillet 2008 furent rédigées des « fiches doctrinales » de la Direction du Trésor du 18 décembre 2008 sur deux instruments de la finance islamique, le *sukuk* et la *murabaha*, une proposition de loi fut présentée mais rejetée au Sénat et d'autres instruments juridiques sont en préparation. Il s'agit d'une influence étonnante dont on ne sait distinguer les aspects politiques des aspects économiques. En effet, plusieurs fonds souverains moyen-orientaux ont déjà pris des participations importantes dans des banques américaines et européennes, alors qu'en principe ce type d'investissement n'est pas autorisé par la charia. Donc quel est exactement le besoin de faire évoluer un droit romain et laïc vers le droit de la charia ? L'influence serait d'autant plus intéressante à creuser qu'elle se fait discrètement, hors d'atteinte du grand public et sans que les médias populaires ne l'évoquent.

Pour revenir à nos valeurs phares, il est intéressant de voir que, pour convaincre, la finance islamique utilise elle aussi les arguments du développement durable et de la RSE : la finance islamique est plus éthique, plus protectrice de l'environnement et plus respectueuse des hommes. L'adhésion à l'islam devient donc une valeur économique, qui garantit la transparence du produit financier et l'honnêteté de ses gestionnaires. Le même raisonnement est suivi par les *Christian Funds*, les « fonds chrétiens », qui promettent de ne sélectionner que des valeurs (!) admises par cette religion.

Alliances et relais : trouver les bons partenaires

Une règle de base de l'influence est de ne jamais agir seul. Les alliances et partenariats sont des maîtres mots, indispensables pour toute action, mais en outre, « optiquement » bien vus dans les cercles multilatéraux. La « coopétition » est encouragée, même si le terme n'est pas employé. Là encore des vocabulaires spécifiques désignent ces associations d'intérêts constituées pour « lobbyer » : coalitions (innombrables entre ONG et/ou entreprises comme The US National Ethanol Vehicle Coalition) *, initiatives (Business Leaders Initiative sur le climat créée entre de grandes entreprises « citoyennes » et des *stakeholders),* plates-formes (« plate-forme technologique sur les biocarburants » à Bruxelles, conduite par l'industrie en liaison avec la Commission), tables rondes (Global Roundtable on Climate), partenariats (U.S. Climate Action Partnership), alliances (Global Alliance, pour promouvoir la science et la technologie pour les femmes), réseaux mondiaux (Global Leadership Network associant le Global Compact de l'ONU, la SFI et divers entreprises et consultants)...

Les partenariats publics-privés sont indispensables dans ces jeux. L'Advocacy Center, centre de coordination créé par le gouvernement américain au début des années 1990, est par exemple capable de mobiliser dans un effort commun l'ensemble des intervenants américains du commerce extérieur, les dix-neuf agences administratives, y compris celles consacrées au renseignement comme la CIA et la NSA, les entreprises privées, les organismes, instituts, ONG nécessaires pour observer et pour faire passer des messages. Mieux qu'une conspiration, il s'agit d'une connivence public-privé bien comprise, qui s'exerce à plein pour l'obtention des contrats jugés utiles pour le pays.

Les alliances peuvent être affichées, comme les partenariats entre entreprises et ONG, fièrement exposées dans les rapports de développement durable annuels, ou cachées. La campagne anti- biocarburants de 2007-2008 fut ainsi assez amusante car l'on y vit des acteurs jouer à contre-emploi : un président de multinationale de l'agro-alimentaire (Peter Brabeck, Nestlé) plus vert que la plus verte des ONG, en bataille

* Si un seul exemple est ici donné pour chaque terme, des milliers d'autres existent et sont consultables par simple clic sur le Web.

contre ses pairs des industries de l'agroénergie ; des pétroliers au mieux avec des ONG qui les fustigeaient peu auparavant ; des syndicalistes agricoles européens s'opposant au discours brésilien selon lequel la production d'éthanol créait des emplois au Brésil et permettrait à des économies pauvres de décoller... Au total, on vit agir les meilleurs professionnels de l'influence : les Brésiliens, qui comprirent les premiers que pour faire taire les critiques sur l'exploitation de leur canne à sucre ils devaient mettre en place des standards d'exploitation durable et, en Europe, les Allemands et les Néerlandais, industrie, État et ONG ensemble.

Quant aux relais, ils sont de toutes sortes, encore faut-il les connaître, les lister, les gérer. Les États disposent de leurs ressortissants nationaux à l'étranger, dans les institutions internationales, dans les réseaux variés, des anciens élèves des grandes écoles, des anciens bénéficiaires de l'assistance technique... La gestion des postes clés de l'influence est une obligation pour les États. Beaucoup de pays gèrent aussi les nationaux des autres : c'est le cas des programmes d'invitation mis en place en tout premier lieu par les États-Unis, à un niveau inégalé (voir *infra* chapitre 4, partie sur les États-Unis).

Les relais d'information passent aujourd'hui nécessairement par le Web et le Web 2.0, mais pas seulement. L'ensemble des médias doit être géré finement. Cette partie de la « communication d'influence » demande une véritable expertise. Notons que selon des spécialistes comme Vincent Ducrey[4], il est nécessaire de marier les canaux, en les distinguant non pas selon leur caractère technique (radio, TV, Web, Web 2.0) mais selon leur capacité d'influence, changeante. Il évoque aussi la loi des 80/20, à savoir que 80 % des relais d'information font 20 % de l'influence et que 20 % de ces relais en font 80 %. Il s'agit donc de les sélectionner. À côté des multiples conseils techniques qu'il donne, il souligne la nécessité de nouer et cultiver des relations dans une optique à long terme, par exemple avec des blogueurs qui ne sont pas *a priori* d'une importance immédiate, et il insiste sur l'importance particulière de deux mots : confiance et respect. Ces trois impératifs sont ceux de l'influence tout court. Il semblerait donc que la forme numérique n'ait pas changé les paradigmes du réseau d'influence.

Faire jouer ses réseaux

La notion de réseau est consubstantielle à celle d'influence. L'origine du mot est celle de « filet » ou « tissu à mailles fines », qui retient (rets), puis il a pris des sens techniques comme ceux de transmission (réseau électrique), d'ensemble de nœuds reliés les uns aux autres (réseau ferré), et s'est élargi à la répartition de forces en général (réseau commercial). En tant que rassemblement d'hommes, il a d'abord eu et a encore une signification clandestine d'organisation de personnes en relation directe ou indirecte les unes avec les autres. De clandestin on passe à occulte et alors on frise la notion de trafic d'influence, puisque le réseau reste compris comme une force secrète, en fait une force organisée en filet.

Aujourd'hui, le mot perd de son caractère sulfureux avec l'arrivée conjuguée des usages anglo-saxons et du Web. Les premiers affectionnent les lieux de *Networking*, quant au Web il est lui-même un réseau, le réseau des réseaux, à la fois technique et d'informations. Deux réalités qui réhabilitent aujourd'hui les réseaux humains traditionnels. Les Français préfèrent d'ailleurs souvent le terme anglais, moins compromettant semble-t-il, et l'on voit fleurir aujourd'hui les propositions de *networking*, de la part d'*Alumni** par exemple.

Dans tous les cas, un réseau est à la fois producteur d'influence, sur l'environnement extérieur au nom des intérêts du réseau, et objet d'influence, car il représente une force qui peut être mise au service d'une cause.

Il est d'usage de dire que l'influence d'un message relève à 50 % de son contenu et à 50 % de la crédibilité de son porteur. La crédibilité tient à l'image, à l'expertise, et à leur reconnaissance, de préférence par des pairs. Elle dépend d'un contexte culturel. Elle est liée à un individu et/ou à un réseau. Elle n'est pas évaluée de la même manière au Moyen-Orient qu'en Europe ou aux États-Unis, même si l'on assiste peu à peu en matière économique à une sorte de formatage mondial de la crédibilité, lié à l'utilisation des mots clés et codes de conduite de la communauté des *stakeholders*, empreinte de l'éthique de la gouvernance

---

* Terme américain, issu de l'espagnol, utilisé dans le monde entier pour désigner les anciens élèves d'universités et par extension d'écoles.

libéralo-morale. En matière d'influence dans les cercles internationaux, pour être crédible une entreprise doit montrer qu'elle connaît et pratique un certain nombre de codes et de règles. La crédibilité est à plusieurs étages : celle de l'entreprise (ou de l'État), celle de son représentant, celle de ses partenaires, de ses alliés, de son réseau. C'est pourquoi, en influence, nul détail n'est secondaire : « le diable est dans les détails ».

La crédibilité de ses membres est une des conditions de la vie et de la survie d'un réseau. En interne, un réseau actif ne vit que par la confiance, celle de ses membres entre eux. Cette confiance repose sur la crédibilité de chacun. Il y a réseau et réseau. Plus ils sont ouverts, moins la crédibilité d'un membre auprès des autres sera établie. C'est pour cela que les « réseaux » où l'on n'entre que par le paiement d'une cotisation ou même gratuitement, voire les réseaux sociaux professionnels où l'on peut avoir 500 relations en trois mois, ne peuvent être des réseaux d'influence aussi forts que ceux dont les membres sont cooptés parce qu'on les connaît et qu'*a priori* les autres en sont sûrs. Ils peuvent remplir des fonctions utiles mais l'absence de contrôle de crédibilité risque de limiter fortement l'implication des membres. Pourquoi donc aller s'impliquer pour quelqu'un dont on n'est pas sûr ?

Or l'implication de chacun est indispensable pour exercer une influence collective. La force d'influence d'un réseau tient aux capacités d'influence de chacun de ses membres, qui seront plus que multipliées par l'effet réseau. Chaque membre est donc prié de veiller à sa propre image et accessoirement à celle de ses pairs du réseau. On retrouve la fonction de *peer review*, discrètement exercée en général. Un membre à l'image abîmée abîmera celle du réseau. C'est le problème potentiel des réseaux professionnels sur le Web, qui pour cela relèvent plus de l'annuaire ou du carnet, sauf quand il s'agit de groupes fermés où une autorisation d'entrée est requise. Mais l'expérience prouve que cette autorisation est rarement refusée… et comme la crédibilité n'est pas vraiment contrôlée, ces réseaux sur le Web peuvent être de formidables caisses de résonance pour diffuser des informations. En clair, les réseaux fermés peuvent être des producteurs de stratégies d'influence (et parfois aussi des vecteurs, s'ils sont instrumentalisés), tandis que les réseaux ouverts ne peuvent être que des vecteurs et instruments.

Un réseau est un corps vivant. Il se gère, se nourrit, se maintient en bonne santé. Pour celui qui veut en faire un outil d'influence, pour lui-même au sein du réseau ou pour faire du réseau un partenaire incontournable auprès de ses interlocuteurs, une gestion professionnelle est nécessaire. Les réseaux traditionnels comme sociaux sont d'abord des lieux d'échange d'informations. Une règle fondamentale est : « Donner pour recevoir ». En l'occurrence, de l'information. C'est dans le cadre de cet échange que peut avoir lieu l'action d'influence. Il s'agit de profiter de la confiance *a priori* acquise au sein d'un réseau ou par le réseau pour faire partager des convictions ou des intérêts, sous forme d'apport d'information. Cet impact est énorme, d'où la nécessité de crédibilité. Les membres d'un réseau ne peuvent pas tromper longtemps leurs pairs, sauf évidemment exception. On se souvient de l'adage : « *On peut tromper un peu pendant longtemps ou beaucoup pendant peu de temps, mais certainement pas longtemps et beaucoup.* »

Enfin, l'influence d'un réseau réside dans son image : outre l'image de ses membres, il a la sienne propre qui doit être cultivée. Ce qui peut être fait par un discours extérieur ou au contraire par l'absence ou la rareté de la parole (cas des sociétés dites secrètes qui précisément fondent leur renommée sur le silence). Le fait qu'un réseau soit présenté comme puissant peut le rendre puissant. Il en est entre autres ainsi de certains réseaux de grandes écoles, dont la puissance supposée a été tellement vantée par les médias que leurs membres en ont acquis une réputation d'influence *a priori*, quel que soit le poste réel qu'ils occupent. C'est le cas par exemple des énarques, dont la grande majorité, les administrateurs civils, sont des hauts fonctionnaires certes, mais dont l'autorité ne dépasse pas celle de leur titre et de leur fonction, comme tout un chacun, et ne repose pas en tout cas, comme il est souvent suggéré, sur des liens mystérieux avec une sorte de société secrète toute-puissante au service de ses affidés.

Pour une personne comme pour une entreprise il convient de distinguer quatre types de réseaux : les réseaux de compétences, qui sont des groupes de personnes qui se sont reconnues et sont liées par leur expertise, les réseaux de connivence, les réseaux de type philosophique, religieux et politique, en somme de partage de causes, les réseaux corporatistes et les réseaux mafieux, ces derniers étant des réseaux corporatistes dégénérés. Les premiers sont les plus crédibles et durent longtemps ; ils peuvent d'ailleurs recouvrir des communautés de corps. Les deuxièmes doivent sans cesse veiller à ne pas dériver en défense d'intérêts individuels des membres de la cause. Sur les troisièmes il faut savoir que les affinités reposant uniquement sur les corps sont de moins en moins opérationnelles et de plus en plus mal vues dans les cercles multilatéraux. Les réseaux des grandes écoles à la française sont en particulier à manier avec beaucoup de précaution à Bruxelles. Certes les réseaux d'anciens d'Eton ou de Cambridge ou de l'Ivy League sont de même nature, mais ils fonctionnent sans doute plus professionnellement ou plus discrètement.

Quant aux réseaux de type mafieux, on les reconnaît au fait qu'ils fonctionnent sur le copinage, la compromission, le partage de secrets honteux, la menace. Et parfois même la violence. Ces « réseaux » affectionnent le trafic d'influence, c'est-à-dire la décision prise par faveur, qui se double souvent de corruption. La démocratie ne reconnaît pas ce type de liens, bien qu'hélas ils existent, y compris en France, dans des institutions nationales et collectivités locales tenues pour respectables. Ils ne sont pas près de disparaître dans le monde, car le lien mafieux est originellement un lien de type féodal (suzerain/vassal), voire antique (patron/client au sens romain du terme), qui reste usuel dans de nombreux États du monde, particulièrement parmi les nouveaux plus riches, asiatiques et moyen-orientaux. Être *séide** est un emploi comme un autre... Soyons cependant conscients que ces formes perverties du réseau ne sont pas l'apanage d'une ou deux régions du monde : l'influence politique des corporatismes, si prégnante en France, peut parfois leur être assimilée, même si ses apparences sont différentes.

Enfin, un bon réseau d'influence remplit aussi une fonction d'assurance : par ses multiples ramifications, il vient à l'aide d'un membre en difficulté, du moins si celui-ci est membre actif, reconnu et crédible. Cela est particulièrement vrai en matière d'image et de réputation et encore plus vrai dans les questions touchant à la responsabilité sociale, où des partenariats pérennes avec des parties prenantes finissent par devenir des réseaux de soutien en cas de crise. C'est en ce sens que l'on

* Homme d'un dévouement aveugle ou fanatique, *cf.* Petit Larousse.

peut dire que l'influence fait partie de la sécurité globale d'une entreprise et que ne pas en faire présente des risques. À nouveau, cette fonction assurantielle est beaucoup plus forte dans un réseau humain traditionnel que dans un réseau ouvert sur le Web.

La « folie évaluation »

Les valeurs sont importantes mais plus encore le sont les méthodes et critères qui permettront d'évaluer et de mesurer la conformité à ces valeurs. Car on peut dire sans exagérer qu'une autre valeur clé de notre monde est aujourd'hui l'évaluation. Tout doit être évalué, mesuré, classé, noté. Un ouvrage récent a même été appelé *La Folie Évaluation*[5] pour analyser la psychologie sous-jacente à cette approche. En matière économique, elle est véhiculée par l'enseignement international (d'origine américaine) du management et de la finance, très quantitatif, très normé, fait de *process* très stricts et... très soutenu par les puissants acteurs économiques dont c'est devenu un marché fabuleux : les agences de notation, les instituts, les *risk managers* de toutes sortes qui transforment l'évaluation du risque en primes, les analystes et consultants de cabinets qui par leurs grilles et tableaux permettront de convaincre et surtout de dédouaner les décideurs...

L'évaluation est devenue une assurance présentée comme tous risques. Il faut avant tout permettre des comparaisons, par rapport à des valeurs prédéterminées. Pourtant le questionnaire très précis ne contient jamais le cas vécu et on le remplit comme on peut, dénaturant en même temps la qualité de l'information obtenue. Donc la volonté d'évaluation systématique finit souvent par désinformer. D'autant que dans certains cas, d'audit avant réorganisation par exemple, les évaluations dépendent de critères qui sont ceux du commanditaire de l'évaluation pour permettre la « bonne » conclusion. En sens inverse, une évaluation aux critères honnêtes mais trop présente peut également déresponsabiliser, en laissant croire à un bon fonctionnement qui dans la réalité complexe et qualitative n'est pas le cas. Pourtant, les évaluations sont la base des classements et les classements sont une des bases de l'influence, dans l'entreprise comme entre États.

La folie de l'évaluation est une perversion d'un système dont l'outil est devenu le but et qui vit ainsi sur lui-même, au plus grand bénéfice de ses prescripteurs. Elle s'est développée telle une mauvaise herbe à l'abri du fleurissement général de l'économie et peu à peu la vide de son énergie. Et ce, parce qu'elle occupe un grand nombre de gens et de moyens à des tâches stériles qui obèrent ceux attribués aux tâches productives, parce qu'elle est génératrice de coûts (entre autres ceux des *cost killers* eux-mêmes) et enfin, liste non exhaustive, parce qu'elle désinforme souvent en simplifiant ou même travestissant la réalité. On n'aura pas la cruauté de rappeler toutes les erreurs d'experts en évaluation, mais seulement deux, la notation triple A de Lehman Brothers quelques jours avant sa chute et celle des banques islandaises quelques jours avant leur faillite.

Les évaluations sont utiles quand elles complètent la mesure par l'analyse. La seule approche quantitative permet difficilement de déceler le grain de sable qui s'est infiltré et qui peu à peu devient un caillou. Pour déceler ces « signaux faibles », il faut des analyses qualitatives de l'information, même si elles doivent si possible être soutenues par des chiffres. Il faut noter que si cette funeste tendance à l'évaluation quantitative systématique et unique s'est répandue dans le monde à partir des États-Unis, elle ne pouvait recevoir meilleur accueil qu'en France, où elle était déjà partagée par de nombreux dirigeants issus de formations scientifiques et technologiques, imitées aujourd'hui par les grandes écoles commerciales. Ceux-ci ont vu dans le management new look une justification de la modernité de leur approche. Les consultants et auditeurs en tous genres ont su gagner des *business* importants en leur parlant courbes, graphiques, cartographies, statistiques sur de beaux « *slides* » multicolores. La combinaison de cette tradition française et de l'influence américaine a produit en France un véritable écran à une approche stratégique pluridisciplinaire intégrant les sciences humaines, à une appréhension du rôle majeur du traitement de l'information, aux questions d'intelligence économique et d'influence et donc *in fine* à une gestion complète et professionnelle des enjeux économiques et géoéconomiques de la France dans la mondialisation.

Sur le fond, cet acharnement évaluatif n'a rien d'étonnant et se trouve en fait directement lié à la gouvernance libéralo-morale, fondée sur le retrait de l'État et le développement de règles du jeu minimales d'origine privée. L'État ou une autorité supérieure n'étant plus là pour assurer le respect des comportements, il faut impérativement que quelqu'un contrôle – mesure, évalue – et que d'autres assurent une éventuelle sanction. Ce sera – en interne ou en externe – le rôle de consultants de plus en plus spécialisés, dans tous les domaines d'expertise, y compris « morale », au point de voir se créer une nouvelle profession, les *compliers* (ou experts en conformité). Certains rédigent des codes éthiques a*d hoc* selon les « bonnes pratiques », d'autres en vérifient l'application et la conformité par rapport à la loi et à la *soft law* existantes. La diversité des *compliers* sera sans limite, puisque des *process* sont peu à peu instaurés dans toutes les activités de l'entreprise par des normalisateurs qui en ont fait un marché (lucratif). On trouve des *Sharia compliers* pour la finance islamique. Existera-t-il un jour des *Bible* et des *Torah compliers* ?

Classements et critères, ou comment forcer les autres à vous ressembler

La conditionnalité s'est imposée comme un principe multilatéral d'attribution de l'aide au développement. Les prêts et dons ne peuvent être accordés que si le pays respecte la bonne gouvernance. Mais qu'est-ce que la bonne gouvernance ? Quels en sont les critères ? En l'occurrence, ils sont devenus ceux de la Banque mondiale, adoptés il y a quelques années par toutes les agences multilatérales, parce qu'ils étaient prêts, efficaces, simples, et bien défendus face aux multiples conditions européennes non coordonnées.

Dans son principe, l'influence des classements fonctionne de manière très simple et elle est pratiquée depuis la nuit des temps. Elle repose sur deux mécanismes psychologiques : le premier fonctionne en positif, il consiste à vouloir ressembler à quelque chose ou quelqu'un qui est bien vu par la communauté. En effet, quand un élément – homme, État, entreprise, pratique, livre... – est bien classé parmi des pairs, cela signifie qu'il est distingué, honoré. Il devient donc un modèle à suivre pour accéder aux mêmes honneurs. Le second est culpabilisant : il repose sur la honte éprouvée devant des pairs, il est de même racine que celui du *naming & shaming* dont nous avons déjà parlé. Un troisième mécanisme est né de la tradition culturelle protestante, celui du jugement de la communauté. Il appartient à celle-ci de juger de la bonne conduite de ses membres.

Utilisée par les maîtres depuis toujours, la pédagogie du classement fonctionne aujourd'hui au niveau mondial, avec un développement assez remarquable dans le domaine économique et culturel, les deux matrices de l'influence. Le procédé s'inscrit particulièrement bien dans les domaines stratégiques ouverts par la mondialisation, vierges de toute règle mondiale et où des références étaient nécessaires : par exemple, les « meilleurs » États pour faire des affaires ou encore les meilleures universités, domaine stratégique car il s'agit de former les élites du monde futur. Le classement va plus loin que le simple énoncé des rangs, il indique en creux comment gagner des places, être « mieux vu », il suffit pour cela de consulter la liste des classés et des critères. La Banque mondiale, dans son classement *Doing Business* des États, détaillé plus bas, va plus loin et indique elle-même précisément, pays par pays, les réformes à mener pour « s'améliorer ». Le classement aura donc servi *in fine* à ce que l'État mal classé change sa politique et ses pratiques selon des indications extérieures, sans aucune violence ni même déploiement de puissance de conviction… et sans consultation des citoyens.

Les entreprises sont soumises aux mêmes pratiques, notamment en ce qui concerne la RSE. En marge du Forum de Davos est ainsi publié chaque année un classement des entreprises les plus responsables, réalisé par l'agence de notation extra-financière Innovest. Il est des années où la chance n'est pas de leur côté, comme en 2008, où étaient classées dans les premières la Société Générale, qui allait connaître l'affaire Kerviel, et Deutsche Post, dont le patron allait être convaincu de fraude fiscale…

Pour s'imposer, le classement doit être organisé par une autorité connue et respectée. Alors, il devient crucial pour formater le terrain : il installe des valeurs et prépare les législations futures, qui naturellement s'inspireront des « meilleurs » résultats indiqués par les classements. À l'échelle du monde, ces classements sont de véritables instructions d'agir qui ne disent pas leur nom. Ils sont un outil raffiné et parfois à la limite de l'éthique quand ils ne fournissent pas de manière claire et évidente leurs critères de choix. Même quand ils le font, il faut reconnaître que les utilisateurs ne s'en soucient guère.

Les classements sont donc des instruments d'influence très opérationnels car ils ont l'apparence de l'information, ils apparaissent objectifs, surtout dans des cultures où l'attribution de la note a longtemps été l'apanage d'institutions publiques comme en France (l'école) et où on a du mal à imaginer la note et le classement comme une industrie privée.

Les faiblesses des notations financières

Les notations financières sont devenues un élément essentiel des analyses de risques, bases des scénarios, pour les entreprises comme pour les États. Les notations extra-financières ont également un impact direct sur la valeur, car elles mesurent la conformité (*compliance*) des acteurs économiques avec les règles de RSE, donc leur risque ou non d'être l'objet d'attaques d'image et de réputation, attaques qui coûtent cher à endiguer et à faire oublier.

Les trois principales agences internationales de notation financière notent à la fois les entreprises et les États. Elles sont très critiquées pour leurs erreurs passées[6]. En ce qui concerne les États, la vision même des agences est en cause, mais elle découle de la gouvernance libérale dont nous avons déjà parlé, dans laquelle ces derniers sont considérés comme des acteurs économiques parmi d'autres. Cela dit, même si l'on entre dans cette logique, on ne saurait juger la situation et l'avenir d'un État uniquement selon des chiffres et des ratios. Devraient entrer en compte des éléments historiques, sociologiques et psychologiques, par exemple le degré de résilience de leur population, qui clairement modifie les perspectives : en clair, les citoyens de tel État exposés à une crise grave vont-ils la supporter de manière positive et à terme reconstruire de plus belle ou au contraire le tissu social et politique est-il fragile et y a-t-il un risque de décomposition voire d'explosion de l'État ? Et cela, sans même évoquer les aspects sociaux, si tant est qu'on ne considère pas les populations comme des ingrédients du coût d'un produit.

Du reste, l'approche strictement quantitative, qu'elle soit pratiquée pour des restructurations d'entreprises ou d'États, est d'un court-termisme affligeant pour l'intelligence même des notateurs, quand on considère les externalités positives et les coûts évités à terme par l'acceptation de ratios de compétitivité un peu moins performants (à condition bien sûr qu'ils soient dirigés). Sauf à remplacer l'intelligence et l'humanisme par un cynisme total qui pourrait s'énoncer ainsi : rentabilité immédiate et « après moi le déluge ».

Ces notations mesurent un risque existant, donc, en réalité, un risque passé. Elles peinent à prendre en compte la singularité et la complexité, or le risque international en est pétri. Enfin, la notoriété qui est donnée à leurs prévisions et avertissements fait de ces dernières des « *self fulfiling prophecies* », des prophéties autoréalisatrices. Elles sont donc par définition aujourd'hui à prendre avec circonspection.

Cela dit, une notation n'est rien sans un noté d'une part et un client d'autre part. Ce sont souvent les mêmes. Par quelle influence ces derniers, quand ce sont des États, se sont-ils mis à accepter cette puissance ? La réponse est simple : ils s'y sont auto-obligés ! Le pouvoir que les agences ont gagné leur a été conféré par les États eux-mêmes, qui ont pris les notations des agences comme critères dans leurs propres documents officiels. C'est d'ailleurs pour cela qu'un règlement européen [7] a confié à l'Autorité européenne des valeurs mobilières (AEVM) la tâche de surveiller les agences et de leur présenter le cas échéant des orientations à suivre, avec l'Autorité bancaire européenne (ABE) et l'Autorité européenne des assurances et des pensions professionnelles (AEAPP). Il est à craindre que, comme souvent dans ces cas-là, la multiplication des organes de supervision ne vide en réalité celle-ci de son sens. L'Union européenne et ses États membres ont au final accepté de fonder leurs politiques d'organes légitimes et souverains sur les jugements de trois agences privées. La raison ? Il faut croire que les dirigeants de l'UE sont soit totalement acquis à une vision plus que libérale, puisqu'elle soumet les États et leurs citoyens à des décisions d'acteurs privés, soit inconscients de la prise de pouvoir conceptuelle extraordinaire dont ils sont l'objet. On exclut naturellement des modes de persuasion autres qu'intellectuels.

Ces notations et évaluations ont au moins le mérite de nous faire prendre conscience de l'immense influence intellectuelle (on ne peut en imaginer d'autres) qu'ont subie (sans s'en rendre compte pour la plupart) les hommes politiques français et européens. La Chine, à peine entrée dans le jeu mondial, a créé (dès 1994) sa propre agence de notation, Dagong, qui a pris récemment une nouvelle actualité, et peut-être les Européens seraient-ils bien inspirés d'étudier entre eux et pourquoi pas avec elle l'opportunité d'un travail d'analyse commun.

L'exemple du classement de Shanghai des universités[8]

Ce classement a été mis en place par l'Institut de l'enseignement supérieur de l'université Jiao Tong de Shanghai en 2003, par un groupe de personnes dirigé par le Professeur Nian Cai Liu. Il semble que leur objectif était d'identifier des universités de classe mondiale pour que les établissements chinois s'en inspirent. Pour ce faire, elles disent avoir analysé environ 2 000 institutions du monde entier, les avoir sélectionnées selon leur présence dans le Thomson Scientific, le nombre de publications du corps académique et le nombre de prix Nobel et médailles Fields reçus. Il se trouve que ce sont des éléments déterminants des politiques d'enseignement des universités américaines. Les États-Unis produisent deux fois plus de publications scientifiques dites de haute qualité (les plus citées) que l'Union européenne. Ce sont donc naturellement les universités américaines qui prennent les meilleures places : sur les vingt premières du classement 2010-2011 deux sont britanniques et dix-huit américaines, celles-ci ayant à un ou deux points près exactement la même place dans le classement national. À noter aussi que l'Union européenne est au premier rang en nombre d'universités sur les 500 citées, avec près de 200, mais que les États-Unis sont majoritaires dans les 100 premières, massivement dans les 20 en tête.

Ce classement est critiqué mais, dans les faits, tous les établissements universitaires de la planète l'ont pris comme étalon pour s'améliorer. On voit cette chose étonnante que les quelques universités françaises classées se réjouissent quand elles ont gagné un petit point sur un critère, en espérant faire mieux l'année suivante ![9] Aucune démarche n'est considérée comme superflue. La ministre de l'Enseignement supérieur français visite par exemple en juillet 2010 l'université Jiao Tong... sans grand succès sur le classement. Peut-être faut-il s'y prendre différemment...

En dehors de la réputation des universités, ce classement produit une influence sur le fond, à savoir « tout simplement » sur le progrès de la connaissance au plan mondial. En effet, privilégiant le nombre de publications comme valeur phare d'une université, il accentue une tendance forcenée à la publication pour la publication, ce qui ne contribue pas toujours à leur qualité et à leur recherche d'innovation. Couplé aux exigences de *process* hypertrophiées des universités américaines, il contribue à une multiplication d'articles aux pages de sources et de citations plus longues que celles consacrées à la réflexion de l'auteur. Il a aussi contribué à ce que les universités et les *Business Schools* qui en ont les moyens cherchent à recruter à prix d'or des enseignants connus pour la multiplicité de leurs articles dans des revues « à étoiles » sans nécessairement vérifier leur don pédagogique.

En bref, il s'agit là encore d'un processus de standardisation, cette fois de la connaissance, de la pensée et accessoirement du recrutement. Aucun autre classement n'a pu avoir le même impact, ni celui de l'École des Mines, ni, *a fortiori*, celui que n'arrive pas à mettre en place l'Union européenne. Cette mise en place serait-elle soumise à des contre-influences ? Ou bien nous, Européens continentaux et en particulier français, avons-nous si peu compris les règles de l'influence mondiale ? À noter que sur le terrain des *Business Schools*, c'est aussi un classement anglo-saxon qui est roi, celui du *Financial Times*. Celui-ci, se souciant de sa clientèle européenne, a cependant mis en place des classements aux critères plus complexes, exposés sur une page entière après chaque publication annuelle, et a raffiné ses notations par types de diplômes.

Un cas d'école : le classement Doing Business des États par la Banque mondiale

Le classement *Doing Business* de la Banque mondiale remplit tous les critères de crédibilité puisque la Banque est une des institutions internationales les plus respectées dans le monde, banque de développement créée par les accords de Bretton Woods de 1944. Elle est une organisation intergouvernementale dont l'objet est de financer le développement des pays pauvres. En 2004, elle publie pour la première fois un rapport dont les objectifs affichés sont les suivants : « *Le but du rapport* Doing Business *est d'encourager les réformes par le biais d'une classification des pays, d'éclairer sur le modèle de réformes, d'enrichir les initiatives internationales sur l'efficacité de développement, d'éclairer la théorie.* » Une équipe interne d'économistes dirigée par Andrei Shleifer et issue du département d'économie de Harvard (ce nom renforçant la crédibilité) a ainsi créé un groupe « *Law & Finance* » et a décidé de mettre en application ses théories très libérales, à savoir que le droit est un facteur clé de l'économie, qu'il peut être évalué par des techniques économétriques et, surtout, que la règle de droit d'origine étatique impacte négativement l'économie et renforce la méfiance. En examinant les critères de ce classement, il apparaît en effet que la qualité principale d'un État est d'avoir la législation la plus légère possible et que seules sont examinées les conditions de temps et de coûts d'installation (crédit le plus court, permis de construire le plus rapide, création d'entreprise dans le moins de jours possible...). L'éthique des affaires n'est pas prise en compte. Le meilleur risque se trouve là où il y a le moins de réglementations, notamment sociales.

En termes d'analyse d'influence, la crédibilité de la Banque mondiale est ainsi utilisée pour faire passer une vision idéologique sans en prévenir les lecteurs. Ceux-ci bien au contraire croient en son objectivité. Or ce classement devient incontournable, comme l'est aujourd'hui le classement Parker des vins, très décrié à ses débuts, et qui a finalement mené à une standardisation de saveurs et des présentations. « *Publié chaque année par la Banque mondiale depuis 2004, [ce rapport] est en passe de devenir un guide incontournable pour les principales institutions internationales et nationales, malgré les nombreuses critiques déjà portées sur sa méthodologie et son esprit. Il n'est pas déraisonnable de penser que les principaux acteurs économiques se référeront un jour à ce guide pour justifier ou légitimer une décision.* » [10]

Il ne semble étrange à personne que la Banque mondiale, créée pour financer le développement, juge le climat des affaires de l'ensemble des États du monde, y compris les développés, ce qui n'est pas précisément dans son mandat. Les pays membres de son conseil d'administration, notés eux aussi, ont semble-t-il découvert leur classement en 2004, ignorant même, en tout cas pour la France, qu'un tel travail se préparait... Une telle autonomie idéologique est-elle acceptable dans le cadre d'une institution des Nations unies ? Une autorisation n'eût-elle pas été nécessaire ? D'autant que l'on comprend rapidement, à la lecture de l'enquête de 2004, que les États dotés d'un droit romain (*civil law*) ont une lourde administration, les deux étant liés. L'administration étant par définition un fardeau dans l'esprit de ces économistes, le droit romain ne contribue donc pas à la compétitivité des États. « [La méthode adoptée] *fait quasi systématiquement apparaître une infériorité structurelle de la « market-inhibiting civil law » (entendre tradition civiliste) par rapport à la "market-supporting common law".* » [11]

L'édition 2004 comportait un passage supprimé depuis car trop brutal et mal reçu, mais qui avait le mérite de la franchise : il disait en substance que le droit romain va de pair avec des structures étatiques lourdes, que les structures étatiques lourdes favorisent la corruption, donc que le droit romain favorise la corruption. Le syllogisme est parfait... comme tous les syllogismes. Les écrits sont aujourd'hui plus feutrés mais le fond n'a pas changé. On comprend encore (classement 2011) qu'il vaut mieux faire des affaires en Géorgie (18e) qu'en France (entre 32e et 36e depuis quelques années, après avoir commencé à la 44e place derrière la Jamaïque : mais la France a fait des progrès, elle s'est réformée...).

La vision du rapport *Doing Business* a été largement critiquée, y compris aux États-Unis : « *[...] par une résolution du 12 juin 2009*[12], *la Chambre des représentants enjoint au Secrétaire d'État au Trésor de demander à ses représentants à la Banque mondiale d'utiliser la voix et le vote des États-Unis pour suspendre certains indicateurs du rapport Doing Business et promouvoir des critères prenant mieux en compte, notamment, la situation des salariés et les politiques fiscales du pays noté* »[13]. Il reste cependant un instrument crédible car il n'y en a guère d'autre aussi simple d'utilisation. L'OCDE dispose aussi d'une batterie d'indicateurs tout à fait remarquable et adaptée à la compréhension de sujets complexes, mais ils sont nombreux et l'OCDE ne leur donne pas la même publicité que la Banque mondiale à sa propre enquête. Quant aux autorités européennes et françaises, elles restent peu passionnées par le sujet, alors même qu'à l'instar de la Banque mondiale, la BEI eût pu établir elle aussi un classement. Elle en a la légitimité mais pas le désir. C'est du moins ce qui fut répondu aux conseillers du commerce extérieur de la France-CCE (responsables d'entreprises, consultants et avocats, dont l'auteur de ces lignes) qui, très étonnés par les résultats du classement *Doing Business*, produisirent avec d'autres experts le rapport de 2010 précité, proposant non seulement une critique mais aussi de nouveaux critères propres à améliorer les existants et à fournir une vision plus complète sur les pays. Les CCE portèrent également ces propositions auprès d'autorités françaises et européennes, sans succès, aucune d'entre elles ne se sentant concernée par ce sujet pourtant stratégique.

Web et Web 2.0 : nouveaux outils ou nouveaux paradigmes de l'influence ?

Internet avait été conçu à l'origine pour communiquer au sein d'équipes scientifiques et militaires, il est aujourd'hui majoritairement utilisé à des fins commerciales. Le Web 2.0 a été présenté comme un outil de communication et de mise en réseau des individus, or s'il reste très utilisé dans ce sens, il sert aussi aujourd'hui des objectifs commerciaux, politiques, de renseignement et en interne, dans les entreprises, une recherche de meilleure collaboration et de management des connaissances. Le cadre conceptuel de l'influence virtuelle est-il différent de celui de l'influence traditionnelle ? L'avènement des réseaux sociaux modifie-t-il les paradigmes de l'action d'influence ? Les 700 millions d'utilisateurs de Facebook, pour un média créé en 2004, quand la radio a mis trente-huit ans pour atteindre 50 millions d'auditeurs et la télévision treize ans pour le même nombre de téléspectateurs, ont-ils une psychologie différente des anciens « consommateurs » de médias ? Ces techniques nouvelles induisent-elles de nouveaux modes de fonctionnement cognitifs, psychologiques et sociaux ? Dans le cadre d'opérations d'influence, faut-il traiter différemment l'information pour qu'elle convainque ?

La place du village

Un nombre incalculable de forums et de groupes permet de dialoguer avec des inconnus sur des questions d'absolument tous ordres, ils sont en principe modérés par des experts. Les journaux ont tous des éditions en ligne – certains ne sont d'ailleurs plus qu'en ligne – qui permettent aux lecteurs d'échanger avec le journal et surtout entre eux, tenant lieu non pas de réseau mais de place de village ou de café où discuter avec ceux qui y passent. La notion de café et de place de village nous semble assez juste, car sur beaucoup de ces forums on retrouve l'atmosphère de l'échange social type, pas aussi affectif qu'avec des amis mais plus complice – ou plus agressif – qu'avec des inconnus dans la rue. À noter que la création de groupes a largement préexisté à Facebook, notamment avec les Yahoo Groups.

Ces groupes et ces « places de village » partagent avec les réseaux traditionnels le fait d'être des lieux d'échanges d'informations. Pour celui qui a une stratégie d'influence déterminée il est beaucoup plus facile d'y atteindre beaucoup de monde très vite que par des relais d'influence plus classiques. Il y faut de l'expertise mais elle s'acquiert. Les nouvelles peuvent y prendre très vite une grande ampleur, comme dans un village. Sauf que celui-ci peut être très étendu... D'autant que l'ami du groupe peut être un faux nom voire inventé de toutes pièces. On se souvient de l'exemple fameux de cette jeune femme scientifique de haut niveau dans le secteur de la défense qui était une invention mais qui a permis à ses auteurs d'attirer, donc d'identifier (et même de converser avec) un grand nombre de chercheurs du monde entier sur le même sujet.

Tout cela pourrait faire du Web un haut lieu de désinformation. C'est le cas, pas autant cependant que l'on pourrait le croire, car toutes les informations pouvant y naviguer, les unes chassent les autres et, comme sur Wikipédia, on fait confiance à la diversité des internautes pour recadrer ce qui serait inexact. Comme dans le cas des lobbies, la diversité et la concurrence finissent par éliminer les fausses informations, ou informations biaisées. Mais celles-ci prospèrent néanmoins, et le temps pendant lequel elles ont fonctionné est fondamental. Des mouvements peuvent ainsi être lancés par l'effet conjugué de quelques *tweets*.

On peut frémir en voyant tout ce qu'il n'est pas illégal de faire (à défaut de moral). Notons qu'on n'a pas besoin des réseaux sociaux mais de techniques assez simples voire simplistes qui jouent sur les techniques des moteurs de recherche. Dans deux récents articles, Sébastien Chainay[14] détaille des moyens relativement simples pour mettre en place des rumeurs, dont tout internaute est un jour ou l'autre la victime, ainsi que, pour les entreprises, des techniques d'influence/désinformation par ce qu'on appelle les pots de miel informatiques, sites qui vont appâter la concurrence. Un exemple de lancement de rumeur : le fait de taper et faire taper par plusieurs personnes (ou par un logiciel) la même question plusieurs fois par jour pendant une semaine va permettre de faire monter cette question dans les « suggestions » de Google et donc de la rendre visible (exemple : Mme X (personne politique) a-t-elle un problème avec l'alcool ?)... Un autre moyen très simple : poster un message comportant au moins un nom ou mot clé d'actualité sur deux blogs de journaux crédibles mais non modérés *a priori* (nous ne donnerons pas leurs noms). Elle a des chances d'être reprise sur des chaînes et journaux « sérieux », ou à défaut, d'être lue par des centaines, voire plus, de personnes qui elles-mêmes la diffuseront, éventuellement en l'enjolivant. Tout cela n'est pas nouveau dans son principe et fait penser à la phrase (authentique cette fois) de Figaro dans *le Barbier de Séville*: « *Calomniez, calomniez, il en restera toujours quelque chose.* »

Ces techniques – et bien d'autres – ne sont pas éthiques mais ne sont pas encore sanctionnées, sauf en cas de diffamation. Il semble qu'hélas elles soient utilisées par beaucoup d'acteurs politiques et économiques. Également, les relais classiques d'information, comme la presse, s'alimentent de plus en plus sur Internet. Les *tweets* deviennent facilement directement des *news*... même si, en principe, les journalistes doivent recouper leurs informations comme ils le faisaient pour leurs sources traditionnelles.

Il semblerait que de tous côtés l'impératif de vitesse, la facilité, l'absence de culture de l'Internet même chez les jeunes (dont le sens critique a été peu travaillé par des enseignements en sciences humaines en perte de vitesse) et le sentiment que les « vraies gens » disent la vérité, troublent parfois le jugement. Que l'on soit journaliste, consultant ou citoyen, il est conseillé de disposer dans tous les cas d'un réseau humain et d'outils critiques internes aptes à valider rapidement la crédibilité des informations recueillies. Il serait surtout indispensable de prodiguer partout dans le monde, et en France pour ce qui nous concerne, un enseignement basique de « discipline de l'information ».

Les réseaux sociaux, réseaux d'influences ?

Le Web 2.0 et les réseaux sociaux « *ont ancré plus profondément encore le Web dans une dimension "collective" [...]. Le passage du Web 1.0 au Web 2.0 a été marqué par l'importance des espaces participatifs où les flux se sont inversés : l'internaute n'est plus lecteur (passif), mais auteur (actif)* [15] ».

Une grande question est de savoir si les réseaux sociaux sont des avatars des réseaux traditionnels ou des créatures nouvelles, à gérer différemment même du Web 1.0. Il vaudrait du reste mieux parler de médias sociaux, modes d'expression ouverts à tous plutôt que de réseaux sociaux, qui supposent des liens stables et de confiance entre des membres. Cela dit, si les logiques d'origine des différents outils sont distinctes, les frontières s'estompent. En ce domaine, rien n'est définitivement établi. Par exemple le blog se situe sur le registre de l'apport d'information et d'idées, permettant l'échange s'il est ouvert aux commentaires. C'est un média social par excellence mais sa possibilité de lien direct avec Twitter, Facebook, le rapproche de la sphère réseaux. YouTube est un outil de partage de vidéos, qui est utile au développement de réseaux tout en n'en étant pas un lui-même au sens strict. Cependant il permet, par la circulation d'images, de créer de véritables opinions pro- ou anti- et enrichit les conversations des autres réseaux sociaux. LinkedIn, Viadeo sont des outils de représentation professionnelle et de mise en relation, ils ont une fonction annuaire, « carnet » et chambre d'écho. Leurs groupes thématiques permettent cependant de créer des communautés qui peuvent être influencées. Facebook a été conçu pour maximiser les possibilités d'échanges avec des « amis », vrais ou virtuels. Cependant, de plus en plus d'entreprises et de groupes d'idées ont une page Facebook et l'application est utilisée comme outil marketing. Et les internautes s'en servent de plus en plus comme de mails collectifs. Twitter peut être assimilé à une mini-agence d'édition ouverte à tous qui permet de suivre et/ou de délivrer des nouvelles. Les nouvelles peuvent évidemment être d'ordre et d'intérêt divers. Mais sur Twitter, 75 % des *tweets* ne sont pas lus et une information a une « durée de vie » de 2,8 heures en moyenne. Cela signifie qu'au bout de 2,8 heures, il n'y a plus de « clics » pour cette information [16].

Le réseau social induit une relation d'un genre nouveau, virtuelle, technicisée. Ouvrirait-elle des possibilités vraiment nouvelles en termes d'appréhension du cerveau humain, donc d'influence ? Ce thème fait l'objet de recherches, des chercheurs travaillent notamment sur les liens entre intelligence économique et neurosciences. Il semblerait *a priori* que les limites du cerveau humain imposent des constantes. En 1993, l'anthropologue britannique Robin Dunbar a évalué à environ 150 le nombre maximum de personnes avec lesquelles un humain peut entretenir une relation stable. Ce chiffre semble se retrouver à toutes les époques et dans toutes les civilisations. Il a été confirmé par une étude menée en juin 2011 [17] sur les utilisateurs de Twitter, qui aboutissaient à des échanges avec une moyenne de contacts située entre 100 et 200.

Le « sociologue » (*in-house sociologist*) de Facebook, Cameron Marlow, arrive également à un nombre moyen d'amis d'environ 120 sur ce réseau. Il est monté à 150 au moment de la mise sur le marché d'actions Facebook en février 2012... « *Grâce aux réseaux sociaux comme Facebook nous assurons mieux notre auto-promotion. Mais notre cercle d'intimes reste tout aussi petit que dans la vraie vie* » dit-il à *The Economist*[18]. En effet, les membres de Facebook répondent à entre 7 et 10 messages par jour et le chiffre ne change pas en fonction du nombre d'amis mais du sexe, les filles répondant plus.

La force des réseaux sociaux est « qu'ils s'ancrent sur une tendance naturelle de l'espèce humaine, le bouche à oreille, crédité de 71 % de confiance par les internautes »[19]. Comme dans la « vraie vie », un contact qui transmet une information erronée risque de se discréditer, il existe des escrocs qui trompent leurs proches et un membre du réseau qui est attaqué peut être défendu par les autres. Une sorte de *peer review* spontanée se met en place. Chacun ajoute sa part. C'est le principe du *wiki* et de Wikipédia en particulier, qui a été beaucoup critiqué mais qui demeure une source d'informations fiable *en moyenne*. Le problème réside évidemment dans les écarts à la moyenne.

L'influence virtuelle repose-t-elle, comme l'influence traditionnelle, pour moitié sur le contenu du message et pour moitié sur la crédibilité de son auteur ? Rien ne semble prouver le contraire. Sur les forums, les habitués se connaissent de nom et se font confiance, et les nouveaux venus sont plus ou moins testés. Cette confiance est très porteuse de risques, plus que dans la vie réelle, parce que la dissimulation ou la falsification sont plus faciles. Mais finalement ces risques sont les mêmes, en particulier celui de se laisser convaincre parce qu'on a confiance en des « pairs ». On trouve là le même phénomène cognitif que dans des échanges non virtuels, fondé sur la confusion entre le contenu et le support du contenu : par exemple, on aura moins d'esprit critique et on se laissera plus facilement convaincre d'une action si elle est prônée par la revue de son parti politique préféré.

L'individu a tendance à avoir confiance dans ce que lui disent les réseaux parce que soit ce sont des gens que l'on connaît ou leurs amis, comme sur Facebook, soit ce sont des amis de passage rencontrés « sur la place du village » ou « au café » virtuels. Ils sont comme nous, ils ne peuvent nous tromper. Ils sont même plus fiables que les élites et leurs faux experts qui nous trompent ! On leur prête le même bon sens qu'à nous. Sur les réseaux sociaux personnels, l'internaute demande l'avis de ses « amis » et ne veut surtout pas d'experts, tout le contraire de ce qu'il demande sur des communautés d'entreprises, où il attend des compétences.

Comme sur le Web il est aisé et non illégal d'intervenir sous une fausse identité, les tromperies sont facilitées. Remarquons que l'escroc qui trompe ses propres amis n'est pas une spécialité du Web, ni celui qui porte beau et convainc des centaines de « gogos ». Il existe probablement aussi un « Web charisme » ! ! En matière d'influence, les « petites » escroqueries sont sûrement rendues plus faciles. Par exemple se multiplient les faux « messages spontanés » sur les sites de grandes écoles, surtout au moment des concours d'entrée, d'anciens étudiants mécontents qui viennent dire tout le mal qu'ils pensent de l'école. L'effet est « garanti » en termes d'image et l'influence sur le nombre de candidats est réelle et non virtuelle ! On le voit, les mêmes comportements non éthiques se retrouvent sur le Web, le Web 2.0 et dans le monde réel. On peut même se demander si les usagers du Web et des réseaux sociaux ne vont pas peu à peu – échaudés – se prémunir contre les manipulations. Reste cependant une différence de taille, c'est qu'avec le Web, et plus encore le Web 2.0, il peut y avoir très vite amplification du message et démultiplication de ses conséquences à grande échelle.

Peut-on trouver l'amitié sur les réseaux sociaux ? Les « amis » de Facebook sont-ils vrais ? Dans son livre de 2009 [20], Christophe Deschamps répond par la négative, « *car si votre réseau intègre naturellement vos amis, il n'est pas fondé sur l'amitié, mais sur le partage et la réciprocité en cas de besoin. En cela, il ressemble beaucoup à une assurance mutualiste, vous cotisez un peu tout le temps (en informations, mises en relation, intermédiations, conseils, etc.) et vous recevez la contrepartie de cette participation lorsque vous en avez besoin. Notez qu'à force de relations numériques, l'amitié (ou sa promesse) peut parfois émerger de votre réseau* ».

Les réseaux sociaux, un enjeu pour les entreprises

Les entreprises se doivent de répondre aux attentes de toute une palette d'interlocuteurs : consommateurs, analystes financiers, ONG, chercheurs de son secteur, médias... La mise en place d'un réseau d'influence par le Web facilite cette tâche. C'est en étant présente et « apporteuse de contenu » de manière bien réfléchie qu'une entreprise constitue peu à peu ce réseau global d'influence qui va lui permettre, le moment venu, de mener des actions précises et efficaces, actions de *lobbying* ou règlement de crise, en particulier. Les réseaux d'influence, réels et virtuels, constituent une assurance risques encore plus cruciale pour une entreprise que pour un individu. Mais elle doit aussi les surveiller en permanence.

Pour une entreprise, les réseaux sociaux sont d'abord des outils de veille et d'anticipation sur leur image, les tendances de leur marché, de leurs consommateurs... La veille sur le Web sera très utilement complétée par les commentaires postés sur leur page Facebook. On peut y récupérer des idées et, en outre, faire plaisir à ses membres en leur demandant leurs suggestions. On peut aussi y chercher un terreau d'idées sur lesquelles faire campagne par la suite. « *Les blogs font ainsi le miel des nouveaux anthropologues et sémiologues du marketing, à l'image de la société au nom édifiant, Human to Human, qui vient de réaliser la grande campagne de la RATP sur le thème des incivilités. Originalité, cette campagne a été impulsée par l'agence elle-même qui a fait remonter à son client une synthèse de milliers de conversations captées sur la Toile d'usagers et d'agents de la RATP sur le mal-être dans les transports publics.* »[21] En ce sens, la présence sur le Web 2.0 est un outil méthodologique de l'action d'influence.

Le réseau social est aussi un moyen de maîtrise de son image ou « *e-réputation* » : l'entreprise cherche ainsi à canaliser les informations et commentaires qui pourraient circuler sur elle sur le Web 2.0. Selon les cas, on recommandera – ou non – d'occuper l'espace au maximum pour qu'on trouve facilement l'entreprise, qu'on n'utilise pas son image à sa place, pour garder l'initiative du discours, pour pouvoir répondre *in vivo* et, enfin, pour déminer une crise potentielle. On peut aussi chercher à rendre les membres du groupe eux-mêmes relais ou agents d'image et d'influence. Cette stratégie d'occupation se discute. Certaines marques ont préféré rester concises et distantes sur leur communauté Facebook, en privilégiant la rédaction d'un blog. D'autres ont orienté leur communauté vers un objectif citoyen, en donnant des informations sur des actions humanitaires menées par l'entreprise. Une autre attitude consiste enfin à ne pas être présent du tout sur les réseaux sociaux, de ne faire que surveiller sa couverture informationnelle et se tenir prêt en cas de crise.

L'entreprise est émettrice d'informations de tous ordres, qui en principe sont réfléchies et font partie de sa stratégie d'image et d'influence. Ce que l'entreprise va émettre fera partie de ce qu'on appelle sa visibilité informationnelle et aura une influence sur sa couverture informationnelle. La visibilité informationnelle est ce qu'on voit de vous sur le Net et sur les réseaux (et qu'en principe vous maîtrisez) et la couverture informationnelle est ce qu'on dit de vous [22]. On peut gérer sa visibilité mais en ce qui concerne la couverture, il faut à la fois surveiller et essayer de canaliser les discours tenus.

Ces stratégies relèvent du marketing d'influence ou *marketing media social* et du *community manager* (CM), connaissant parfaitement le discours de l'entreprise et les valeurs de la marque. Dans cette stratégie, la transparence est de mise, mais il faut absolument savoir où elle doit s'arrêter. La communauté ne doit pas devenir une domination. D'autant qu'on ne peut exclure des stratégies d'infiltration malveillantes, externes ou internes. On pourrait imaginer que des moyens d'action comme la grève trouvant des limites, une communauté soit prise en main par des éléments contestataires internes de l'entreprise, moyen plus aisé de faire pression sur elle. Une sorte de transposition Web 2.0 des techniques trotskystes de prise en main d'un groupe par une minorité. Un leader, une minorité qui prend le pouvoir dans un groupe est très difficile à gérer. D'ailleurs une première recommandation est d'identifier les leaders dans les communautés et de discuter avec eux. Ce n'est pas si facile.

Dans cette dimension d'émission d'information, il faut noter le lien entre l'influence, le management de la connaissance et les problématiques de ressources humaines. L'entreprise doit harmoniser l'information qu'elle produit sur elle-même sur son site et sur ses pages de réseaux sociaux avec celle qu'elle émet en interne à l'égard de ses salariés. Une trop grande différence peut ébranler la confiance de ces derniers. Il ne faut jamais oublier que beaucoup de ces salariés sont eux-mêmes utilisateurs de réseaux sociaux à titre personnel.

Quelques anciens d'IBM, Sun Microsystems, *the Linux Journal*... tous américains, ont publié en 1999 sous forme de site Web[23] puis en 2009 sous forme d'ouvrage[24] leur pensée et leurs suggestions sur le Web marketing sous le nom de « Cluetrain Manifesto ». Ils indiquent que pour parler de manière humaine, les entreprises doivent partager les soucis de leurs communautés, ce qui signifie que, d'abord, elles doivent appartenir à une communauté. Et ce, *via* des employés qui soient habitués à naviguer sur ces réseaux, ce qui implique qu'on leur laisse un droit total d'accès, y compris personnel, pendant leurs heures de travail. En somme, dans une véritable animation de communauté, le *community manager* ne peut distinguer son implication personnelle de son implication professionnelle.

Cela dit, cette présence des salariés sur le Web comporte aussi des risques, parmi lesquels un risque d'image. C'est pourquoi les entreprises doivent sensibiliser tous leurs salariés aux risques spécifiques de l'émission d'informations sur les réseaux sociaux (qu'il s'agisse de réseaux personnels comme de ceux gérés par l'entreprise), ainsi qu'aux précautions nécessaires dans la divulgation d'informations, mots et images, sur eux-mêmes et sur l'entreprise, ou sur leur rôle dans l'entreprise.

Réseaux humains versus réseaux sociaux ?

Les réseaux d'influence sont culturellement marqués selon les régions du monde. Vont-ils peu à peu être formatés par la standardisation internationale ? Les réseaux traditionnels vont-ils se fondre dans de grands réseaux sociaux du Web et adopter leurs codes ? Par exemple, en France, les réseaux « balzaciens » selon l'expression d'Emmanuel Lemieux[25] (d'intérêts d'affaires discrets, groupes plus ou moins occultes, en tout cas tenus secrets, souvent informels, organisés autour de bons déjeuners...) ont-ils encore un avenir en tant que réseaux d'influence ? Et les corporatismes ? Certains les pensent condamnés, comme l'auteur précité : « *C'est une nouvelle époque qui s'annonce, celle d'un pouvoir d'influence fragmenté comme peut l'être la société française. [...] Où sont les réseaux d'influence ? En quelques années, les réseaux traditionnels des élites politiques, administratives, économiques, médiatiques et intellectuelles sont devenus les nouveaux boucs émissaires. Surtout, Internet a bousculé la donne structurelle du réseau. Dans les journaux, les traditionnels agents d'influence voient leur magistère éliminé par de nouveaux concurrents : les « chats » les débordent comme le lait sur le feu, l'interactivité se fait effervescente, et certains blogueurs deviennent de véritables relais d'opinion.* »

Il est vrai qu'Internet a changé la donne, que certains blogs contribuent à faire l'opinion, que les médias en ligne se développent et sont de plus en plus lus, que tout le monde peut s'autoéditer, tout cela contribuant à un éclatement des sources d'information. Mais la multiplication des sources d'information conduit les internautes à en privilégier quelques-unes, comme on le ferait de journaux, même si on « zappe » plus facilement. Et il est aussi difficile pour un blog d'émerger parmi les milliers qui existent que pour un livre dans la jungle des publications. Si les réseaux du Web changent le paysage de l'influence, ce sera par leur qualité de relais d'influences ou de caisses de résonance conscientes ou non. Généralement utilisés comme instruments de relation ou de divertissement, ils pourront dans certains cas, « bien » gérés par des professionnels de l'influence apparaissant au bon moment, devenir des armes, comme l'ont montré de récentes manifestations et révolutions. Les grands blogs qui sont régulièrement consultés sont un peu comme des éditoriaux de journaux mondiaux. Le rôle des blogueurs a été largement mis en lumière dans les révolutions égyptienne et tunisienne, par exemple de manière publique en octobre 2011 à Tunis, lors de la troisième rencontre des blogueurs arabes. Certains se sont même présentés aux élections législatives tunisiennes. Il y a et il y aura sur le Web et sur les réseaux sociaux des stratégies d'influence tout à fait sophistiquées, qui combineront intelligemment les possibilités des réseaux traditionnels et des nouveaux réseaux. La force d'influence attribuée à ces médias est telle que le DARPA, branche technologique du ministère de la Défense américain, recrute des spécialistes scientifiques capables de « tester des algorithmes qui pourraient être applicables aux réseaux sociaux »[26]. Ce qui est sûr, c'est que ces stratégies seront décidées et mises en œuvre par des groupes d'intérêt dont les membres ne se seront pas trouvés par le Web et ne se réuniront jamais sur la Toile.

La nature de certains réseaux traditionnels va un peu changer. Par exemple, les Français « sont priés », non directement mais par une pression informelle, de passer de l'esprit de l'association de la loi de 1901 à celui du réseau informel organisé, plus *lobby* qu'assemblée de sympathisants de causes. Certains clubs, inspirés d'homologues américains, se créent aujourd'hui avec le but affiché et unique de rencontres entre personnages qui veulent étendre leurs influences. Les réseaux sociaux leur sont évidemment très utiles comme outils. Autre cas, celui des associations d'anciens élèves ou *Alumni* (comme elles se rebaptisent de plus en plus pour exister dans la jungle des réseaux internationaux d'*Alumni*), qui adoptent des postures d'un dynamisme agressif très nouveau dans la culture française. Pendant des années voire des siècles, ces associations organisaient une à deux réunions conviviales par an à l'occasion de l'assemblée générale. Aujourd'hui, elles se doivent d'être nerveuses, rapides, d'envoyer des *newsletters*, de tenir des fichiers organisés, de répondre aux sollicitations des anciens, de les aider dans leur carrière non plus seulement par des conseils mais par l'influence de leur marque commune, donc de travailler la marque... En bref, elles veulent devenir des réseaux d'influence, à la manière de leurs homologues anglo-saxons. Gageons que ce phénomène va toucher un grand nombre d'associations.

Comme on l'a vu, la crédibilité des réseaux sociaux joue sur celle des pairs par rapport à des experts et élites dont on se méfie. On s'en méfie tellement qu'on est prêt à accepter n'importe quelle opinion d'un « ami » sur la Toile et que les théories du complot prennent un grand essor. Le Web pourrait bien être un outil conçu comme « anti-élite » par beaucoup d'internautes, parce que lieu où l'on peut casser les codes librement (orthographe, grammaire, expression...) et critiquer quasiment sans frein.

En dehors même de toute volonté malveillante, le Web et les réseaux sociaux ont des effets sur le contenu des informations et produisent une culture spécifique. Les moteurs de recherche et plus encore les réseaux sociaux sélectionnent les informations selon leur logique : les uns par des algorithmes de plus en plus intelligents, les autres selon une culture et des modes, condamnant les sites « ringards », les erreurs de goût, les lapsus, mettant en valeur les vidéos de « témoins »... Des codes communs internationaux se créent, avec une sorte de solidarité entre internautes.

Le Web, les médias et les réseaux sociaux ont un autre impact, moins visible mais sans doute fondamental à terme, sur un des piliers du contrat social, et ce partout dans le monde : dans la culture du Web, le droit de propriété n'apparaît plus comme une base des relations sociales, ni même commerciales. La culture du partage et la gratuité l'ont remplacé. Interdire la copie et l'échange gratuit pour des raisons de droit de la propriété intellectuelle n'est plus, pour certains, ressenti comme légitime. C'est une révolution qui se prépare ! Déjà fondement des wikis (comme Wikipédia), la culture du partage est également porteuse d'innovations, de nouveaux *business models*[27]. Pour Rafik Smati dans son livre *Vers un capitalisme féminin*[28], la gratuité est une valeur féminine (nous y reviendrons à la fin de cet ouvrage). C'est aussi la base de nouveaux commerces. Il donne ses propres exemples, notamment celui d'une e-entreprise qui imprime des cartes de visite gratuitement mais se rémunère sur les services additionnels.

En sens inverse de l'innovation, on peut craindre, sans en être sûr, que le Web 2.0 provoque une certaine standardisation de la pensée et de l'expression, pour convenir au maximum de personnes, comme cela a été le cas pour les vins ou encore pour les chartes éthiques. Alors l'autodiscipline se fera selon les standards fixés par les plus anciennement présents. Sous un autre angle, la standardisation des expressions viendra sans doute aussi de la conscience qu'il peut être dangereux de parler trop franc sur le Web et les réseaux : des logiciels de surveillance des réseaux se développent, plus ou moins en phase avec les législations des États qui sont très diverses à leur égard. Certains surveillent automatiquement les comptes Twitter ou Facebook des salariés d'une entreprise et les retransmettent aux dirigeants. Des condamnations ont eu lieu pour propos critiques ou injurieux tenus sur Facebook à propos de responsables d'entreprises par d'autres employés, y compris dans des conversations privées. Ce que peut une entreprise, un État le peut aussi.

Le Web et les réseaux sociaux seront-ils des outils d'influence politique ?

Un média social n'est pas qu'un tuyau qui transporte un contenu. Il influence aussi le contenu même. Beaucoup, y compris parmi les jeunes gens, raisonnent encore comme si l'infrastructure de transport des réseaux était un service public, neutre. Ce n'est pas le cas, les fournisseurs de services sur le Web sont privés et doivent gagner de l'argent, et ce avec les informations que nous leur donnons. Ils sont aussi de grands acteurs économiques mondiaux qui peuvent avoir des stratégies d'influence, propres ou en partenariat avec d'autres acteurs économiques ou politiques, des États par exemple. Cela signifie que les informations qui y transitent sont tout sauf confidentielles. En réalité d'ailleurs, les informations ne transitent pas, elles sont pour toujours sur le Web. Les archives sont aussi un objet commercial intéressant et pourront être vendues, notamment celles de Facebook qui en est propriétaire pour toujours. Elles peuvent intéresser grandement des recruteurs et enquêteurs de toutes sortes.

Dès 2007, le chef du service expertise informatique de la CNIL (Commission nationale informatique et libertés) disait[29] : « *En clair, Google peut contrôler toutes les données personnelles des individus. En exploitant de façon corrélée ces outils, Google pourrait se transformer en une redoutable société de surveillance. [...] Les internautes doivent savoir qu'en utilisant les services de Google ils lui donnent la possibilité de les surveiller.* » Ce qui était vrai pour Google l'est encore bien plus pour les médias sociaux qui étalent des informations privées et professionnelles. Qui dit surveillance dit influence, puisqu'on peut dès lors distinguer des profils, fournir des informations aux uns et pas aux autres, couper l'accès à certains sites (comme en Chine), voire empêcher la circulation de messages comportant des mots (cas récent du Pakistan qui interdit l'usage d'une liste de mots à caractère sexuel dans les sms). La volonté politique peut aussi pousser à créer des moteurs de recherche et réseaux sociaux spécifiques, comme le fait la Chine.

La culture du Web et des réseaux est affichée comme étant celle de la liberté, dans le mythe hérité des pionniers californiens. Le succès du Web et des réseaux est en partie fondé sur cette image. Le Web favoriserait-il la démocratie ? Ne pourrait-il pas en être tout autrement ? Jérôme Bondu[30] écrit : « [...] *Internet génère une Webocratie plus qu'une démocratie. Si la diffusion de l'imprimerie a permis plus de « liberté », cela a aussi généré de nouvelles formes de censure, comme les autodafés. La question est maintenant de savoir comment s'exercera le contrôle de ce nouvel outil. La diffusion des messages étant moins facile à endiguer, cela passera par l'interprétation des messages. Le contrôle d'Internet sera psy-*

chologique. Le contrôle des esprits, la réécriture de l'histoire, la surinformation et la désinformation seront les nouveaux outils de contrôle du réseau des réseaux. Il ne faudra sans doute pas attendre très longtemps avant qu'un apprenti dictateur, ou un dictateur confirmé, ne fasse une utilisation extensive et « intelligente » des réseaux sociaux pour se propulser au pouvoir ou s'y maintenir. »

Aujourd'hui, la gestion de l'Internet est assurée par l'ICANN[31], dirigé par un Conseil toujours dominé par les États-Unis, mais bien moins qu'il y a quelques années, notamment par l'action de la Commission européenne. Dans la mesure où l'ICANN gère de l'information et où celle-ci est devenue une énergie mondiale, on peut dire que les gestionnaires de l'Internet font partie des « maîtres du monde » dont les médias ne parlent jamais. Et ils sont – pour l'instant – américains ou de cultures assimilées. Cela parce que, rappelons-le, les États-Unis ont su anticiper la nouvelle donne mondiale et que, dès les années 1980, Al Gore poussait au développement des « autoroutes de l'information ». Les pays européens n'ont commencé à s'organiser que plus tard, l'Union européenne encore plus, lorsque le nouveau monde du Web appartenait déjà à Microsoft, Apple, Google, Cisco, Amazon..., puis aujourd'hui pour le Web 2.0, à Facebook, Twitter, Google+, YouTube... Aucune entreprise européenne ne règne sur l'Internet au même niveau que les entreprises américaines. Les Européens ont suivi mais pas initié, alors même qu'ils disposaient à la même époque, en leur sein, de technologies de pointe (le Minitel) dont les créateurs, des Français, n'ont su que faire en termes d'influence, économique, culturelle et politique.

Le Web est utilisé dans beaucoup de pays pour des campagnes politiques numériques. En 2012, les campagnes électorales américaines et françaises témoignent d'un cran supplémentaire dans l'utilisation d'Internet. L'ancien directeur de campagne numérique de Ségolène Royal[32], qui a innové en 2007 en utilisant le Web et les réseaux, nous dit aujourd'hui : « *Internet, c'est l'outil de campagne. En trois clics, vous pouvez mobiliser plusieurs milliers de personnes, adapter votre message selon le profil du public ; [...] D'autant que chaque mode d'expression a son outil Web : long discours sur les blogs, diaporamas sur Flickr, vidéos sur YouTube ou Dailymotion, réactions à chaud sur Twitter. [...] Avec Internet, les candidats n'ont plus droit à l'erreur, ni à l'oubli.* » Si cela se passe ainsi dans les pays démocratiques, que pourrait en faire un dictateur ? !

Il est certain que le Web n'en est qu'au début de ses utilisations comme outil de diplomatie voire de guerre déguisée. Ses impacts géopolitiques peuvent être immenses. Des phénomènes comme Wikileaks ne sont possibles que grâce au Web : il y eut certes dans l'histoire des télégrammes diplomatiques secrets révélés (comme la fameuse dépêche d'Ems envoyée par Bismarck à toutes les ambassades, reprise par un journal allemand, et qui est supposée avoir déclenché la guerre de 1870 entre la France et l'Allemagne), mais jamais au monde entier.

Une question importante est de savoir si réellement une opinion mondiale peut être forgée. Nous pensons qu'elle existe déjà, elle est née à Seattle, comme cela a déjà été dit. Elle est aujourd'hui dominée par les thèmes moraux de la gouvernance libéralo-morale et très « impactée » par ses grandes causes : développement durable, climat, responsabilité sociale et, de plus en plus, anti-corruption, comme en témoignent des mouvements spontanés (?) nés en Inde. Mais tout cela peut changer très vite. L'opinion mondiale virtuelle pourrait peut-être reproduire les phénomènes de foule décrits par Le Bon et Freud. On ne l'a pas vu pour le moment au niveau mondial mais à des niveaux nationaux et régionaux, comme pendant les révolutions arabes ou dans les manifestations des Indignés.

Tout cela dit, il se pourrait bien qu'à côté d'utilisations sporadiques pour des campagnes d'influence, les réseaux sociaux deviennent d'abord des instruments de divertissement et de relations communautaires. Il ne serait pas impossible qu'ils favorisent paradoxalement un retour vers la communauté restreinte, l'identité, l'étroit, donc l'influence communautaire. Au lieu d'ouvrir vers des cultures inconnues, ils seront plutôt un moyen de contact avec ses (vrais) amis et de divertissements toujours nouveaux, produits par des groupes privés spécialisés qui remplissent là le rôle de fournisseur de *panem et circenses*, « du pain et des jeux », aujourd'hui appelés *entertainment* et appliqués à la population mondiale. Ainsi, les réseaux sociaux suivraient la voie de tous les gadgets devenus indispensables pour se divertir et on pourrait leur appliquer la phrase du président Obama : « *Avec les iPod, iPad, les Xbox et PlayStation, l'information est devenue un sujet de divertissement plutôt qu'un outil d'émancipation.* »[33]

CHAPITRE 4

Les États influents... et les autres

Si l'influence est devenue un nouveau pouvoir pour les faibles, elle permet aussi aux puissances installées de maintenir, voire d'accroître, leur domination. Rappelons que certains États ont anticipé à grande échelle l'avènement de l'énergie de l'information pour en faire de l'influence / puissance. Le premier, et de très loin, a été les États-Unis, qui ont ainsi formaté le terrain international depuis les années 1970 et qui, dès longtemps avant, ont mis en pratique un *soft* puis un *smart power* réussis. Depuis l'émergence de la mondialisation visible, d'autres États ont commencé à pratiquer de la même manière, en mettant en œuvre une influence coordonnée.

Comment les États peuvent influencer le monde...

Chez certains, l'influence relève d'une tradition culturelle. C'est le cas du Royaume-Uni, qui est devenu un modèle pour les autres États et qui cependant (et ceci explique cela) cherche sans arrêt à s'adapter aux évolutions mondiales. Le rapport du British Council déjà cité nous explique : « *Influencer les gens relève d'une longue tradition au Royaume-Uni bien que le concept de* public diplomacy *ne soit né que dans les années 1960.* » Ce qui est sûr, c'est que l'influence est à portée de tous les acteurs : « *Il n'est plus besoin d'un État pour changer les vues et les vies de millions de personnes dans d'autres pays. Mais cela est en même temps de plus en plus difficile car les gens peuvent décider d'écouter ou de ne pas écouter, il faut savoir les intéresser.* » Le British Council dit de lui-même qu'il a construit la confiance, l'influence et l'engagement pour le Royaume-Uni à travers des relations mutuellement bénéfiques depuis soixante-dix ans. C'est une *public diplomacy* qui sait à la fois écouter et parler.

Outre le Royaume-Uni, on peut citer l'Allemagne, connue pour ses marques industrielles mais moins pour sa remarquable diplomatie d'influence dans les pays du Nord comme du Sud et au sein des instances multilatérales, le Japon qui a beaucoup orienté ses efforts vers l'influence économique *via* l'aide au développement, et d'autres puissances qui visent une influence régionale, comme l'Indonésie ou l'Afrique du Sud. On signalera le cas particulier de la Russie, qui s'est rendu compte relativement récemment de son déficit d'image et qui a commencé à créer depuis quatre à cinq ans des *think tanks* dans les pays occidentaux. La Russie file avec l'Allemagne une liaison informelle, notamment au sein du Dialogue de Saint-Pétersbourg, qui permet la discussion hors des négociations intergouvernementales et avec des acteurs plus divers. Le Brésil devient un grand de l'influence, notamment avec sa « diplomatie de l'éthanol » et sa posture de modèle vis-à-vis des pays du Sud. La Chine entre dans ce jeu, avec des *think tanks* qui se développent. Citons encore, non exhaustivement, le Qatar. De nombreux observateurs pensent que la Chine pourrait bien dans le futur remplacer les États-Unis comme source mondiale d'influence, comme eux l'ont fait au début du XXe siècle par rapport à la Grande-Bretagne [1]. Rien n'est moins sûr. Les États-Unis « ne jouent pas dans la même catégorie », dominant les autres États en termes de moyens mais aussi d'ingénierie professionnelle d'influence passée, présente et sûrement future. On regrettera que l'Union européenne qui a toutes les ressources pour pratiquer une *public diplomacy*, une vraie influence d'idées soit aussi timide et se satisfasse d'un *soft power* malgré elle. Le même constat vaut pour l'influence française.

Les rôles traditionnels des États sont aujourd'hui mis au défi par l'émergence de nouvelles légitimités extérieures à eux. Ils doivent également affronter les nouveaux enjeux liés à la concurrence entre États, qui devient la même qu'entre acteurs privés, chacun devant montrer et prouver ses qualités, « se vendre ». Cette compétition est arbitrée par les marchés, les organisations internationales, les agences de notation, les ONG (voir *infra*, chapitre 5).

Les États ont toujours pour rôle d'optimiser l'environnement des acteurs économiques, de voir loin et d'assurer la pérennité des éléments clés de leur richesse : avance technologique, éducation, sécurité, influence. Mais dans tous ces rôles, l'État doit aujourd'hui se préoccuper de sa « marque » et la faire rayonner. Un autre défi est d'exister dans la gouvernance mondiale qui se met en place, au sein des institutions internationales ou en coopération avec d'autres États et d'autres acteurs.

L'État moderne a vocation à anticiper, coordonner, synthétiser et porter des messages qui le serviront. Mais comme il n'est plus protégé par son statut, pour que ses messages soient crédibles, il doit savoir montrer son appartenance à la « communauté mondiale » et son apport aux questions d'intérêt commun mondial, climatiques, environnementales, éthiques et anti-corruption, sanitaires... Du coup, les problématiques d'influence des États sont très nombreuses : maîtrise des normes et règles de gouvernance en gestation dans le monde, notamment au sein des organisations internationales publiques et privées, harmonisation des régimes fiscaux et sociaux avec l'arrière-plan de la concurrence internationale, modes de croissance, compétition des systèmes juridiques, des modèles et des valeurs, traitement des ressources rares ou sensibles (par exemple, les matières premières agricoles), poids des États par rapport aux marchés...

Pour exercer une influence, les États ont à leur disposition une palette d'instruments, traditionnels et nouveaux. Ils disposent de nombreux lieux et moyens pour les mettre en œuvre, pour délivrer des messages convaincants sur eux-mêmes et structurants sur l'environnement extérieur. L'influence est une question globale : on ne peut traiter séparément la présence dans les organismes internationaux, la promotion du commerce extérieur, l'expertise internationale, le rayonnement culturel. Ces champs s'appuient les uns sur les autres et doivent être conçus ensemble. Tous les États modernes se sont dotés de structures qui gèrent professionnellement ces concepts et leurs applications, avec leurs acteurs privés.

Ces démarches supposent la maîtrise du Web, qui doit être considéré comme un instrument de dissémination mais aussi de recueil d'idées. Car la *public diplomacy* ne demande pas seulement de « répandre la bonne parole », mais aussi d'écouter l'autre.

Négociations internationales, aide au développement, présence multilatérale : des rôles traditionnels en évolution

Les négociations internationales permettent à un État de peser sur l'élaboration des décisions qui l'affecteront. Ce moyen historique est toujours d'actualité, à ces nuances près qu'aujourd'hui l'information circule partout, souvent avant les discussions des diplomates, que les forces privées (marchés, entreprises) participent à la décision publique par le biais du *lobbying* ou la font eux-mêmes (les autoréglementations) et que les négociations sont soumises aux lois de l'influence professionnelle en amont, détaillées plus haut.

Dans ce cadre, la valeur ajoutée de l'État réside dans sa capacité de mise en place d'une position commune entre ses acteurs, message mutualisé qui rassemble et serve au mieux l'intérêt général du pays, ce qu'aucune entreprise ne peut prétendre représenter. Par exemple, dans les négociations sur la mesure de l'impact environnemental des activités industrielles, l'État doit pouvoir faire la synthèse entre les positions des entreprises, celles des ONG, des syndicats..., cela apparaît comme évident mais ne l'est pas, nous avons souvent constaté l'absence d'une position française claire sur des sujets en cours au sein des représentations permanentes auprès des organisations multilatérales, ou plus exactement, pléthore de positions, chaque ministère concerné ayant la sienne et le « centre » n'ayant pu établir une position commune de la France.

Il est aussi du rôle de diplomates professionnels de l'influence de savoir rédiger et présenter ces messages selon les codes culturels des publics concernés. On ne convainc pas de la même manière au BIT (Bureau international du travail) et à la Banque mondiale. De même, la réussite de l'influence passe par la capacité à savoir séduire les parties prenantes, s'entourer d'expertise le cas échéant non institutionnelle, créer des alliances. Par exemple, lors des négociations de la convention anti-corruption d'agents publics étrangers à l'OCDE en 1996, la délégation américaine comprenait des industriels à l'expérience européenne et japonaise, qui conseillaient les autorités négociatrices. Par une pudeur incompréhensible, le ministère des Finances français, en charge, a toujours refusé aux représentants des entreprises de participer aux négociations, même s'il les consultait discrètement par-derrière. On peut penser aussi qu'il y avait des relations étroites entre les négociateurs américains et l'ONG Transparency International, celle-ci alors toute nouvelle défendant quasiment en tout point la position américaine. Les négociations intergouvernementales restent un des rares apanages des États, où ils peuvent démontrer leur valeur ajoutée, nul ne peut les y remplacer – pour l'instant. Précisément pour cela, ils doivent y agir en chefs d'orchestre plutôt qu'en solistes.

Un deuxième instrument d'influence des États réside dans l'aide au développement, en particulier dans ses volets assistance technique et aide à la reconstruction après crise. On parle de reconstruction matérielle, comme les infrastructures, mais aussi immatérielle, comme le droit, notamment économique, les programmes des écoles, l'organisation du système judiciaire...

L'aide au développement a été créée, formalisée, officialisée après la Deuxième Guerre mondiale pour faire contribuer les États riches à la construction et à la prospérité économiques des États pauvres, dits « sous-développés » puis « en développement », certains devenant peu à peu « émergents » puis « émergés » et d'autres prenant le nom (actuel) de « pays les moins avancés » (PMA). En même temps, il ne faut pas se cacher le fait que cette aide a été conçue par tous ses auteurs, depuis le plan Marshall lui-même, comme une source de revenus pour les entreprises des États donateurs et un outil de présence et d'influence pour ces derniers. L'affectation des marchés de l'aide au développement à des entreprises des pays donateurs, dites « aide liée », a été abondamment critiquée par les ONG et par certains États, qui y ont vu des subventions déguisées auxdites entreprises et donc une concurrence déloyale. Cette mécanique leur déplaisait aussi politiquement, parce qu'elle permettait aux États ex-coloniaux de garder leur pré carré et qu'elle défavorisait les entreprises des petits États moins donateurs.

Toujours est-il que, par exemple, les États nordiques et les États-Unis menèrent un long et rude combat contre cette « aide liée ». Ce fut un sujet multilatéral récurrent des années 1980 aux années 2000 et encore après. Les partisans du déliement de l'aide gagnèrent sans problème au nom du principe du *fair level playing field* mélangé à une culpabilisation des méthodes coloniales de la France, principal pays visé. La France perdit beaucoup d'image dans cette affaire car elle se battit frontalement, longuement, tout en étant de plus en plus isolée. Elle fut un temps une alliée du Japon, qui avait aussi beaucoup à perdre compte tenu du montant élevé de son aide. Aujourd'hui, presque toute l'aide au développement est « déliée », c'est-à-dire que les crédits accordés par un État peuvent bénéficier à des entreprises d'autres États, par le biais d'appels d'offres ouverts.

L'assistance technique finance des mises à disposition d'experts, des coopérations, des formations. Les experts sont des prescripteurs, qui recommandent tel ou tel type de droit, de techniques, de montages, voire rédigent des appels d'offres. Leur influence est réelle. Ils peuvent être mis à disposition *via* l'aide bilatérale ou multilatérale. Le choix des experts *via* l'aide multilatérale donne lieu à déploiements de techniques d'influence car nombreux sont les donateurs et encore plus nombreux leurs nationaux souhaitant profiter de ces mannes. Il en va de même dans le cas des pays en sortie de crise, où le rôle de l'assistance technique est encore plus fondamental, puisque par définition il n'y a plus d'État et que ce sont les experts des États donateurs et des ONG (financées par les premiers) qui en tiennent lieu, le temps qu'il se reconstitue. Le gouvernement provisoire du Kosovo par l'administration internationale (sous l'autorité de Bernard Kouchner) avait tout de même duré quelques années pendant lesquelles il avait remis en fonction non seulement les routes et les ponts, objets de profitables marchés, mais aussi la police, la justice, la santé, les écoles, tous domaines où les jeux d'influence s'en sont donné à cœur joie dans des stratégies à long terme.

L'aide bilatérale apparaît à première vue plus efficace en termes d'influence, mais la participation à des projets multilatéraux peut aussi être utile si l'on sait les traiter correctement en termes de communication : par exemple, les États-Unis et la Chine ont tous deux versé une contribution (respectivement 1,1 M$ et 0,4 M$) au fonds de l'OMC pour l'assistance technique aux petits États démunis d'expertise, sur les questions relatives au commerce. En somme, une aide fraternelle face aux experts aiguisés et prédateurs des autres États... et une manière de forger de bons contacts avec les administrations de ces pays souvent riches de ressources naturelles ou géographiquement intéressants, et de les former « dans le bon sens ».

En dehors du cadre classique de l'aide au développement comptabilisée par l'OCDE, certains pays émergents interviennent aujourd'hui de manière similaire, avec des objectifs d'influence identiques, grâce en particulier à leurs fonds souverains. D'une certaine manière, les fonds souverains de certains « nouveaux » États jouent, outre leur rôle économique, un rôle d'influence de même nature que les programmes d'assistance technique des États occidentaux : ils financent une influence culturelle, économique et politique. C'est le cas depuis longtemps de fonds moyen-orientaux comme le fonds koweïtien. Certains, comme le fonds norvégien, veulent exercer une influence éthique en boycottant les producteurs de « mal » (cigarettes, armes...). D'autres entendent exercer une influence à long terme. Cela peut consister en service rendu, quand par exemple le fonds CIC (China Investment Corporation) chinois en investissant dans Morgan Stanley permit de redonner quelque stabilité au marché bancaire.

Cependant, pour un État, une voie incontournable aujourd'hui pour cultiver son influence globale est de participer activement, en apportant des idées, à la réflexion des organisations internationales et plus largement des cercles internationaux influents. Il est bon de savoir prendre l'initiative, de lancer un thème collectif. Il s'agit bien sûr d'assurer une présence constructive et non une simple assistance passive. Après la définition des sujets prioritaires, il convient d'identifier les lieux utiles où l'État doit mener ou piloter des actions de conviction. Il convient aussi de bien connaître et gérer ses représentants et experts détachés, de leur donner des objectifs, ainsi que ses relais potentiels, fonctionnaires en poste dans l'institution. Il faut ensuite organiser leur expertise dans le cadre des stratégies, exploiter leurs compétences, suivre leur carrière. Cela est pratiqué à la quasi-perfection par nos amis britanniques et américains du Nord, parmi lesquels les Canadiens, particulièrement bons à ces jeux. Sans surprise, les nations aux langages et cultures mixtes réussissent bien de manière générale en multilatéral, c'est aussi le cas des Belges et des Luxembourgeois, très actifs dans l'Union européenne et au-delà.

Les lieux à surveiller ou investir peuvent être des départements ou cellules internes à des organisations internationales, comme celle qui créa et dirige l'élaboration annuelle du rapport *Doing Business* à la Banque mondiale. Ou encore les multiplicités d'agences, de plates-formes, d'instituts... qui en dépendent. Encore faut-il que leur existence soit connue des représentants des États, ce qui s'atteint par une action de veille systématique et/ou par des échanges réguliers d'informations avec des acteurs diversifiés. En somme, par une intelligence économique étatique...

Quand on est bien informé, on peut prendre l'initiative et lancer des actions d'influence. Les outils en sont des colloques, groupes de travail, rapports élaborés par l'État ou entre États et autres acteurs. Le système du rapport en coopération avec des ONG est de plus en plus utilisé, par exemple par l'Allemagne (souvent *via* la KfW, son agence d'aide au développement) ou le Royaume-Uni (*via* le DFID, Department For International Development). On peut mentionner, sur le plan plus politique de la gouvernance mondiale mais tout aussi utile à terme, l'action de l'Allemagne lors du G8 de Heiligendamm en 2007, qui créa un groupe de travail sur la *Rule of Law* – lequel groupe, par parenthèse, se réunit pour la première fois sans expert français dédié mais avec seulement un membre de l'ambassade. Les dirigeants allemands avaient bien compris que ce thème est majeur pour l'avenir de la planète, que le diriger permet d'asseoir une crédibilité et un pouvoir pour l'avenir. Ce « bavardage » d'aujourd'hui constituera en effet le jour venu des bases solides pour défendre et établir des projets de gouvernance.

En 2011, un rapport de l'ONU est publié sous le nom « *UN Rule of Law Indicators – Implementation Guide and Project Tools* ». On est toujours devant la même méthode : établir des indicateurs pour influencer ensuite le choix des politiques à mener en leur suggérant des pistes balisées et crédibles. Il est intéressant d'en regarder les artisans. La publication a été financée par des apports des gouvernements d'Australie, du Canada, de Finlande, d'Haïti, du Liberia, du Luxembourg, de Norvège, de Suède et du Royaume-Uni. Et elle a été écrite avec l'assistance du Vera Institute of Justice qui fait lui-même partie de l'Altus Global Alliance, une alliance internationale de centres universitaires, d'ONG et de consultants de l'université de la Fraser Valley et de Harvard.

Pour un État comme pour une entreprise, être à l'origine de l'élaboration de normes demande quelques moyens mais est très fructueux sur le long terme car ces textes seront soit utilisés par les États en recherche d'idées, soit conseillés par les organisations internationales.

Image, branding, intelligence et culture : l'immatériel au pouvoir

Pour exercer une influence il est nécessaire de disposer d'une image crédible. Cela paraît une lapalissade mais il ne semble pas inutile de le rappeler. L'État est entré dans la logique de marque. C'est dans ce contexte que les États ont recours à des agences de *branding* ou tout simplement mettent en œuvre les leçons de *branding* de quelques experts mondiaux, comme Simon Anholt[2]. Le Anholt-GfK Roper Nation Brands Index mesure les États selon six critères : niveau des exportations, perception de la gouvernance, de la culture et du patrimoine, compétence des hommes, niveau des investissements et du tourisme. Il existe d'autres index comme le Country Brand Index. Selon le premier, le plus ancien, les États-Unis sont éternels premiers et l'Allemagne deuxième, tandis que la France oscille entre 2e et 4e (7e en 2010 dans l'autre indice).

De nombreux États se sont livrés à des exercices de *rebranding* depuis quelques années, comme le Royaume-Uni, l'Australie, le Danemark et, semble-t-il, la Chine. L'Espagne l'a brillamment fait il y a une quinzaine d'années, changeant du tout au tout son image vieillotte et conservatrice en celle d'un pays jeune et moderne. La France a tenté de le faire avec quelques rapports sur l'image et sur la marque *made in France*, mais il n'apparaît pas que cela ait donné lieu à des mesures et, surtout, que l'organisation nécessaire pour traiter globalement ce sujet existe dans notre pays.

Il peut y avoir des décalages entre les diverses images d'un État. Ainsi ceux où on fait le mieux des affaires ne sont pas nécessairement les mieux classés en termes de développement durable et d'éthique. Il est intéressant de regarder l'enquête réalisée par le magazine *Terra Eco* en janvier 2011 : « *Les pays les plus attractifs ne sont pas forcément les plus vertueux.*[3] » Les analystes ont pris respectivement le classement de compétitivité du *World Competitiveness Yearbook* réalisé par l'International Institute for Management Development de Lausanne et l'ESI (Environmental Sustainability Index), classement de soutenabilité mis en place par des chercheurs des universités Yale et Columbia, avec le Forum économique mondial et le Centre commun de recherche de la Commission européenne. L'on y voit par exemple une cohérence parfaite (12e dans les deux classements) pour l'Allemagne, presque parfaite pour la France (14e en compétitivité et 13e en développement durable), l'Australie et les Pays-Bas, mais des écarts importants pour les États-Unis (4e et 19e), le Danemark (5e et 17e) et le Royaume-Uni (10e et 16e).

Ces techniques ne sont pas des recettes. Chaque cas est particulier et Simon Anholt, précité, note bien que le « *brandconsulting* » (conseil en *branding*, en politique de marque) est « potentiellement une chose très dangereuse » : en effet, les États peuvent penser que leurs mauvaises politiques peuvent être blanchies par de bonnes relations publiques, ce que les experts honnêtes comme lui réfutent. De même, les propositions de consultance sophistiquées trouvent dans certains pays et chefs d'État des « victimes faciles » en leur faisant miroiter l'espoir d'une amélioration rapide. Or si la politique menée n'est pas en cohérence avec la marque revendiquée, elle empirera au contraire l'image.

L'image « durable » est de plus en plus importante pour la crédibilité et donc pour l'influence de long terme. Aujourd'hui les États ont au moins deux types d'image, pas nécessairement identiques : l'image qui est présentée aux investisseurs et aux touristes et celle perçue par les organisations et cercles multilatéraux, qui conditionne leur influence internationale. Cette image est personnifiée dans et par un être humain, le chef de l'État ou le Premier ministre, et celui-ci doit s'inscrire dans la « communauté mondiale » des décideurs qui comptent.

Enfin, l'image n'est plus seulement fondée sur des critères économiques mais aussi sur des postures constructives et innovantes, qui créent ce que l'on pourrait appeler un indice de perception par les organisations internationales et les « *stakeholders* ». Le diplomate Michel Foucher appelle cela la mondialisation des « signes », quand la France aurait tendance à ne voir que la mondialisation commerciale[4]. Il est clair par exemple qu'autant la France possède encore une image attractive pour les investissements étrangers (3e rang mondial en 2010) et pour les touristes (1er rang mondial en entrées et 3e en recettes, après les États-Unis et l'Espagne), autant dans les *think tanks* internationaux, la presse internationale, les groupes de travail européens et multilatéraux, en bref les *stakeholders* qui gèrent l'opinion des décideurs internationaux publics et privés, elle et ses dirigeants sont assez souvent moqués. Sont en cause au choix : l'arrogance des élites, leur incompétence, la rigidité de notre système, notre incapacité à agir en groupe... En réalité cette déficience d'image de la France provient d'une absence de gestion professionnelle de notre influence globale. Cette capacité d'influence se travaille, elle implique d'avoir des priorités pour le futur et une cohérence par rapport à son histoire. Elle demande un traitement professionnel de l'information.

Il est des *think tanks* qui, tout en étant indépendants, travaillent en partie (et ouvertement) pour des États. Certains de ces *think tanks* d'État ont acquis une reconnaissance internationale pour la qualité de leur expertise. Ils sont en partie ou totalement financés par des commandes publiques. On peut citer aux États-Unis la Rand Corporation, au Royaume-Uni Wilton Park, qui réunit régulièrement des experts mondiaux reconnus sur des sujets stratégiques de la mondialisation, par exemple sur le *soft power*[5], en Espagne le *Real Instituto Elcano* (qui travailla par exemple en 2010 avec des experts étrangers sur la stratégie espagnole de sécurité économique sous la direction de Javier Solana). Les pensées ainsi réunies viennent contribuer aux stratégies de ces gouvernements et en même temps, ces rencontres font évoluer la pensée internationale sur les différents sujets. Enfin, ils participent à la constitution d'une bonne image du pays concerné et à son influence globale, car les divers experts relaieront son implication et son apport à la réflexion internationale. La Chine, elle, dispose de *think tanks* dédiés au gouvernement et à lui seul. Ils sont de premier ordre mais encore peu connus en France (voir *infra*).

En sens inverse, il s'agit aussi d'attirer l'intelligence chez soi, soit pour la garder quand elle est rare, sur certains sujets, soit pour la modeler avant de la renvoyer dans son pays. Un outil bien connu d'influence des États est l'attraction des élites étrangères. Les modalités en sont diverses, des bourses pour les étudiants aux invitations de candidats identifiés comme futurs responsables, ou tout simplement la mise à disposition d'étudiants étrangers d'établissements attirants et bien classés. Il peut sembler incongru de dépenser de l'argent pour fournir un savoir national à des étrangers, mais c'est là que repose précisément la vision à long terme et le professionnalisme de l'influence : il faut savoir arbitrer et combiner l'intérêt de disposer à terme de cerveaux similaires aux nôtres et qui nous sont favorables et celui de fournir à ces derniers les moyens de donner à leur pays une compétence qui peut-être nous sera un jour concurrente. Nous sommes en pleine coopétition, mais ces actions « intelligentes » sont aujourd'hui obligatoires : comme elles sont ambiguës, bénéficiant à la fois à leur auteur et à ses concurrents, elles doivent être gérées sur la base d'une intelligence économique rigoureuse. Cela est possible. Les États-Unis sont passés maîtres dans ces techniques qu'ils pratiquent à grande échelle depuis la Deuxième Guerre mondiale (voir *infra*).

La culture est un fondement de la puissance des États. Comme on l'a vu précédemment, le *soft power* des États n'est pas exclusivement fondé sur la culture. Néanmoins, celle-ci en est un facteur important, surtout quand elle s'industrialise et devient ainsi un rouleau compresseur. Selon le chercheur Frédéric Martel[6], à eux seuls les États-Unis produisent 50 % des exportations mondiales de biens et services culturels. Vient ensuite l'Union européenne avec environ 30 % mais l'UE est simultanément le premier importateur alors que les États-Unis ne sont que le cinquième importateur mondial de contenus culturels : « *Chaque année, les États-Unis accroissent leur influence à travers leur culture, leur information et leurs contenus. Leurs exportations augmentent d'environ 10 % par an compte tenu de la diffusion des blockbusters, des programmes télévisés, de l'Entertainment et de la culture « mainstream ».* » Ils savent produire une culture pour tous, pour le grand public, c'est la culture dite de masse (Michael Jackson, Sex in the City, CNN, Nike, Google...) comme pour ceux qui la critiquent, tels que les adeptes de la contre-culture (Noam Chomsky, Michael Moore...).

La coopération culturelle est un pilier de l'influence d'un État dans un autre. Elle permet une présence permanente et acceptée, voire appréciée. Fondamentale en elle-même comme lien entre les populations, elle est aussi un puissant adjuvant à la coopération économique, voire à la compétition commerciale.

Les États-Unis, maîtres en influence

Nous écrivions en 1998[7] : « *Les États-Unis sont aujourd'hui en position de domination mondiale, politique, économique et culturelle. Une raison essentielle de cette suprématie réside selon nous dans la capacité des décideurs américains à traiter l'information. [...] Les États-Unis ont acquis la capacité de générer puis véhiculer des idées, des messages, des modèles de pensée et de comportement que le monde, convaincu, intègre. Le transport de ces messages s'appuie sur la maîtrise des canaux de diffusion, [...] maîtrise conjointe du contenant et du contenu [...]* » Cette maîtrise est transférée « *au service de la compétition économique et commerciale internationale : les grands thèmes économiques en discussion dans les enceintes internationales sont presque toujours d'origine américaine (la transparence, la libéralisation mondiale des marchés, la déréglementation, le partenariat public-privé, etc.) ou présentés comme tels. Cette capacité américaine n'est pas le fruit du hasard. Elle est d'une part le résultat d'une volonté consciente des élites de cette nation depuis le début du* XX*e siècle, elle découle d'autre part de l'aptitude de ces mêmes élites à s'adapter à l'évolution des sociétés postindustrielles vers une société mondiale de l'information [...]. Au traitement de l'information (renseignement, anticipation, influence, image...) s'ajoute une alliance bien particulière de stratégie et de pragmatisme [...] dans un partage des tâches entre État et entreprises, celles-ci étant dès le début associées voire déclenchant le processus [...].* »

En 2012, nous n'avons rien à ajouter, sauf que la capacité américaine de convaincre est aujourd'hui défiée et imitée par d'autres puissances. Il ne faut pas non plus tomber dans l'excès qui consisterait à imaginer une magnifique mécanique à l'organisation parfaite. Les grains de sable, notamment des ambitions personnelles et des idéologies, existent aux États-Unis comme ailleurs. D'autant que leur puissant Congrès pousse parfois l'administration à prendre des mesures peu compréhensibles. Néanmoins, on ne peut qu'admirer l'influence des thèses américaines dans les lieux de décisions multilatéraux, formels et informels, ainsi que la résistance d'une économie que tous les experts voient s'effondrer « dans un an »... depuis plusieurs années. Gageons que si elle s'effondre un jour, un plan de remplacement aura été préparé. C'est la faculté d'anticipation active qui est à la base de la puissance américaine, même si nous avons du mal à le croire parce que souvent, ensuite, les modalités de leur action sont discutables.

Tout cela n'est pas nouveau. Selon un rapport récent du Congrès américain sur la question [8], le gouvernement américain a mis en place des activités de *public diplomacy* au début du XXe siècle, quand le président Woodrow Wilson créa le *Committee on Public Information* pendant la Première Guerre mondiale, pour « *diffuser à l'étranger des informations favorables aux intérêts, à la culture et aux politiques américains en informant et influençant les populations étrangères* ». Cette *public diplomacy* a aujourd'hui un objectif politique : la promotion de la démocratie et de la bonne gouvernance ainsi que la marginalisation des leaders extrémistes.

Une culture interne de l'influence

Les États-Unis disposent d'une culture politique et économique interne de l'information et de l'influence, qu'ils ont en partie diffusée au monde tout en en restant les grands maîtres. Les raisons de cette culture sont largement expliquées dans le livre précité, *L'autre guerre des États-Unis.* Comme on l'a dit, les Américains ont de la considération pour l'information, ils lui reconnaissent une vraie valeur, ils sont prêts à payer pour la produire. Quant à l'influence, ils y sont formés dès l'enfance, puisqu'elle est inhérente à leur système politique. Rappelons que contrairement aux conceptions et pratiques françaises traditionnelles, la décision publique aux États-Unis se fait par l'arbitrage entre les expressions des intérêts privés, autrement dit les *lobbies.* Les Américains se méfient de l'État et ne veulent surtout pas qu'il devienne trop fort. Même s'il est contesté, y compris aux États-Unis, le *lobbying* reste un outil de la démocratie américaine, de plus en plus rigoureusement réglementé.

« *Le système politique américain est une merveille pour les lobbyistes, puisque, en plus de la Maison-Blanche, les 535 représentants du Congrès (y compris les sénateurs) jouent aussi un rôle décisionnel important. Ce sont eux, par exemple, qui ont la mainmise sur le commerce international. Près de 14 000 marchands d'influence sont à pied d'œuvre dans la capitale américaine, sans compter ceux qui travaillent directement dans les comtés où sont élus les sénateurs et représentants. En tout, ils sont près de 25 000 dans tout le pays à solliciter l'attention des membres du Congrès et à tenter d'influencer les décisions de la Maison-Blanche, et ce, jusqu'à la dernière minute.* »[9] Toujours selon cette source, plus de 1,5 milliard $ par an était consacré par les entreprises à ces activités d'influence en 2005. Un chiffre qui progresserait en moyenne de 10 % à 12 % par an. Selon l'économiste et essayiste américain Robert Reich[10], le monde de la finance à lui seul a consacré 300 millions de dollars au *lobbying* envers les membres du Congrès en 2009. Robert Reich va plus loin : selon lui, les firmes de Wall Street ont donné plus de 88 millions de dollars aux candidats démocrates et plus de 67 millions aux républicains pour les élections de 2008. Est-on encore là dans le domaine du *lobbying* ?

Cette culture de l'information n'a pas qu'un volet politique. Elle a aussi des conséquences économiques : la reconnaissance de la valeur de l'information a permis l'essor des technologies et services qui lui sont liés, de concepts et de pratiques telles que la *Business* puis *Competitive Intelligence*, d'une activité de consultance nulle part plus développée dans le monde, entraînant elle-même – à moins que ce ne soit l'inverse – des théories de management et un enseignement mondialement reconnus en ces domaines. Cette reconnaissance pousse aussi les entreprises américaines à verser beaucoup d'argent à des *think tanks* qui « ne font que » réfléchir, à financer des laboratoires de recherche, y compris en sciences humaines, en bref à investir sur l'immatériel et à anticiper l'avenir.

Il y a un paradoxe à voir des acteurs économiques privés, réputés pour agir et rechercher le profit à court terme, financer la connaissance, à des niveaux très élevés – notamment par le biais des fondations –, et ce sans souci de rentabilité immédiate. Le paradoxe n'est probablement qu'apparent, les décideurs ayant compris que le profit à court terme est rendu possible dans un environnement perpétuellement à la pointe de la nouveauté et en avance sur ses concurrents. Donc une certaine conscience collective – ou intelligence collective – se met en place pour procurer cet environnement. C'est le même « paradoxe » qui existe dans les relations internationales entre la posture et l'image unilatéralistes des États-Unis et la réalité de leur action, voire leur activisme, au sein des institutions internationales.

Une ingénierie de l'influence internationale hors pair

Les États-Unis ont intégré leur culture interne de l'information et de l'influence dans leurs doctrines des relations internationales et dans leur stratégie de puissance politique et économique. Rappelons que c'est dans ce pays qu'a été conceptualisé le *soft power*, pratique américaine (et universelle) de très longue date. Plus récemment est arrivé le *smart power*, expression revendiquée par l'auteur du *soft power*, Joseph Nye, et pourtant attribuée à Suzanne Nossel, qui l'a en tout cas popularisée dans un article de *Foreign Affairs* en 2004.

Le personnage même de Suzanne Nossel est un condensé des voies et moyens de l'influence américaine : travaillant auprès de l'ambassadeur américain Holbrooke auprès de l'ONU de 1999 à 2001, elle rejoint le groupe de communication Bertelsmann aux États-Unis comme responsable du développement, puis le *Wall Street Journal* comme vice-présidente pour la stratégie, puis devient CEO (*Chief Operating Officer*, l'équivalent de notre PDG) de l'ONG Human Rights Watch (période où elle écrit son fameux article auquel Hillary Clinton donne en 2009 un retentissement mondial lors de son audition au Sénat), est nommée en août 2009 adjointe au Secrétaire d'État aux Institutions internationales et Affaires humanitaires, puis depuis novembre 2011 directrice exécutive d'Amnesty International aux États-Unis. Ce parcours résume mieux que n'importe quel discours les liens forts qui sous-tendent l'influence américaine internationale, liens tissés par des allers-retours des acteurs les plus brillants entre l'État, les entreprises, les ONG, la presse internationale, les cercles universitaires et les *think tanks*.

Joseph Nye a eu une trajectoire du même ordre : il a été assistant au secrétaire d'État à la Défense et représentant au National Intelligence Council sous le président Carter, puis professeur à Harvard, et est aujourd'hui également président de la branche américaine de la commission Trilatérale. Dans un article refondateur de la revue *Foreign Affairs* du Council on Foreign relations [11], l'un des plus prestigieux *think tanks* américains, après avoir repris le concept de *smart power*, Joseph Nye a lancé celui de « *contextual intelligence* », une approche qui doit « *non seulement chercher à identifier les forces mais aussi les limites du pouvoir américain* » *[...] Les États-Unis sont la seule superpuissance mais la prépondérance ne constitue pas un empire ou une hégémonie. Les États-Unis peuvent influencer mais pas contrôler les autres parties du monde* ».

Aujourd'hui, explique-t-il, il y a dans le monde trois étages de pouvoir : au sommet un pouvoir unipolaire, le pouvoir militaire des États-Unis, dont les dépenses d'armement représentent plus de la moitié des dépenses d'armement mondiales ; à l'étage inférieur, celui des relations interétatiques, le monde est multipolaire depuis déjà plus de dix ans, et au dernier niveau, celui des relations multilatérales et transnationales, sur des sujets comme le changement climatique, le terrorisme, les pandémies... Ce pouvoir est distribué de manière chaotique, entre des acteurs étatiques et non étatiques. Donc le pouvoir militaire n'est qu'une réponse limitée à ces menaces. Il faut produire une stratégie intégrée qui combine le *soft* et le *hard power*.

C'était d'ailleurs, selon Nye, déjà le cas de la stratégie américaine de la guerre froide. Aujourd'hui, à l'âge de l'information, le problème principal étant celui du terrorisme islamiste, le *soft power* est requis pour gagner les cœurs et les esprits des musulmans modérés. Nye termine sa démonstration par le fait que les États-Unis doivent maintenant investir dans les « *global public goods* », en contribuant à donner aux gouvernements de la planète ce dont ils ont besoin mais qu'ils ne peuvent se procurer par eux-mêmes. Le but de tout cela est au final de permettre aux États-Unis de reconstruire le cadre global dont ils ont besoin. Cette théorie est, semble-t-il, plus que jamais celle de la diplomatie américaine, de son chef Hillary Clinton en tout cas, qui entre autres initiatives lançait en septembre 2011 un nouveau Global Counterterrorism Forum, qui, dit-elle, utilisera des instruments de *smart power* comme la diplomatie et la démocratie, pour combattre le terrorisme. Cette orientation a été consacrée et vulgarisée par le magazine *Time* dans un article du 7 novembre 2011, « *Hillary Clinton and the Rise of Smart Power* » [12].

Les États-Unis ont utilisé et théorisé d'autres techniques d'influence que le *soft* ou le *smart power*, par exemple le *social learning* et l'utilisation à grande échelle des *opérations psychologiques*. On a pu parler de propagande inverse pendant les années du communisme en URSS et dans les pays du Pacte de Varsovie. À la chute du rideau de fer, la stratégie appliquée aux pays européens libérés du communisme en fut une application. Elle utilisa une palette d'instruments, dont le droit. Rappelons entre autres l'exemple du Central and Eastern European Law Institute (CEELI), aujourd'hui devenu American Bar Association Rule of Law Initiative (ABA ROLI), un programme de l'USAID, l'agence américaine d'aide au développement. Il s'agissait de financer des programmes d'assistance technique juridique, tant en conseil qu'en enseignement, l'occasion étant unique, tout le cadre institutionnel et juridique étant à reconstruire. Parmi ces influences, n'oublions pas le « *hard* » : l'anticipation, la maîtrise puis la domination des réseaux physiques comme Internet (voir chapitre précédent).

Ce tropisme américain vers l'influence n'est pas né d'hier et il est lié à la volonté d'expansion d'une nation jeune, fondée sur des principes, qui s'est attribué une sorte de mission. Nous ne dirons jamais assez que l'influence a d'abord besoin d'une volonté, d'une mission et d'un contenu conceptuel pour être efficace. Depuis le sénateur Albert J. Beveridge, républicain éclairé, qui dans les années 1900 parlait d'empire américain, de loi américaine, d'ordre américain, le *leadership* des États-Unis dans le monde demeure pour la plupart des dirigeants de ce pays une condition de la stabilité mondiale. Les élites américaines travaillent dans le cadre d'une vision totalement intégrée, qui pour elles va de soi. Qu'il s'agisse de politique ou d'économie, elles sont persuadées que la pratique américaine est recommandable à tous. La majorité des citoyens américains partage cette approche. C'est d'abord cette vision commune, alliée à la culture de l'information développée plus haut et à une bonne organisation, qui permet des réussites spectaculaires en matière d'influence. « *Les élites américaines ont compris plus vite que les autres les enjeux d'une maîtrise de l'information au niveau mondial, à la fois par ses canaux et son contenu, ainsi que la nécessité d'actions coordonnées entre l'administration et les divers acteurs économiques.* » [13]

Les États-Unis ont acquis une capacité à créer des modèles de pensée et de comportement et à les exporter, qu'il s'agisse du terrain culturel ou économique. Dans la compétition commerciale internationale, ils ont su s'approprier puis lancer des *thèmes porteurs* comme la transparence ou la libre concurrence et utiliser les *relais adéquats*, organisations internationales publiques comme la Banque mondiale ou l'OCDE, privées comme la Chambre de commerce internationale, ONG, instituts, forums en tous genres... Les messages lancés sont toujours choisis sur des thèmes où les entreprises américaines ont déjà une longueur d'avance et/ou les États concurrents sont mal défendus. Continuons sur l'exemple de la convention anti-corruption d'agents publics étrangers de l'OCDE en 1996, dont la négociation est devenue un cas d'école [14]. D'abord sa mise en œuvre a été anticipée et, dès un an avant le début des négociations, la presse internationale lue par les décideurs mentionne régulièrement des cibles négatives (les entreprises et les services secrets français, les corrupteurs japonais...) en face desquelles le chevalier blanc américain va donc devoir défendre ses entreprises ainsi déloyalement attaquées. Même les documents officiels y prennent part : par exemple, le *Economic Report* du président annonce en 1995 que le

TPCC (Trade Promotion Coordination Committee *) dit avoir identifié 11 milliards $ de contrats perdus par les exportateurs américains, en deux ans, à cause de la corruption pratiquée par les entreprises étrangères. Le terrain étant ainsi préparé par une action de *naming & shaming* avant l'heure, face à des adversaires dominant beaucoup moins bien ces techniques, les négociateurs américains eurent peu de mal à convaincre et purent imposer facilement leurs propositions de textes.

L'Advocacy Center, centre nerveux interministériel entre dix-neuf agences et les principaux acteurs privés concernés, a été créé pour coordonner les efforts gouvernementaux en matière de soutien à la présence économique internationale. Il fixe des cibles précises concernant l'obtention des grands contrats. Cet effort porte particulièrement sur l'information à recueillir à l'extérieur et à diffuser à l'intérieur du pays, et sur la coordination des actions d'influence vers l'extérieur. Les cibles et lieux de l'influence américaine sont aussi bien les autres États, *via* l'aide ou les accords économiques bilatéraux, que les organisations multilatérales publiques (dont certaines sont notoirement « bien couvertes », comme la Banque mondiale, le FMI et dans une moindre mesure l'OCDE), les organisations professionnelles privées comme la Chambre de commerce internationale (CCI ou ICC, International Chamber of Commerce dans son sigle anglais plus connu) et bien d'autres, généralistes ou spécialisées, les représentations des entreprises auprès des institutions internationales, les forums, comme celui de Davos et bien d'autres.

L'action soft : des concepts à la pratique

Comme on l'a vu, l'influence se construit à l'aide de messages bien « packagés », mais aussi grâce à des outils adaptés : « initiatives » (comme le CEELI et bien d'autres, ce terme désignant une coordination d'acteurs d'origines diverses pour faire évoluer un sujet et promouvoir des positions), plates-formes, coalitions, ONG ou semi-ONG, bien

* Le TPCC qui regroupe des représentants de plusieurs agences et départements américains a été créé en 1992 pour promouvoir une politique globale en matière d'exportations dans le cadre de la National Export Strategy.

entendu colloques... Toutes ces entités souples, non institutionnelles, parfois floues, sont de formidables attracteurs d'audience et formateurs d'opinions. Ce sont aussi des vecteurs de pensée efficaces et relativement simples à gérer dans une époque où les moyens d'information sont aussi ouverts. Ajoutons-y les initiatives individuelles à long terme comme les fondations, très actives aux États-Unis (voir *infra*). Et bien sûr les *think tanks*, qui expriment et portent des courants philosophiques et politiques. Quel que soit leur bord, ces fondations et *think tanks* américains exercent une influence bien au-delà des États-Unis et, en même temps, véhiculent une image de l'Amérique active dans la réflexion, vecteur de valeurs d'intérêt mondial (quoi que l'on puisse penser sur le fond de ces valeurs). Du reste l'influence est bien réelle : c'est de cette effervescence que sortit la théorie libérale dite néoconservatrice du Grand Moyen-Orient, zone à apaiser et pour cela à remodeler, qui fut la doctrine du président Bush Jr. et que, malgré les apparences et sûrement sa volonté de départ, le président Obama n'a pas totalement abandonnée. Autrement dit, la pensée qui naît à Washington influence le monde [15]. Ajoutons que ce sont les « *neocons* » (Richard Perle, Paul Wolfowitz, Robert Kagan...) qui lancèrent le terme de « vieille Europe », futur parc d'attractions du monde.

Aujourd'hui, une importante littérature existe sur l'utilisation du Web par le Département d'État pour contribuer à ses stratégies géopolitiques mondiales, ainsi que sur son partenariat en ce domaine avec l'oligarchie des groupes de l'Internet, tout particulièrement Google et Facebook. Il semble que le déclenchement des révolutions arabes doive beaucoup aux réseaux sociaux et que les dirigeants de ces derniers aient des liens non cachés avec le gouvernement américain. Des doutes peuvent pour le moins surgir. Nous exposons quelques détails de ces problématiques dans la dernière partie de cet ouvrage, car elles apparaissent comme fondamentales pour l'avenir de la planète. Par ailleurs, le gouvernement américain semble continuer avec les nouveaux moyens d'information l'action d'influence qu'il menait en URSS du temps de la guerre froide. Prenons simplement l'exemple de l'Iran : a été adopté en juillet 2009 le VOICE (*Victims of Iranian Censorship Act*), qui attribue 30 millions de dollars au Broadcasting Board of Governors en 2009 pour aider à la diffusion d'émissions en persan vers l'Iran par Radio Free Europe, Radio Liberty's, Radio Farda et the Voice of America's Persian News Network, 20 millions de dollars pour « l'éducation électronique iranienne, l'échange, et des fonds pour les médias », qui aideront les Iraniens à contourner la censure de l'Internet, sans oublier 5 millions de dollars pour le Département d'État pour rédiger des rapports sur les violations des droits depuis les élections de 2009. La date de ces mesures a son importance, juste après les élections et les mouvements iraniens de juin.

Il serait impossible – et très hasardeux – de citer toutes les formes de l'action d'influence américaine. Mentionnons-en encore quelques-unes : « formatage » des esprits sur les marchés émergents déterminés, assistance humanitaire, avec l'aide d'ONG et parfois de missions religieuses ; actions civilo-militaires dans les pays en sortie de crise ; création de réseaux de compétences et d'influence communs avec d'autres pays, tels que les conseils d'hommes d'affaires, notamment avec les États que les États-Unis soutiennent financièrement, nombreux groupes d'amitié, animation de réseaux internationaux d'affaires comme le TABD (*TransAtlantic Business Dialogue*) ; dans le monde entier, pour préparer l'influence future, programmes destinés aux futures élites. Ces programmes seront transformés en réseaux structurés et suivis par une action professionnelle. Les recrutements se font dans les pays mêmes, les pays arabes et nord-africains sont actuellement une cible particulièrement intéressante pour les Américains dans le cadre de la recomposition du monde arabe soutenue par Washington, voir par exemple la *Middle East Partnership Initiative* qui recrute des étudiants maghrébins déjà diplômés. Certaines banlieues françaises font l'objet du même type de recrutements. La presse française a révélé en 2011 l'extraordinaire action de « fourmi » menée par les spécialistes de l'Ambassade américaine à Paris pour identifier les « jeunes issus de l'immigration », puis inviter les « meilleurs » aux États-Unis.

Les États-Unis ont de nombreux programmes de ce type, parmi lesquels l'incroyable International Visitor Leadership Program (IVLP), mis en place depuis 1940, qui a accueilli 5 000 personnes de tous pays ou presque, dont à ce jour des milliers de dirigeants de très haut niveau et parmi eux, 326 actuels ou anciens chefs d'État ou premiers ministres. On y trouve, entre autres, les présidents français Nicolas Sarkozy, géorgien Mikhaïl Saakashvili, turc Abdullah Gül, guinéen Alpha Condé, la Brésilienne Dilma Roussef, les premier ministres français

François Fillon, italien Mario Monti, australienne Julia Eileen Gillard, du Zimbabwe Morgan Tsvangirai, l'ancien Premier ministre britannique Tony Blair, etc.[16] Toutes ces personnes ont séjourné pendant quelques mois aux États-Unis pour mieux les connaître de l'intérieur. Dans le cadre de ce programme géré par le département d'État, ils ont tous été reçus par de hauts personnages mais aussi logés par des citoyens « ordinaires », c'est ce que le Département d'État appelle aujourd'hui la « *citizen diplomacy* ». Il s'agit de citoyens américains volontaires pour participer aux programmes du Département d'État et accueillir chez eux des étrangers sélectionnés. Ces personnes sont en quelque sorte des diplomates délégués, des aides à la *public diplomacy* des États-Unis. Une fois rentrés, les « *visitors* » font partie de clubs d'*Alumni* nationaux, qui sont animés par des événements réguliers, en créent d'autres (comme en France le Club Jefferson) et constituent un réseau à disposition à la fois de ses membres et des autorités qui les ont créés.

L'effort de *public diplomacy* des États-Unis ne va pas diminuer, au contraire, toutes ces questions y font aujourd'hui l'objet de réflexions approfondies.

La Chine, élève très prometteur

Depuis son entrée à l'OMC le 11 décembre 2001, la Chine s'est affirmée jour après jour comme un acteur international, d'abord à part entière, puis majeur. Elle qui recevait encore des financements de la Banque mondiale à la fin du XXe siècle est devenue membre contributeur à l'AID (aide de la Banque mondiale aux pays les plus pauvres). Sur la base de stratégies technologiques, économiques, politiques, elle est un important investisseur dans beaucoup de pays en développement et industrialisés. Elle mène des coopérations industrielles de grande ampleur avec des pays émergents, comme le Brésil, dont elle est à la fois partenaire et concurrente, parfait exemple de coopétition. Il ne faut pas réduire le poids international de la Chine à son couple supposé avec les États-Unis et, corollairement, il ne faut pas non plus réduire l'ordre mondial à un éventuel directoire Chine/États-Unis. Il ne faut enfin pas faire, comme disent certains penseurs, de la « sino-béatitude ». La Chine a de nombreuses et très importantes faiblesses, dont trois principales :

sa pyramide des âges, la « schizophrénie » à gérer entre une population très riche et une beaucoup plus nombreuse très pauvre [17] et, en termes de gouvernance, la différence entre une élite politique (pékinoise, dans le parti) et économique remarquable d'anticipation et d'analyse de la mondialisation et des relais locaux de niveau beaucoup moins élevé et quasi-systématiquement corrompus. Son avenir et son évolution pourraient se révéler plus chaotiques que prévu.

Néanmoins, en matière d'influence, il faut reconnaître qu'en peu de temps la Chine a fait un « bond en avant » étonnant (véritable celui-là !). Sur le fond, elle s'est permis de remettre en cause le célèbre « Consensus de Washington » qui datait de 1989. À partir de 2004, elle propose à ses amis et alliés asiatiques et africains un autre modèle de développement appelé « Consensus de Pékin ». La base de cette approche est que la Chine et d'autres pays asiatiques ont réussi à décoller économiquement sans se plier au Consensus de Washington tandis que ceux qui ont suivi les conseils des Américains, de la Banque mondiale et du FMI n'ont pas réussi à sortir de la pauvreté. Autrement dit, le libre-échange et l'ouverture des marchés, les privatisations, la démocratie, la lutte anti-corruption systématique... et, d'une manière générale, le modèle occidental ne sont pas indispensables pour réussir. Ce discours est tenu aux États pauvres auprès desquels la Chine exerce des stratégies d'influence parfaitement claires et affichées. Elle leur prodigue ses conseils et son aide financière, ils apprécient qu'elle soit plus rapide dans ses décisions et moins regardante en matière d'éthique que la Banque mondiale. Elle remporte dans ces pays des contrats financés en partie par des banques chinoises qui ne sont pas soumises aux mêmes obligations que les occidentales et répondent aux besoins des politiques d'État. Ses entreprises sont réputées pour proposer des prix très bas et ne pas hésiter à des relations moins éthiques que les occidentales. Elle achète des terres agricoles, prend le contrôle de sociétés énergétiques, soutient des pays aux ressources prometteuses sans être trop regardante sur la nature du régime (comme au Soudan) et en profite pour faire la promotion de son modèle.

Cela dit, la Chine souffre d'un déficit d'image et le sait. Elle n'est pas aimée et elle fait peur. Dans le cadre de ses réserves placées en dollars ou en euros et de ses gigantesques fonds souverains, elle peut désormais avoir comme objectif de contrôler une partie de l'économie des pays industrialisés. Et aussi de soutenir une véritable politique de *soft power*. Et elle ne s'intéresse pas qu'aux pays pauvres.

Elle veut donc désormais « se faire aimer », comme le Brésil et comme les États-Unis avant elle. La Chine et le Brésil sont d'ores et déjà concurrents dans la « captation des images et des cœurs » des pays en développement. On lit régulièrement des articles sur la menace militaire chinoise. Nous pensons que la Chine ne recourra à ces ressources militaires qu'en cas d'échec patent. Pour l'instant, elle ne veut pas dominer le monde mais contrôler son environnement, le maîtriser, déminer au maximum les menaces qui pourraient entraver son développement tel qu'il a été décidé. C'est pour cela qu'elle commence à défricher les champs de la puissance immatérielle : image, normes, influence, culture. Elle crée des normes, jusqu'à présent techniques, comptant sur l'immensité de son marché pour les rendre mondiales. Les Chinois ont compris que les marchés mondiaux seront normalisés à terme et que le déploiement préalable de leurs propres normes leur permettra un jour ou l'autre d'en faire des normes mondiales.

Cette démarche technique pourrait un jour prochain toucher les normes éthiques, environnementales, voire sociales. Au lieu de s'en affoler, il vaudrait mieux entamer des dialogues d'idées et de modèles, puisque les Chinois sont en pleine réflexion sur ces sujets. Concernant les normes sociales, le parti communiste sait bien que sa pérennité réside dans sa capacité à améliorer constamment le niveau de vie de son peuple. Les normes sociales chinoises ne sont donc pas nécessairement aussi figées qu'on le croit. Les bas salaires profitent aussi, si ce n'est en premier lieu, aux grandes entreprises, notamment américaines et taïwanaises qui fabriquent des ordinateurs et des appareils de téléphonie, et peuvent ainsi dégager des bénéfices dans des conditions dont elles ne pourraient « rêver » en Occident.

La Chine fait preuve de créativité, elle n'est pas seulement le « copieur » systématique que l'on croit. La puissance immatérielle s'acquiert par la formation, voire la copie (en Chine ancienne, la copie n'est pas interdite bien au contraire, elle est une pédagogie et une preuve de respect pour le maître)... Comme l'avaient fait les Japonais en leur temps, les dirigeants chinois ont envoyé leurs jeunes cerveaux depuis vingt ans dans toutes les universités, les centres de recherche et, si possible, les entreprises performantes du monde, sélectionnant les meilleurs pour les meilleurs. Ils ont envoyé un peu partout des émissaires chargés de « faire leur marché » en termes d'institutions, d'enseignement, de règles de droit, de culture, de savoir-faire, d'organisation de la recherche, de diplomatie...

Les dirigeants chinois ont d'ailleurs importé des modèles qui leur semblaient efficaces et en harmonie avec leur culture : ainsi, avec son droit codifié et son expérience des « corps », la Chine est-elle assez en phase avec le droit français. Les notaires français ont su utiliser cette situation et y exporter leur système de fonctionnement, dans une démarche particulièrement anticipatrice, puisque l'installation de la fonction notariale sur ce marché de taille mondiale les met pour longtemps à l'abri des attaques de la *Common Law*, qui, elle, ignore les notaires et les supprimerait bien partout dans le monde !

Les Chinois ont consacré et consacrent toujours beaucoup d'efforts à la recherche scientifique et technique, puis se sont dotés d'outils de recherche économique et juridique, et aujourd'hui les décideurs politiques ont pris conscience du caractère capital de l'expertise sociologique pour piloter le développement. Enfin, ils ont compris l'intérêt du *soft power*, de la *public diplomacy* pour asseoir une puissance mondiale, pour convaincre en amont, pour éviter les remises en cause systématiques et le sentiment antichinois qui en est la base.

Selon plusieurs commentateurs, la Chine est consciente de son retard d'influence (*China's Influence Gap*) [18] et veut désormais diffuser sa vision du monde. Selon Laure Pallez-Varani [19], la question de l'élément de *soft power* à privilégier pour appliquer le concept de Joseph Nye fait débat : culture nationale, valeurs politiques ou politique étrangère. La culture a semblé la plus neutre et c'est pourquoi depuis quelques années ont été mis en valeur d'abondants exemples culturels comme l'Opéra de Pékin, la calligraphie, la médecine traditionnelle... et la langue chinoise. L'Exposition universelle de Shanghai a été une des manifestations de cette direction vers le *soft power*. Elle cite des chercheurs comme le professeur Ting Wai [20], qui pensent que la Chine doit produire des inventions et innovations significatives dans les domaines culturel, de la pensée, des idées, des institutions et des valeurs, qui contribuent au développement de l'humanité, pour réellement devenir un grand pouvoir. Dans son article « *Lessons on China's Soft Power from the Eiffel Tower* », Ting Wai expose que la Chine pourrait s'appuyer sur l'innovation technique, suivant l'exemple de la tour Eiffel qui est devenue une marque mondiale non pas à cause de son utilité ou de sa beauté, mais parce qu'elle est le symbole d'une construction pionnière qui a considérablement élevé la hauteur d'une structure fabriquée par l'homme.

Selon un rapport parlementaire américain[21], il y aurait une prise de conscience de la part des dirigeants chinois que les dirigeants politiques ont besoin de pensée académique sérieuse pour asseoir leurs stratégies. Leur opinion serait même que c'est le rôle insuffisant des *think tanks* bruxellois qui est la cause de la faiblesse de la pensée stratégique de l'Union européenne ! On peut gager qu'ils ont également bien tiré des leçons du *soft* et du *smart power* américains... dont ils ont été (et sont encore) une cible consentante... Rappelons par exemple que des enseignements conjoints sino-américains en Chine existent depuis longtemps, et pas seulement dans des domaines techniques, on peut citer par exemple le Hopkins-Nanjing Center, campus en partenariat entre l'université américaine John Hopkins et l'université de Nanjing, créé en 1986[22].

Le début de stratégie de *soft power* se manifeste en particulier par la diffusion de la langue et de la culture classique chinoises, à travers le réseau des centres Confucius dans le monde. Selon le rapport mentionné plus haut, un centre pilote Confucius a été ouvert à Tachkent en juin 2004 puis un premier centre à Séoul en novembre 2004 et, aujourd'hui, 210 Instituts Confucius fonctionneraient dans 64 États et régions. De même, la Chine déploie ses personnels et adopte des postures plus affirmatives dans les organisations multilatérales, ONU, Banque mondiale et autres. Plaçant peu à peu ses hommes (et ses femmes) aux postes sensibles dans les grandes organisations, la Chine est entrée dans le concert multilatéral.

Mais qu'est-ce que « la Chine », en matière de *soft power* ? « *En Chine... [la] recherche de pensée compétitive se fait sous l'égide d'un parti communiste omniprésent, ce qui tend à prouver que la richesse de la pensée stratégique n'est pas réservée aux démocraties, constat sans doute dérangeant pour nous Occidentaux. Quel que soit leur nom, les* think tanks *sont nombreux dans ce pays à alimenter les décideurs du Parti pour la mise en œuvre des réformes économiques en cours depuis plusieurs années. Certains sont directement liés au Parti, et parfois même internes à l'administration, d'autres le sont plus indirectement, comme le CASS, le SIIS et bien d'autres.* »[23] De nombreux *think tanks* chinois travaillent pour le parti communiste, contrôlés à la chinoise, libres de penser et d'écrire à la condition absolue que rien ne filtre, pour préserver l'harmonie collective. Les *think tanks* chinois ne doivent pas être jugés à la seule aune occidentale, la pensée compétitive reflète la culture de chaque pays. Dans un pays dont la tradition culturelle confucéenne est fondamentalement différente voire divergente des règles du marché, et où le maître mot est « l'harmonie » de la société, il est naturel que ces *think tanks* ne présentent à l'extérieur que des idées qui ont préalablement été informellement validées par les autorités. En l'occurrence, cela ne relève pas du communisme, mais de la culture.

Il y a deux *think tanks* chinois dans le « Top 50 » des *think tanks* tel que publié par la « bible » du classement des *think tanks* mondiaux, le *Global Go To Think Tanks* de Dr James McGann : le CASS, Chinese Academy for Social Sciences, et le SIIS, Shanghai Institute for International Studies. À noter qu'un nouveau *think tank* a fait son apparition (du moins publique) en 2010 à Beijing : le China Center for International Economic Exchanges (CCIEE). Il sera sans doute voué à la diffusion des idées et valeurs chinoises vers le reste du monde.

Le Brésil, en route pour la gloire

Autre pays émergent, le Brésil sait très bien jouer en même temps de son caractère de pays émergent qui séduit les pays en développement, de sa fulgurante ascension voire de son *leadership* dans certains secteurs, qui impose le respect des pays industrialisés, de sa culture, de ses artistes... et de ses élites. Compétent et déjà internationalement reconnu comme Fernando Henrique Cardoso, charismatique comme Luiz Inácio Lula da Silva, dit Lula, ou emblématique comme Dilma Rousseff, en tant que femme et ancienne syndicaliste, les dirigeants brésiliens ont œuvré depuis au moins vingt ans avec une rare intelligence d'anticipation pour développer des positions diplomatiques, pousser leurs industries, apporter des idées et des normes, des doctrines, une aide bilatérale et multilatérale, une assistance technique, qui à la fois servent l'image et la crédibilité du pays, assoient son influence et bénéficient à ses entreprises.

Le Brésil est devenu un acteur mondial écouté, respecté et influent. Il a très sensiblement accru ses effectifs diplomatiques à l'étranger, en les rajeunissant et les féminisant. On a parlé de « diplomatie de l'éthanol » pour la manière dont cet État a su utiliser non seulement économiquement mais aussi politiquement les atouts de son industrie du sucre et de son agroénergie, dans laquelle il est devenu un acteur mondial incontournable et challenger de l'Union européenne. Dans ce domaine il a joué concomitamment des stratégies à la fois financières et politiques, par exemple en proposant le premier des standards de durabilité à respecter pour les agrocarburants, à l'époque où ceux-ci suscitaient l'ire des ONG et où en Europe ils étaient freinés par des autorités inquiètes. C'est en partie grâce au *lobbying* brésilien que les agrocarburants se sont finalement développés, y compris dans l'Union européenne, mais en contrepartie, du fait en particulier d'un *lobbying* brésilien intense et efficace à Bruxelles, les Européens vont bientôt avoir à baisser leurs droits sur leurs importations… d'éthanol brésilien.

Par ailleurs, le Brésil se pose en conseiller désintéressé voire mentor des pays pauvres, notamment africains. Pourquoi l'Afrique ? Parce que le Brésil a fait de l'Afrique une priorité de sa politique étrangère, ouvrant sur ce continent dix-huit ambassades en deux ans, dans le cadre d'une réflexion stratégique très cohérente prenant en compte des aspects très différents. Il s'agit en effet à la fois de « *renforcer la cohésion interne de la société brésilienne, en valorisant l'héritage africain du Brésil, qui compte 76 millions d'Afro-Brésiliens* », (d') « *asseoir la légitimité (du) pays comme acteur international global et (d)'offrir de nouveaux débouchés aux produits brésiliens* », tout cela dans l'« *aspiration à un statut international de premier plan* ».[24]

Le Brésil cultive son capital historique, humain, notamment les différences dues aux origines ethniques différentes de sa population, et artistique, en cohérence avec ses besoins et desseins économiques et géopolitiques. Tout cela contribue à une image globale constructive et innovante. Le Brésil est aujourd'hui considéré comme un des BRICS les plus solides et peut négocier des accords économiques avec l'Union européenne comme un partenaire influent. Aussi le Brésil compte-t-il bien plus en matière d'image et d'influence internationales que ne le

« mériterait » sa compétitivité, si l'on en juge par le classement comparé de Terra Eco précité (19e pour WCY et 10e pour ESI, donc un Brésil plus durable que compétitif).

Vers un *soft power* islamique ?

Finance islamique lancée en France et en Europe, prises de participation dans des entreprises occidentales, chaîne de télévision et Internet prospère... l'influence islamique est en développement, tout particulièrement celle du Qatar, dont les politiques d'influence ne semblent pas avoir de secrets pour les dirigeants actuels. Leur fonds souverain, la Qatar Investment Authority (QIA), dont la valeur des actifs possédés approcherait les 700 milliards de dollars, leur permet de nourrir de grandes ambitions. L'émir et sa famille aiment bien la France qui le leur rend bien et les accueille à bras ouverts. Quand QIA prend et augmente ses participations dans des entreprises françaises (Lagardère, Véolia, Vinci, Société fermière des casinos de Cannes[25]...), on est dans l'investissement étranger classique. Quand elle essaie de le faire dans le groupe Areva – mais en est empêchée au dernier moment –, on s'approche du régalien. Quand elle rachète des immeubles d'État (comme l'ancien Centre de conférences internationales de l'avenue Kléber à Paris pour en faire un hôtel de luxe), elle touche à un patrimoine historique qu'on souhaiterait voir protégé dans ses utilisations, mais surtout, c'est l'État français qu'elle aide, ce qui n'est plus tout à fait du même ordre. On est étonné d'apprendre une discrète mesure législative adoptée en 2008 et modifiant la convention fiscale franco-qatarie[26], exonérant les citoyens qataris de taxation sur les plus-values immobilières et, pour les résidents, d'impôt sur la fortune pendant cinq ans après leur installation en France. Il est vrai que, selon le rapport du sénateur Gouteyron précité, 80 % des équipements de l'armée qatarie sont d'origine française et que les grandes entreprises françaises sont bien accueillies dans cet État.

La France n'est pas le seul pays d'Europe bénéficiant des faveurs de QIA, qui a également investi à Londres, notamment dans Harrods, le London Stock Exchange, Barclays, Sainsbury. Mais quand le souverain qatari décide de racheter un club de sport français (le Paris-Saint-Germain, PSG), de financer des entreprises créées par des personnes issues de l'immigration d'origine arabe, d'inviter au Qatar des « jeunes des quartiers » des banlieues françaises (comme les Américains), ou encore de nombreux hommes et femmes politiques français de toutes tendances, on peut parler de stratégie d'influence. C'est un début de *soft power* puisqu'il s'agit bien de « gagner les cœurs et les esprits » de populations pour l'instant bien ciblées. D'autant que le Qatar a déjà montré une maîtrise en ce domaine, avec la chaîne et les productions Al Jazeera, créées en 1996, qui ont « décollé » à partir de la guerre d'Irak et dont les informations se sont imposées comme alternative crédible à CNN (sauf au Qatar même où la chaîne n'est pas diffusée) au-delà même des populations arabes.

Il suffit de regarder Al Jazeera – même seulement en anglais – pour vite comprendre qu'elle n'a pas les mêmes codes de lecture du monde que CNN ou France 24 et qu'elle imprègne ses sujets et commentaires de sa vision. C'était du reste ouvertement la raison de sa création et cela a été fait de manière très professionnelle. En octobre 2001, le président égyptien Hosni Moubarak, en visite dans ses modestes locaux d'alors, aurait dit : « *C'est donc de cette boîte d'allumettes que vient tout ce vacarme.* »[27] Car ce « *power* » n'est pas que « *soft* ». Ce qu'on peut dire est que le souverain qatari actuel mène des jeux d'alliances raffinés, avec les Français et les Américains en Libye, soutenant les rebelles anti-Khadafi et pas n'importe lesquels, certains extrémistes salafistes, disent des journalistes dignes de foi[28]. Il a été annoncé que le Qatar acceptait d'ouvrir une ambassade taliban à Doha... On constate parallèlement une promotion de la finance islamique particulièrement active au Royaume-Uni et en France, spécialement dans ce dernier pays.

Quels sont donc les objectifs du *soft power* qatari ? La *Qatar National Vision 2030*[29] adoptée en 2008 par l'émir et publiée sur le site du General Secretariat for Development Planning nous le dit : au plan national d'abord, une modernisation dans la préservation de la tradition, une société juste et tolérante aux hautes valeurs morales, notamment une pleine participation des femmes aux décisions et, au plan international, entre autres, la recherche de normes de protection de l'environnement, une grande attention portée à la culture, une contribution à la paix et la sécurité, ainsi qu'au dialogue entre religions. Le Qatar indique entendre prendre sa place dans le monde comme puissance responsable.

À noter que l'Iran a également lancé des chaînes d'information spécialisées, à la manière d'Al Jazeera[30]. L'IRIB (Islamic Republic of Iran Broadcasting), son Autorité spécialisée dans la diffusion de l'information, a ainsi successivement créé deux chaînes, Al Alam TV en arabe et Press TV en anglais, puis en janvier 2012 une chaîne de télévision en espagnol, à destination de l'Amérique latine, dénommée Hispan TV. Toutes ces chaînes sont accessibles par Internet et sur mobiles. Les dirigeants d'Hispan TV ont probablement bien lu Joseph Nye car la conception de cette chaîne est un modèle d'application de technique de *soft power.* Son argumentaire cherche clairement à dégager une sympathie et une connivence auprès de populations qui ont également – comme l'Iran – été marquées par le colonialisme. Selon le *Financial Times*[31], M. Ahmadinejad a indiqué lors de la cérémonie d'ouverture, en ligne, que Hispan TV « *agirait comme un centre de dialogue et d'interaction entre toutes les nations indépendantes, étudiants, artistes et hommes politiques, tout en essayant d'en faire un bastion uni pour la défense des droits des peuples dans le monde* ». Il a ajouté que la chaîne « *a pour but de diffuser un message de paix, d'amitié et de liberté pour tous les êtres humains, et en même temps de bloquer et d'évincer les moyens par lesquels l'arrogance globale tente de dominer les autres* ».

Ce ne serait pas la première fois que les leçons de M. Nye inspireraient les régimes autoritaires de la zone : le Professeur racontait volontiers à une époque qu'ayant été invité par le colonel Khadafi pour des conversations, celui-ci lui avait avoué garder son livre sur le *soft power* sur sa table de chevet.

Dans cet exposé de quelques médias islamiques, on rappellera aussi l'existence d'Al Manar TV, également accessible par Internet, la chaîne du Hezbollah libanais.

L'Union européenne : la « malgré moi » du *soft power*

« *L'Europe exerce un* soft power *malgré elle. Les dirigeants de ses États membres ont constamment évité de lui donner une voix extérieure [...] Du coup, l'UE ne promeut pas son « modèle » au sein des organisations multilatérales mondiales, alors même qu'elle en a la légitimité morale et qu'elle en avait jusqu'à présent le poids financier. Mais celui-ci, elle ne l'a presque plus, elle l'a donné aux marchés.* » [32]

L'UE n'a pas de politique délibérée de *soft power* et quasiment pas de *public diplomacy* commune. Elle est le premier contributeur mondial en matière d'aide au développement, elle a développé des partenariats, politiques de voisinage, accords... avec un très grand nombre de pays, elle finance des programmes de recherche, des observatoires, des agences, des plates-formes, met en place des règles et normes avancées, fabrique en permanence un cadre pour les libertés en même temps que pour le progrès économique, fonde toute son action sur un idéal de paix et de tolérance, héberge la Cour pénale internationale... mais ne fait rien ou presque pour en tirer quelque influence sur la structuration économique et politique du monde.

Certes beaucoup de ses pays membres sont actifs de leur côté, comme l'Allemagne, qui depuis sa réunification s'est lancée dans une ambitieuse stratégie de *public diplomacy* auprès des pays en développement et au sein des organisations multilatérales, pour devenir pourvoyeuse d'idées et d'hommes, qu'elle place dans les postes utiles. La France tente de conserver son réseau culturel, qui reste incontestablement une base de son *soft power*. Les Britanniques font de même, comme ils l'ont toujours fait, avec un tropisme plus élevé vers l'amont, la diplomatie d'idées, finançant des rapports fondamentaux sur l'Afrique ou plaçant leurs élites au sein des ONG puissantes. On a déjà parlé des Espagnols, des Belges... Presque tous les États de l'Europe des vingt-sept font des efforts d'influence culturelle. Mais l'UE en tant que telle assez peu. On peut cependant dire qu'elle exerce une influence normative par les financements d'assistance technique qu'elle accorde aux pays en développement et partenaires.

L'UE en tant que telle séduit à l'étranger. Mais elle tire peu de profits de cette situation en termes d'influence commune. L'Union européenne n'a pas saisi sa chance d'être un leader d'opinion dans la gouvernance mondiale. Pourtant, elle a développé sur son territoire des schémas ou modèles de gouvernance uniques dans le monde. Pire, elle se laisse peu à peu déposséder de sa substance politique originale. Aujourd'hui, elle ne sait mettre en place que des règles, utiles au demeurant, mais qui ne remplacent pas des politiques.

L'UE, qui est une des zones les plus riches au monde, est en train de brader sa richesse sur l'autel des marchés sous l'effet d'une crise mal anticipée. Elle est sous influence extérieure, celle des grands acteurs financiers et parfois industriels de niveau mondial, autrement appelée « les marchés », force autonome, qui a en partie échappé à son lieu de naissance, les États-Unis, mais soutenue par les agences de notation et les institutions de Bretton Woods (FMI et Banque mondiale). Si elle ne se reprend pas, l'UE n'aura bientôt plus assez de puissance pour défendre son modèle, elle ne pourra alors compter que sur son influence. Parce qu'elle et ses États membres auront perdu tout contrôle sur leurs richesses essentielles – industrielles et culturelles. Celles-ci appartiendront à des acteurs internationaux qui décideront de leur développement selon leurs intérêts et non selon ceux des citoyens de l'UE. Le but d'un modèle mixte est de préserver un équilibre entre la nécessaire circulation des capitaux et des marchandises et le maintien d'un État filet de sécurité pour les citoyens et pour les biens stratégiques pour l'avenir. La France elle-même abandonne silencieusement mais sûrement son acquis de modèle mixte, avec les privatisations de ses services publics les unes après les autres, ouvertes (énergie) ou rampantes (missions économiques à l'étranger, Sécurité sociale) ou encore les « rationalisations » (hôpitaux), la moindre prise en compte de l'aménagement du territoire... Il est vrai que ce mouvement est souvent aidé par des corporatismes tellement archaïques qu'ils en deviennent le meilleur argument des ultra-libéraux.

Les influences du « Consensus de Washington » ont été magnifiquement relayées en Europe par des leaders politiques comme le Britannique Peter Mandelson, les Néerlandais Neelie Kroes et Frederik Bolkestein et, en France, Christine Lagarde. Le résultat est que l'Union européenne adopte des règles et pratiques venues d'autres systèmes, visant à établir un monde qui n'est pas le sien. Quand, malgré tout, la France et l'Europe développent encore des pratiques et des discours un peu différents de la pensée majoritaire libéralo-morale, elles sont volontiers l'objet de stratégies de dénigrement : Europe protectionniste (si elle parle de refuser des biocarburants non certifiés), Europe égoïste (si elle souhaite conserver un modèle agricole fondé sur l'entreprise paysanne), Europe inconsciente (des enjeux...).

L'Union européenne est un lieu ouvert à toutes les influences : avec près de 20 000 lobbyistes dont la moitié d'origine américaine, « Bruxelles » est au cœur de stratégies politiques et professionnelles. Par exemple, à l'occasion de la crise financière actuelle, le commissaire Barnier a tenté de faire mettre en place des règles minimales sur les agences de notation, notamment l'interdiction de noter des États sous plan de sauvetage multilatéral. Concernant les banques, il souhaitait également, entre autres, introduire un tiers de femmes dans leurs conseils d'administration. La puissance de *lobbying* incontournable des institutions financières est alors apparue clairement, notamment auprès de certains commissaires, et il n'a pu aller au bout de son plan. C'est la raison pour laquelle une instance intitulée Finance Watch a été créée en juin 2011 [33], rassemblant une quarantaine d'organisations et de parlementaires européens de tous bords. Cette association internationale sans but lucratif de droit belge a pour mission de « *renforcer la voix de la société et de la faire peser dans les réformes nécessaires de la réglementation financière. Il s'agit de médiatiser les arguments découlant de l'intérêt général auprès des politiques et des citoyens, et de les mobiliser comme contrepoids aux intérêts privés des lobbies de l'industrie financière* ». Souhaitant analyser, communiquer et convaincre (rôle d'*advocacy*), elle compte déjà 5 000 amis [34].

Le modèle de l'UE perd donc son contenu. La valeur des fonctionnaires de la Commission n'est pas en cause, ils sont parmi les plus compétents et aussi les plus honnêtes financièrement et intellectuellement de la planète. Mais ils sont liés par une interprétation extrêmement stricte des règles du marché européen, notamment de libre-échange et de concurrence, interprétation soutenue et encouragée par les commissaires les plus libéraux, qui ont réussi une prise en main conceptuelle de l'UE que l'on peut qualifier de remarquable – au sens de la beauté technique de l'action d'influence. Ces commissaires très libéraux – britanniques ou néerlandais – sont en général à poigne et très offensifs tandis que les modérés (français en particulier) sont en retrait, ne veulent pas « faire de vagues » et ne peuvent compter sur une bonne ingénierie de l'influence de la part de leurs alliés. Le Parlement de son côté fait ce qu'il peut mais n'a pas non plus engagé une politique d'influence mondiale. Les avancées de l'influence des marchés sont tellement nombreuses et profondes que défendre un système équilibré entre marché et social semble être devenu une tare, une manie honteuse. Demander même d'user du principe de réciprocité dans les négociations est d'une grande audace. Au final, son modèle unique au monde risque de disparaître.

Une influence ne s'exerce que lorsqu'on qu'on veut l'exercer et qu'on lui a assigné des objectifs. Or la volonté de rayonnement collectif n'existe pas chez beaucoup d'États membres, qui conçoivent l'Union comme une zone de paix permettant avant tout de commercer et se méfient terriblement de ce qu'ils perçoivent comme des idées générales, voire de l'agitation française. Ensuite, même s'il est politiquement incorrect de le dire, l'élargissement (trop) rapide de l'UE a eu comme effet, diffus, l'éparpillement des visions sur l'Europe. Enfin, après la chute du mur de Berlin, les États-Unis ont exercé une influence très professionnelle en Europe orientale, assortie de financements et ciblée sur la formation des élites. Il n'est dès lors pas étonnant que, quelques années après, les dirigeants de ces pays soient aussi sensibles aux thèses du grand marché mondial qu'à celles de l'Union à laquelle ils appartiennent. Tout a été fait pour ralentir l'avènement d'une Europe politique. Le débat sur l'entrée de la Turquie et la culpabilisation permanente des Européens à ce sujet relèvent de la même analyse.

Cet avis n'est pas partagé par tous. Certains soupçonnent au contraire une tentative de complot européen pour dominer le monde *via* le G20 ! Cette thèse a été médiatisée par Gideon Rachman, journaliste en charge des affaires internationales au *Financial Times*, dans un article du 6 octobre 2009 : « *Europe's plot to take over the world* ». Il rappelle d'abord que Jean Monnet, le père fondateur de l'Union, pensait que l'unité européenne « n'était pas une fin en soi mais seulement une étape sur le chemin de l'organisation du monde de demain » [35]. À l'occasion du G20 de Pittsburgh en septembre 2009, M. Rachman se demande si le G20 n'est pas un cheval de Troie européen. Il s'appuie sur le nombre disproportionné d'États européens au sein de cette instance et sur la quantité de dirigeants d'institutions internationales d'origine européenne. Certes, dit-il, les *process* et manières de faire de la bureaucratie bruxelloise sont toujours très lents, mais une fois qu'elle a mis le pied sur un terrain, elle n'en part jamais et au contraire agrandit peu à peu ce terrain de manière technique. M. Rachman partage ce point de vue avec un autre... Britannique, le *think tank* Centre for European Reform (CER) [36].

Pour le CER, il ne faut pas sous-estimer le *soft power* européen fondé sur un modèle attractif tout à la fois social, économique et politique. Du reste, des coopérations régionales sont nées sur la base de l'exemple européen, comme le Mercosur, l'Union africaine, l'ASEAN. Par ailleurs, citant *The Economist*[37], le rapport ajoute que Bruxelles est devenue la capitale régulatrice du monde, prenant la place de l'Amérique comme source de normes. On parle là de normes techniques, telles que les émissions de gaz à effet de serre pour les voitures ou les règles très strictes pour les jouets ou encore pour les essais chimiques. En effet, selon le *think tank* britannique, les entreprises vendant sur les marchés internationaux préfèrent intégrer tout de suite ces obligations, même si elles sont strictes, et les gouvernements étrangers apprécient cette garantie « made in EU ».

C'est la même argumentation que celle de Zaki Laïdi[38], le succès par la norme. Parce qu'elle fabrique des normes dans de nombreux domaines, et que ces normes sont bien faites, l'UE devient elle-même un standard. Certes, mais ces normes et règles touchent assez peu de sujets stratégiques. Cette argumentation nous semble pécher par omission car elle ne concerne que les secteurs techniques et elle oublie les standards à caractère plus politique, éthiques, de responsabilité, de gouvernance, ainsi que les autoréglementations... ou absences voulues de régulations en matière financière, toutes données bien plus importantes qui, elles, sont quasi exclusivement d'origine américaine ou britannique. Le rapport du CER lui-même souligne que le *soft power* européen est vulnérable, car il repose sur la réussite économique, ce qui implique que la crise actuelle l'affaiblira, que l'UE n'a pas de *hard power* ni même de politique de défense commune et, enfin, que ses mesures de renforcement actuelles, notamment aux frontières, mettront le modèle à mal. Autrement dit, l'Europe attirerait uniquement par sa faiblesse débonnaire ! Or, comme le dit poétiquement M. Shi Yinhong, professeur à la Renmin University, cité par le rapport, « *A power needs guns and guts* » (« un pouvoir a besoin d'armes et de cran »).

Du côté chinois, on s'intéresse beaucoup au *soft power* européen comme source d'inspiration et il apparaît plutôt axé sur la culture, chaque État ayant sa spécialité, la physique moderne pour l'Angleterre, les arts et la littérature en France, les génies allemands du bien et du mal et plus prosaïquement de la qualité des voitures...[39] Mais selon les Chinois, l'UE souffre d'une grave faiblesse : le manque d'harmonie entre ses États membres, leur concurrence devant les étrangers, que ce soit commercialement ou surtout politiquement (Allemagne et France sur le Dalaï Lama en 2007 et 2008) et leur absence de politique commune réelle. Or l'harmonie, pour les Chinois, est une valeur essentielle de la gouvernance. La Chine comme d'autres États est déçue par l'attitude molle de l'Union, alors que les prises de position de cette dernière en désaccord avec les États-Unis semblaient au début de la décennie plutôt vouloir affirmer un vrai pouvoir européen.

Tout cela induit chez eux une sorte de mépris, car leur respect va à la force et à l'unité. Ces faiblesses de la « marque Europe » ont des résultats économiques tangibles avec la Chine, par exemple une résistance aux demandes de l'UE, sur l'ouverture des marchés, puisqu'ils savent bien que jamais des sanctions ne seront prises, ou si peu. À ce sujet, il faut cependant constater la réussite des discussions de 2011 de l'OMC où l'Union s'est montrée ferme et où les Chinois ont accepté le principe de la signature de l'accord plurilatéral sur les marchés publics. Il faut espérer que l'Union sera aussi ferme dans la surveillance de l'application de l'accord. Les Chinois ne respectent pas un pouvoir mou[40].

En clair, un *hard power* (dont fait partie l'arme économique) est nécessaire pour mettre en valeur et promouvoir un *soft power*. Cette leçon est essentielle, c'est bien celle qui a été théorisée dans le « *smart power* ».

Les Européens sont pour l'instant un peu comme des enfants gâtés qui fascinent par leur beauté, leur qualité de vie, leur richesse, mais ne font aucun effort pour les conserver, n'ont pas envie de se battre et les perdent peu à peu au profit de ceux qui étaient moins dotés à la naissance et ont voulu devenir comme eux. Les non-Européens se délectent à traquer les dissensions réelles cachées sous les accords de façade à l'OMC ou ailleurs. L'UE s'est laissé enfermer dans une image d'indécision, un peu infantile. Le European Council on Foreign Relations[41] nous explique cette faiblesse par un manque de vision de la part de l'UE d'autant plus surprenant que des sommes très importantes ont été consacrées par celle-ci aux *process* multilatéraux.

La « marque » UE existe dans le monde, elle a rencontré des succès à la fois industriels et culturels, mais elle n'est pas exploitée en termes de volonté d'influence. L'Europe aurait pourtant les moyens juridiques d'exercer une véritable *public diplomacy* axée sur la culture, puisque c'est prévu par le traité de Lisbonne[42]. Il existe de nombreuses associations de pensée entre États, des *think tanks* européens, un fonds franco-allemand pour les projets culturels (créé en 2003 mais peu doté)... L'Europe exerce bien une attraction malgré elle, alors que les dirigeants de ses États membres ont constamment évité de lui donner une voix extérieure, à la fois par idéologie et pour ne pas perdre leur propre statut. Et pourtant elle fascine encore ! C'est la valeur historique du modèle culturel qui soutient le *soft power* européen. L'UE fait encore rêver, car son image est celle du droit, de la gouvernance légitime (comme celle de la France, traduite en chinois par « Pays de la Loi »).

Car le *soft power* doit faire rêver. Il doit donner envie. Le modèle américain a fait rêver et continue de le faire. Ni le modèle chinois ni le modèle islamique ne le font (pour le moment). L'UE de son côté séduit et a les moyens d'argumenter : elle possède donc toutes les armes pour l'influence, à elle d'en tirer parti !

La France, belle endormie à réveiller

En France, comme détaillé dans le premier chapitre, la sensibilisation à l'influence comme source de puissance et nouveau mécanisme de compétition a été très longue, nous pensons encore à l'étonnement général, voire à l'incrédulité, des participants, quand en 2001 fut tenu le colloque sur le thème « Les normes, enjeu de souveraineté » déjà mentionné.

En 2003, le député Bernard Carayon identifiait l'influence comme enjeu économique et en faisait une part entière de l'intelligence économique. Alain Juillet, Haut responsable à l'Intelligence économique (HRIE), l'inclut dans les définitions officielles en 2006, marquant ainsi une première avancée. Il n'est pas anodin de noter que les auteurs des premières publications sur l'influence avaient été confrontés à la vie internationale et parlaient d'expérience, généralement stupéfaits de voir le faible nombre de Français présents dans les lieux d'influence. Mais en France, point de salut hors l'État, et il fallut attendre la nomination d'un HRIE qui admette l'intérêt de l'influence, pour qu'enfin le secteur privé cesse de considérer le *lobbying* comme diabolique et comprenne son lien avec l'intelligence économique.

Beaucoup reste à faire. Les mots « influence » et « *lobbying* » ont toujours mauvaise presse en France. En intelligence économique, les Français ont préféré privilégier la veille et la sécurité plutôt que l'influence. Les raisons de ces choix sont culturelles : d'abord l'intelligence économique a été longtemps prise en main par des spécialistes de la sécurité, qui ont eu tendance à exploiter d'abord la partie qu'ils connaissaient. Deuxième raison : les décideurs n'ont pas *a priori* la culture de l'immatériel, il a fallu à la fois des échecs et à nouveau une sensibilisation de l'État[43] pour qu'ils prennent conscience de la notion même de « l'intangible utile » (savoir-faire, image, normes...) et de la nécessité de l'influencer. Troisième raison : les Français sont habitués à un État fort qui pose les règles et fixe les cadres avec sa propre expertise. Il n'y a donc pas besoin dans ces conditions d'expression des intérêts privés auprès des autorités publiques. Enfin, les Français et surtout leurs dirigeants sont encore persuadés que si leur proposition est logique et techniquement bonne, elle ne peut qu'être acceptée. Il leur échappe encore souvent qu'il faut en outre « vendre » les idées et les propositions, et ce, avec les codes des autres, pour qu'ils les comprennent, et être prêt à faire des compromis. Les sujets et lignes de repli de ces compromis auront bien entendu été préparés depuis longtemps. Les jeux Olympiques perdus deux fois sont un exemple de ces lacunes collectives. Il semble que les professionnels de très bon niveau existent de plus en plus, mais que les décideurs économiques et politiques soient encore sur des postures trop matérielles d'un côté et trop régaliennes de l'autre. Malgré un nombre important de rapports, ils n'ont pas non plus entamé une véritable action sur l'image de la France.

Urgence sur l'image

Sur le fond, la France dispose aujourd'hui à l'étranger d'un capital d'image important mais complexe. Comme le montrent les enquêtes précitées sur les marques-pays (France 3e en 2010 et 4e en 2011 dans le monde) et les discussions avec des étrangers de diverses origines, elle a incontestablement toujours une image positive en termes de niveau de compétences, de capacité à conceptualiser, de créativité, de culture et d'histoire évidemment, et même de sérieux. Et bien sûr d'art de vivre –

quoique les conditions d'accueil (aéroports, amabilité, disponibilité des services, facilité de la vie quotidienne...) émoussent peu à peu cet avantage. Côté négatif, les Français sont encore taxés d'arrogance et de critique systématique, d'être les membres d'une société bloquée, d'incapacité de jouer collectif, de s'adapter à des codes différents, de difficulté dans la recherche de consensus...

Cependant la sympathie et l'estime sont toujours sous-jacentes, bien que parfois très enfouies. La France est aussi reconnue comme grande puissance économique ; elle se situe en quatrième position mondiale pour le nombre de sociétés multinationales, derrière les Américains, les Chinois et les Japonais et devant les Allemands (mais derrière en nombre de sociétés industrielles). Selon une enquête toute récente de Thomson Reuters, la France est troisième dans le monde pour l'innovation en termes de brevets (nombre, influence, utilisations...) [44], (bien) après les États-Unis et le Japon. Elle a mis historiquement en place des mécanismes économiques innovants et qui le sont toujours, comme la concession de service public qui, bien encadrée, peut répondre de manière très actuelle à des besoins d'équipements complexes. On pourrait multiplier les exemples. C'est pourquoi il est particulièrement malheureux que son image en Europe et dans le monde se soit dégradée à ce point. Et que ses parts de marché baissent en Europe et dans le monde.

Les politiques étrangères menées depuis le début des années 1980 n'ont jamais vraiment pris en compte de manière méthodique la nécessité de promouvoir, ni même d'entretenir, l'image de la France dans le monde, encore moins son influence. Au moment même où les Américains commençaient à anticiper la mondialisation, la société de l'information, à s'organiser en conséquence et à entamer une magnifique stratégie d'intelligence et d'influence mondiale, ses dirigeants de tous bords laissaient la France se figer dans des comportements franco-français, ne faisaient aucun effort pour être présents dans les lieux internationaux stratégiques, pour imaginer les pays émergents du futur avec lesquels il fallait spécifiquement développer des liens pour préparer l'avenir, pour renforcer la pratique de l'anglais, ne prêtaient nulle attention réelle aux différents rapports qui commencèrent à s'égrener sur son image à partir du début des années 1990, un des premiers étant celui de Jacques Maisonrouge, ancien président d'IBM France.

L'action ne suivant absolument pas les propositions, on laissait se « rouiller » les services et établissements de l'État dédiés au long terme, puis on les fermait. Nous pensons à des organisations comme l'ACTIM, par exemple, outil de coopération et d'influence à mi-chemin entre l'économique et le culturel, qui avait été fort utile en invitant et finançant des scientifiques, techniciens et fonctionnaires étrangers à venir se former en France, puis en entretenant ce réseau, puis en diffusant des publications dans la presse étrangère... Des fusions successives eurent lieu et, depuis 2005, une privatisation déguisée a abouti à une perte de moyens régaliens jamais vue sur les questions internationales, ce qui n'empêche pas que des centaines d'aides et quelques établissements inefficaces prospèrent. Parallèlement notre outil diplomatique est affaibli. Nul n'ose gérer ensemble commerce extérieur et affaires étrangères, sans doute pour des raisons corporatistes. Les rationalisations nécessaires sont apparemment décidées hors toute considération géopolitique de moyen terme.

Enfin, l'image est aussi la capacité à expliquer au monde ses décisions, ses lois, ses politiques. De ce point de vue, la France est totalement démunie. Aucun gouvernement ne prend réellement la peine d'expliquer la spécificité française aux étrangers, même européens. Il n'est dès lors pas étonnant qu'elle ne soit pas comprise !

Dernier village gaulois ou précurseur ?

Il faut aussi dire que la France, qui véhicule un message politique et de gouvernance – celui en gros des Lumières amélioré par toute l'ingénierie économique et sociale mise en place depuis la Deuxième Guerre mondiale –, fait l'objet d'attaques d'image récurrentes depuis des années car elle résiste (de moins en moins) à la standardisation et se rebelle facilement contre des directives même venant d'alliés : l'Accord multilatéral sur les investissements (AMI) porté par l'OCDE en est un bon exemple comme bien sûr l'opposition à la guerre en Irak. La France, même peu douée en influence, a intrinsèquement un poids d'idées. Il n'est donc pas inutile de la dénigrer.

De ce point de vue, la France a de quoi donner des bâtons pour se faire battre. Ses dirigeants de familles politiques ont laissé son modèle si équilibré se rouiller et se figer en postures revendicatrices, aigries, défensives. Il est aisé pour des malveillants de ne voir que la défense des droits acquis au détriment de l'emploi, les grèves à répétition, le dialogue social figé et joué comme une comédie, les choix orientés par des connivences sans lien avec l'efficacité économique, les lenteurs désespérantes des bureaucraties publiques (ils oublient souvent les privées)... L'inadaptation de l'État français est devenue du « pain bénit » pour les tenants d'un modèle très libéral et opposants au modèle mixte représenté par la France.

Une France qui malgré tout se permet parfois encore de résister à une manière de vivre et de penser standardisée, malgré les pressions économiques et politiques ! Ce n'est pas verser dans la théorie du complot que de remarquer les déchaînements de la presse anglo-saxonne à l'encontre de notre pays, dont l'évolution l'intéresse d'ailleurs beaucoup. Du côté des Anglais, on est habitué aux exagérations anti-« froggies » du *Sun* et autres *Daily Mail*, peut-être désormais mis à mal par les déboires de leur grand chef et modèle Murdoch. Mais même les médias de l'élite ou de très bon niveau s'en donnent à cœur joie : il faut voir avec quelle consternation, cachant mal un plaisir dissimulé, CNN et le *Financial Times* ont traité par exemple les émeutes dans les banlieues en 2005, ou encore l'affaire des errances du paquebot *Clemenceau* en 2006.

En 2011, l'affaire touchant Dominique Strauss-Kahn, directeur général du FMI, a permis des leçons de morale et quasiment de civilisation faciles aux Français. Ce dossier concernant pourtant un seul homme a fait exploser des sentiments collectifs anti-français qui pouvaient enfin s'exprimer sans détours, en particulier aux États-Unis et encore plus dans les institutions multilatérales mondiales et européennes. La dernière occasion d'un tel déluge de critiques avait été le refus de la France d'entrer en guerre en Irak en 2003. En 2011, on a pu assister à un dénigrement systématique des mœurs françaises : privées, mais aussi d'affaires et politiques. Non sans fondement, hélas parfois, mais hors de proportion avec le flot des critiques. Concernant les mœurs, le livre d'Elaine Sciolino [45], par exemple, est un florilège globalisant sur la « séduction à la française », tradition surannée et gênante pour les femmes et mode de vie proche de la dépravation, qui serait pratiquée de manière exacerbée pour compenser la perte d'influence du pays.

En 2012, ce sont les élections présidentielles et législatives françaises qui inspirent les Anglo-Saxons. Nous retiendrons deux articles parmi d'autres : l'un de *The Economist*[46], qui fait sa page de couverture sur un pastiche du tableau de Manet *Le Déjeuner sur l'herbe*, où les deux candidats Hollande et Sarkozy remplacent les personnages authentiques et figurent en pique-niqueurs détendus. L'article « *A country in denial* » (« Un pays dans le déni ») expose avec ironie l'inconscience égale des deux hommes dans une France aux chiffres plus que sombres et alors que le reste de l'Europe est tendu vers la rigueur. Un autre article expose en creux la détestation américaine du modèle social français : dans le *Wall Street Journal*[47], l'article « *We're not France, yet* » (« Nous ne sommes pas la France... pas encore ») explique que la fin des États-Unis est proche, si comme le souhaite le président Obama, la loi sur la couverture sociale minimale est adoptée, et ce, non pas tant à cause du coût de cette réforme qu'à cause de la nécessaire mise en place de « mandarins » à la française, cette « bureaucratie intellectuelle » selon le journal, qui fait si peur aux libéraux.

Les attaques extérieures sur l'image vont de pair avec les actions d'influence en France, que nous avons rappelées dans les chapitres précédents.

Plaidoyer pour l'influence française

Ce que nous écrivions en 2002 est encore vrai : « *La clé de l'influence n'est pas « simplement » l'intelligence ou la connaissance, mais aussi l'adaptation à un mode de pensée mondial. Les codes anglo-saxons y ont pour l'instant pris le dessus. Rien ne sert de nier ou railler cette réalité, comme on le voit ou l'entend trop souvent en France. Au contraire apprécions-en les aspects positifs et utilisons-les nous-mêmes pour convaincre. L'énoncé de notre seule nationalité ne suffit pas... Des raisons liées à notre approche intellectuelle expliquent notre faiblesse. Trop souvent encore nos décideurs fonctionnent selon la certitude d'être parfaits quand le calcul est bon. Le mode de réflexion et de direction est vertical et cloisonné, il y a absence de prise en compte des facteurs d'ordre culturel et émotionnel. Les réalités internationales qui viennent d'être évoquées ne sont pas considérées comme urgentes ou fondamentales. La menace concurrente n'est pas estimée à sa juste valeur [...] Souvenir des concours, subsiste fortement la réticence à diffuser l'information. La puissance n'est conçue que dans la promotion de l'individualité.* »

Ce diagnostic est valable pour l'État français mais aussi encore pour de grandes entreprises, dont le comportement à Bruxelles ou à Washington est étonnant. Il n'est pas rare de voir des entreprises, même grandes, croyant faire un *lobbying* avancé en intervenant avec force moyens en deuxième lecture d'un projet de directive européenne. Nous ne saurions oublier toutes les entreprises qui se sont dotées d'outils professionnels d'influence, des organisations de type professionnel qui y interviennent avec succès, des instituts experts qui se sont créés. Mais il reste beaucoup à faire. L'État lui-même devrait faire des efforts : parfois la zizanie est telle entre ministères qu'à Bruxelles notre Représentation permanente auprès de l'UE n'a pas d'instruction, ou plutôt en a trop, ce qui n'est pas la meilleure situation pour intervenir activement dans des négociations. De même, lorsque l'on conteste, il convient d'apporter une solution.

Pour réussir une action d'influence, il faut agir en réseau (de compétences) plus qu'en structure. En France nous connaissons deux extrêmes : soit la voie hiérarchique, bureaucratique, cloisonnée, où chacun a son rôle et n'en sort pas, soit des réseaux d'amis qui ne sont pas nécessairement des réseaux de compétences. Cela va exactement à l'encontre de l'approche en termes d'influence. Nos concurrents ont très peu de structures rigides. Partout est privilégiée l'action souple et informelle. Cette approche implique un vrai changement de culture pour beaucoup de nos compatriotes. D'autant que souple et informel ne signifie ni désorganisé ni discontinu. Les démarches doivent, au contraire, être préalablement pensées et combinées, poursuivies avec continuité, sans à-coups. L'influence s'apprend, elle doit être enseignée dans les écoles. Un début a lieu en 2012 avec la généralisation de l'enseignement de l'intelligence économique dans les établissements d'enseignement supérieur. Vers l'extérieur, la France possède tous les atouts pour exercer une quadruple influence : économique et politique, culturelle, dans les sphères multilatérales, et enfin d'idées en Europe et dans le monde. En matière culturelle, Frédéric Martel, déjà cité, pointe que : « *notre réseau culturel est déprimé, ses moyens dilués, sa gouvernance obsolète, ses nominations politisées ou dictées par l'énarchie diplomatique – bref, il ne fonctionne plus* ». Il souhaite « *mener la bataille du* soft power » et préconise de séparer le diplomatique du culturel et de passer à l'ère numérique. Il est un peu dur car les instituts et alliances français à l'étranger sont très souvent des lieux actifs, utiles, où se pratique un véritable *soft power* spontané et néanmoins efficace, malgré des moyens en baisse quasi constante.

La culture participe à la compétitivité, comme le font l'anticipation des secteurs en développement dans le monde, la recherche, les alliances, l'image de marque, la présence et l'influence dans les autres pays et dans le multilatéral. Tous ces facteurs sont liés. Or, en France, ils sont cloisonnés.

Pour s'engager dans un renouveau, la France doit se doter d'un centre nerveux et surtout discret, rattaché au chef de l'État, qui à la fois anticipe, fixe et hiérarchise les priorités économiques et géoéconomiques, les alliances nécessaires, prévoit les menaces et gère l'ensemble en connivence bien comprise publique et privée. Si un tel effort de reprise est engagé, il faudra s'attendre à des contre-influences importantes et savoir y résister. Parallèlement, l'État français doit se réorganiser en matière d'information et d'influence économique internationales.

Un État moderne a vocation à anticiper les situations, sélectionner des sujets, élaborer, coordonner, synthétiser et porter des messages collectifs, au sein des lieux où se fabrique l'avenir, notamment les règles et normes. Cela demande une intelligence économique préalable, pour connaître à fond l'environnement à travailler. L'influence est professionnelle ou n'est pas. C'est une question de méthode. Si l'expression « stratégies d'influence » est de plus en plus entendue dans les sphères décisionnaires françaises, les contresens ou applications désordonnées sont nombreux et plus à craindre que la non-application. La représentativité et la crédibilité d'un État dépendent d'une action professionnelle, coordonnée, discrète et multiforme. Le centre nerveux précité devrait avoir ce rôle.

Dans le contexte international actuel, aucun État sérieux ne peut faire l'économie d'une réflexion sur sa *public diplomacy* et sa possibilité de *soft power*. Les plus efficaces ont compris que ces pratiques sont à traiter en lien étroit avec l'intelligence économique, la politique industrielle, le commerce extérieur, les relations diplomatiques et le rayonnement international au sens large. Tout cela n'est qu'un seul et même sujet en termes de stratégie et doit, en France, être traité en conséquence par « l'État stratège » que tant de personnes appellent de leurs vœux. Il suffirait « simplement » qu'un homme politique doté d'une vision à long terme s'y attelle.

CHAPITRE 5

Les autres acteurs de l'influence

Dans notre société mondialisée, les frontières entre catégories d'acteurs sont de plus en plus poreuses. Les cartes de la puissance ont été redistribuées, en partie du fait des développements de l'information. Des entreprises, des banques et fonds, des associations, des instituts de réflexion, des forums et même des individus peuvent ainsi soit décupler leur influence, soit en acquérir une. L'influence internationale n'est plus liée au pouvoir souverain, comme le montre le poids des entreprises, ni au pouvoir financier, comme le montre le cas des ONG. En sens inverse, ce n'est pas parce qu'un acteur est très riche qu'il est très influent. Elle n'est pas liée au statut de personne morale : des personnalités telles que Bill Gates, George Soros ou Muhammad Yunus ont une influence importante sur les décideurs internationaux.

Des entreprises exposées

Les acteurs privés ont acquis un poids financier comparable à celui des États. Les 500 premiers groupes mondiaux représentent plus de la moitié du PIB mondial.

Un rôle défini par l'ONU

La montée en puissance des acteurs privés n'est pas due qu'à leur poids financier ni qu'à l'action des marchés. Elle procède d'une volonté multilatérale officiellement exprimée, déjà mentionnée (voir le premier chapitre).

Qu'est-ce qu'une entreprise multinationale ? Selon la définition de l'OCDE, « *il s'agit généralement d'entreprises ou d'autres entités établies dans plusieurs pays et liées de telle façon qu'elles peuvent coordonner leurs activités de diverses manières. Une ou plusieurs de ces entités peuvent être en mesure d'exercer une grande influence sur les activités des autres, mais leur degré d'autonomie au sein de l'entreprise peut être très variable d'une multinationale à l'autre. Leur capital peut être privé, public ou mixte*». Elles disposent d'un poids immense à l'intérieur des États, en termes d'emploi et d'impôts et en même temps d'un champ d'action international qui leur permet d'échapper en partie aux règles d'États limités territorialement.

Comme nous l'avons dit dans le chapitre 2, c'est la Conférence de l'ONU de Johannesburg, en 2002, qui paracheva les fondations de la nouvelle responsabilité du secteur privé dans la recherche du développement durable. Les entreprises deviennent des interlocuteurs quasi officiels des organisations internationales, elles sont une source du droit *via* leurs activités de *lobbying*, il convient donc de s'assurer de leur éthique. Dans un monde d'interdépendance et de libéralisation des marchés, il faut tout de même quelques règles du jeu. Pour ces raisons, les entreprises, pour pouvoir jouer pleinement leur rôle mondial, doivent se conformer à des principes de base : la RSE, responsabilité sociale des entreprises, est née.

Là est le sens profond du développement durable, pendant de l'interdépendance des marchés pour assurer des échanges à peu près présentables. Cette doctrine n'est pas née et ne s'est pas développée par hasard. Sa diffusion a été servie par l'appareil multilatéral onusien qui l'a adoptée en l'absence d'autre concept unificateur au plan mondial. Ces processus sont de beaux exemples d'actions d'influence, avant que le développement durable ne devienne lui-même un merveilleux outil en ce sens, permettant de légitimer beaucoup de règles et de décisions [1]. Les institutions internationales ont encouragé ce mouvement, pour disposer d'interlocuteurs agissant à leur niveau, mondial, les États étant limités par leurs intérêts territoriaux. Les entreprises multinationales et associations professionnelles internationales (du type Chambre de commerce internationale, CCI, ou World Business Council on Sustainable Development, WBCSD) sont ainsi devenues des « parties prenantes » très présentes et appréciées des institutions auxquelles elles fournissent des idées, arguments, positions, dans la plus pure tradition du *lobbying* américain, au même titre que les ONG et que toute la myriade d'organismes de création d'idées.

Des entreprises diplomates

Comme on l'a vu plus haut, et en termes très résumés, la mondialisation en cours laisse le champ économique mondial libre aux entreprises, leur laisse faire des profits et satisfaire leurs actionnaires, mais elles doivent en contrepartie respecter quelques règles de conduite rassemblées sous le nom de RSE. À noter que seules les entreprises ont été soumises à ces règles, alors que se développaient des acteurs privés plus puissants, les fonds d'investissement, de pension, les *hedge funds*... dont les comportements ont autant sinon plus de conséquences sur l'économie que ceux des entreprises. Mais eux n'ont pas été régulés, ou très faiblement.

La combinaison de ce nouveau rôle avec leur présence internationale et leur puissance financière a forcé les entreprises à mettre en place des « diplomaties d'entreprise » (*business diplomacy*) qui sont le pendant des diplomaties économiques auxquelles ont dû s'astreindre les États. Elles ont dû le faire aussi pour des raisons commerciales. Selon François Pitti[2], « *la perception de la valeur des entreprises a beaucoup évolué en quelques décennies. D'abord mesurée à l'aune du périmètre et donc des ventes, elle a rapidement pris en compte les profits nets actualisés, puis la capitalisation. Au-delà du poids boursier, la valeur commence à intégrer le rayonnement de la marque et la réputation des sociétés* ». C'est dire que ces entreprises vont devoir mener des politiques d'image puis d'influence pour, d'une part préserver leur valeur, d'autre part, jouer le rôle d'interlocuteur que leur demandent les pouvoirs multilatéraux. Image mais aussi influence font partie de la valeur d'une entreprise et sont du reste indirectement notées. Ce qui est noté et bien apprécié par les analystes financiers et extra-financiers, c'est la capacité d'une entreprise à faire face à ses risques donc, entre autres, à avoir mis en place des réseaux d'influence suffisants pour lui venir en aide en cas de crise ou encore une influence suffisante auprès des pouvoirs publics nationaux et surtout internationaux pour agir sur des décisions qui touchent l'entreprise.

Sur un plan purement commercial, l'action de l'entreprise peut de moins en moins s'exercer seule mais doit tenir compte de son image, de celle de son secteur et de celle de son État d'origine. De ce point de vue, même les entreprises multinationales sont concernées. Souvenons-nous des appels au boycott d'achats de produits français en Turquie à la suite du vote par les députés français d'un projet de loi reconnaissant le génocide arménien en 2006 ou encore en 2003 aux États-Unis, après le non à l'intervention en Irak du Premier ministre français. L'inverse est moins vrai mais pas totalement absent : les « mauvaises conduites » alléguées d'entreprises dans des pays tiers peuvent nuire à l'image nationale et gêner le commerce d'autres entreprises, voire l'action de l'État, comme par exemple les accusations (souvent téléguidées) contre Areva et des entreprises de travaux publics au Niger ou encore contre Total au Myanmar. Les « marques » publiques et privées sont liées. Les États sont eux aussi des marques mondiales. Ils doivent gérer cette nouvelle situation.

Mais c'est aussi le cas en dehors de tout événement politique. Les entreprises, surtout les grandes, ont une nationalité symbolique et emblématique même si ce n'est pas celle de l'immatriculation de la société : par exemple, Mittal apparaît comme indien alors que c'est une société de droit anglo-néerlandais, Cartier est réputé français alors qu'il est détenu par le groupe Richemont, dont l'actionnaire principal est sud-africain... Alcatel Lucent a une question récurrente à régler : ne pas apparaître américain en France et français aux États-Unis. Les relations sont à double tranchant : par exemple le PDG de Toyota, devant rappeler huit de ses modèles en février 2010, s'est fait rabrouer par le ministre des Affaires étrangères du Japon, compte tenu de l'image du Japon que véhicule cette société. Bien entendu, des instituts tels que le Reputation Institute suivent tous ces mouvements et publient des classements annuels.

L'influence comme gouvernance

Quels sont les objectifs concrets d'une action d'influence ? Pour une entreprise, les raisons d'avoir recours à une action d'influence sont nombreuses : défendre une position auprès d'autorités réglementaires (partie *lobbying* de l'action d'influence), se faire connaître sur la durée, construire des réseaux de confiance avec les décideurs, prescripteurs et toutes parties prenantes utiles, mieux recruter et attirer les meilleurs personnels, prévenir ou résoudre des conflits ou des crises (des partenaires solides de type ONG, relais d'opinion, institutions financières pourront aider l'entreprise à amortir les chocs, notamment en cas de crise de réputation). Plus sur le long cours que le *lobbying*, la diplomatie d'entreprise consiste en une politique de relations extérieures à long terme, sans intérêt immédiat. En somme, un mini *soft power* privé !

La diplomatie d'entreprise n'est gratuite qu'en apparence, elle aide *in fine* à gagner des marchés, ou à ne pas en perdre, à éviter ou à résoudre plus rapidement des conflits qui, dans les pays émergents en particulier, peuvent prendre la forme de rétention de matériel, de refus de paiement, de contrôles fiscaux aux intentions biaisées... De bonnes relations multilatérales permettent souvent de déminer les situations, sans les versements corruptifs demandés. Un bon réseau d'amis partout permet de prévenir la crise, ou de la maîtriser plus vite. Parlons aussi d'influence sur les consommateurs. Une mise en cause médiatique par des ONG connues peut rapidement faire baisser les ventes d'une entreprise. Une bonne image et surtout de bons partenaires relais d'opinion aident à « dégonfler » la rumeur. Intenter une action en justice est inopérant dans beaucoup de pays, long dans tous et surtout peu garanti de succès puisque les éventuelles décisions positives sont peu lues. Pendant ce temps, le message aura couru sur le Web et les appels au boycott auront été appliqués.

Une diplomatie digne de ce nom doit donc permettre à l'entreprise de disposer d'un réseau d'influence dans tous les milieux légaux. Les partenariats privilégiés avec des ONG, des *think tanks*, des organisations internationales, ne seront possibles que si l'entreprise veille à une « *compliance* », une conformité aux règles de comportement établies par la communauté internationale. Parfois, ce sont ces ONG elles-mêmes qui pourront assurer la certification de *compliance* ou former à son respect ! Ainsi Transparency International propose-t-elle des formations.

On peut citer le cas de cette grande entreprise concessionnaire dans le secteur des *utilities* (services d'utilité générale, comme l'eau ou le chauffage urbain, par exemple) dans un pays émergent qui, se voyant refuser une augmentation de tarifs prévue dans le contrat de concession à cause de la crise du pays et du risque d'augmentation de la pauvreté, n'accepta pas cet argument « politique ». Le concédant fit appel à ses engagements citoyens clamés partout, mais rien n'y fit. L'entreprise argua de son droit contractuel à augmenter les tarifs, mais la région lui répondit qu'un vrai partenariat tel que celui qui avait été présenté s'entend dans l'épreuve comme dans la croissance et que, compte tenu de la mauvaise santé économique de la région, l'entreprise devait mettre en application ses principes de responsabilité et faire un effort. L'entreprise refusa ces arguments et la relation s'envenima au point qu'elle partit du pays, tout en allant en justice. Entre-temps, des ONG locales avaient commencé à la critiquer sur Internet, en invoquant son égoïsme, son âpreté au gain et son hypocrisie. Une campagne d'associations et d'ONG commença sur le thème « toujours là pour exploiter le pays mais jamais là pour l'accompagner dans ses problèmes ». Puis le *naming & shaming* médiatique s'arrêta, alors même pourtant que les relations s'envenimaient entre l'autorité publique et l'entreprise. Cet apaisement soudain ne peut se comprendre que par les actions conjuguées du réseau fort complet d'ONG, de syndicats, d'associations professionnelles, *think tanks*... dont s'était patiemment dotée cette entreprise au cours des années précédentes. En effet, celle-ci menait depuis plusieurs années une diplomatie intelligente articulée sur de nombreux partenariats avec des ONG et des *think tanks*, elle participait à tous les rendez-vous des « parties prenantes » de la planète, elle finançait des recherches et des bourses d'étudiants méritants, et ce, dans quasiment tous les pays où elle exerçait. Le résultat fut à la hauteur de cet engagement. La rumeur qui avait commencé à se répandre sur Internet cessa : les partenaires avaient « fait leur travail », certains à la demande de l'entreprise, d'autres de leur propre initiative. Ils la défendaient auprès des prescripteurs d'opinion, presse, ONG locales, maisons mères de ces dernières... et celles-ci abandonnèrent finalement rapidement les attaques.

Tel n'avait pas été le cas quelques années auparavant pour Nike, qui tout en étant adhérente au Global Compact, ce tableau d'honneur onusien des entreprises responsables, fut convaincue d'avoir menti en affirmant qu'elle en était une, alors qu'elle faisait travailler des enfants dans ses ateliers d'Asie du Sud-Est. Elle fut condamnée pour publicité mensongère sur la base d'un recours intenté par une coalition d'ONG et, surtout, fut victime d'un appel au boycott relativement suivi, jusqu'à ce qu'elle fasse publiquement amende honorable et indique sur son site les adresses de tous ses ateliers, visitables à tout moment.

Les associations professionnelles jouent également des jeux d'influence importants. Certaines sont très actives et emploient des permanents pour dialoguer avec les institutions internationales. Elles peuvent être généralistes comme la très puissante ICC/CCI (International Chamber of Commerce ou Chambre de commerce internationale) située à Paris mais peu fréquentée par les Français, ou le World Business Council for Sustainable Development (WBCSD), porte-voix des grandes entreprises mondiales sur le développement durable, donc en réalité sur tous les sujets, ou spécialisées. Dans ce cadre, on trouve les associations d'entreprises auprès d'organisations internationales spécifiques, comme le Business Industry Advisory Committee (BIAC) auprès de l'OCDE, Business Europe-ex-UNICE) auprès de l'Union européenne... On trouve aussi des associations spécialistes d'un domaine, par exemple l'IPIECA, pour les questions pétrolières.

Toutes ces entités ont pour but d'exercer une influence professionnelle et de faire valoir les intérêts de leurs membres, en n'oubliant jamais leur responsabilité quasi institutionnelle de *stakeholder*, ou partie prenante, qui doit défendre ses intérêts tout en apportant une pierre à l'intérêt collectif. Comme les entreprises, ces structures professionnelles travaillent avec les ONG, syndicats et autres parties prenantes.

Des ONG multifonctions

L'expression « organisations non gouvernementales » a été créée par la Charte de 1945 des Nations unies pour désigner des associations non étatiques agréées et consultables par le Conseil économique et social de l'ONU (ECOSOC). Les ONG enregistrées sont soit généralistes, soit spécialisées, et sont consultées dans leur champ de compétences. Dans cette définition des Nations unies, une ONG représente tout mouvement non gouvernemental, y compris organisation syndicale, professionnelle ou association d'entreprises[3]. Le Conseil de l'Europe octroie aussi le statut d'OING (« I » pour internationale) depuis quelques années. D'autres institutions, comme la Commission européenne, ne leur accordent pas de statut particulier mais les utilisent abondamment comme opérateurs et partenaires.

Une ascension fulgurante

Les organisations non gouvernementales (ONG) ont débuté leur médiatique carrière d'acteurs de la mondialisation en 1999. Leur développement a notamment bénéficié de celui des technologies de l'information. Comme on l'a vu, leur ascension médiatique a commencé lors de la Conférence de l'OMC de Seattle, quand une foule d'environ 40 000 protestataires, représentant des mouvements très divers, réussit à bloquer les travaux des délégués. Les ONG qui les dirigeaient rencontrèrent le succès en contrant ainsi les institutions et les États les plus puissants du monde. Il fut compris qu'elles représentaient les citoyens, la « société civile », et ce message fut repris dans le monde par les chaînes de télévision. Seattle a marqué la naissance d'une opinion publique mondiale, portée par les ONG. Cette nouvelle légitimité leur a été très souvent contestée, il n'empêche qu'elles sont aujourd'hui des « parties prenantes » (*stakeholders*) essentielles, interlocuteurs à part entière des organisations internationales, des États et des entreprises. Comme les organisations internationales et en liaison forte avec elles, les ONG sont devenues – parallèlement à leur vocation d'origine – des centres de réflexion, de production et de promotion d'idées. Leur structure par nature en réseau les rend parfaitement adaptées aux exigences de l'influence internationale.

Sous des noms et des statuts divers, les ONG ont toujours existé[4], dans toutes leurs dimensions actuelles : humanitaires, sous le nom de confréries charitables ou sociétés de secours, porteuses de messages et défenseurs de la justice sous le nom de cercles de pensée..., mais c'est leur capacité à communiquer mondialement sur des causes qui a permis à la fin du XXe siècle leur multiplication, la montée en puissance de leur rôle et l'énorme croissance de leur influence dans tous les pays. L'émergence de la mondialisation, la baisse de souveraineté des États et la nécessité de règles supranationales ont donné à ces associations un développement inimaginable. Les organisations internationales (OI) ont poussé au développement d'ONG de même niveau mondial qu'elles, pour avoir des interlocuteurs non limités territorialement comme le sont les États, et souvent plus experts. En outre, les OI n'étaient pas fâchées de faire ainsi contrepoids aux États qui les brident. Enfin, dans le cadre de la mondialisation libéralo-morale, les grandes

ONG sont le pendant parfait des entreprises, dont elles sont à la fois partenaires et juges. *Last but not least*, à ce niveau multinational, les ONG sont essentiellement... anglo-saxonnes. Aujourd'hui, les ONG exercent des influences diverses et à plusieurs niveaux. Le terme recouvre en effet une multiplicité de formes juridiques et de fonctions.

Les ONG peuvent avoir leurs propres programmes mais collaborent généralement avec des OI, des États et/ou des entreprises, qui les financent à des degrés divers. Elles sont d'abord opératrices, expertes dans un domaine, c'est le cas par exemple de l'ONG française Solidarités, qui sait ramener l'eau dans les zones les plus détruites ou les plus pauvres, en prenant en charge les populations locales. Elles interviennent en urgence mais aussi en développement, dans des programmes durables de réduction de la pauvreté, de santé, d'éducation, d'accès à l'eau... Quand les États sont détruits, les ONG peuvent devenir de véritables autorités, assumant des missions en temps normaux régaliennes, avec un statut neutre. C'est le cas entre autres dans les pays en sortie de crise mais aussi sur le long cours, pour des activités délicates comme par exemple l'éducation des filles en Afghanistan après le départ des talibans. Elles sont aussi parfois employées comme maîtres d'ouvrage et investies du pouvoir de choisir les entreprises qui interviendront, par exemple après une catastrophe naturelle. Elles exercent à ce titre une influence manifeste, notamment quand il s'agit de reconstruire des infrastructures matérielles et immatérielles.

Leur rôle, dans ces cas-là, a été souvent évoqué comme relais ou poisson pilote d'entreprises intéressées à des marchés ou d'États soucieux d'implanter une influence à long terme dans le pays. Là encore les Américains semblent bien organisés avec toute une palette d'associations de type ONG qui soutiennent plus ou moins les intérêts de leur pays : Peace Corps, US Engineers, missions évangéliques, l'ensemble en partie financé par l'USAID, l'agence de développement américaine. Les ONG, les entreprises et l'armée interviennent ensemble dans ce qu'on appelle aux États-Unis CIMIC (Civil Military Cooperation) et en France les ACM, actions civilo-militaires. Certaines grandes entreprises, y compris françaises, ont créé leurs propres ONG, sous forme d'associations ou de fondations. La capacité d'influence de ces activités est évidente dans des pays déstructurés.

Des influences tous azimuts

Il est souvent dit que les ONG sont « vendues » aux entreprises et/ou aux États, qu'elles manipulent l'opinion par l'émotion ou, en sens inverse, qu'elles sont manipulées. Cela arrive bien sûr, mais généralement les ONG de toutes tailles sont parfaitement conscientes des intérêts et des intentions éventuelles des autres acteurs économiques et si elles sont instrumentalisées, c'est en toute connaissance de cause. Quant à manipuler elles-mêmes pour d'autres intérêts, il est probable qu'un certain nombre d'ONG coopèrent avec leurs États, ou avec d'autres acteurs, mais comment réellement appeler cela ? Il est certain que les ONG gagneront à être soumises aux mêmes règles de transparence financière que les autres acteurs économiques.

Les partenariats entre entreprises et ONG sont devenus courants et professionnels, contrairement à leurs débuts, à partir de 2000, où ils étaient quasiment un acte de foi d'un dirigeant d'entreprise[5].

Ces partenariats constituent des moyens pour les entreprises d'acquérir et d'entretenir une crédibilité. Dans le grand jeu de la gouvernance libéralo-morale, ils sont la part morale, citoyenne et responsable. Car ils sont bien considérés par les autorités publiques nationales et internationales. Cela leur permet aussi de s'adapter en permanence aux évolutions des exigences de responsabilité sociale. Pour les ONG, c'est un moyen de contribuer à mettre en œuvre concrètement des principes de responsabilité sociale tout en trouvant des financements. Nul n'est dupe, les ONG savent bien que les entreprises souvent « s'achètent une conduite » en s'engageant avec elles et les entreprises savent qu'elles vont devoir faire de réels efforts. Si cela fonctionne correctement, les influences croisées sont importantes et les couples ONG-entreprises peuvent devenir puissants. Nul doute par exemple que son partenariat depuis 2000 avec l'ONG environnementale WWF a contribué à la bonne image et à l'influence du cimentier Lafarge et, réciproquement, que l'alliance et les financements de cette dernière ont été utiles à l'ONG pour apprendre à travailler avec une organisation fondamentalement différente et pour s'imposer dans la jungle des ONG.

Certaines ONG jouent des rôles politiques de résolution de conflits et d'intermédiation entre belligérants. C'est le cas de Sant' Egidio, qui a développé une véritable ingénierie dans ses médiations réussies au

Mozambique, en Algérie, au Guatemala... pour faire passer les parties d'une culture de guerre à une culture de paix. On peut également citer l'International Crisis Group, une véritable institution de diplomatie privée, en réalité plus vraiment privée, tellement elle réunit d'anciens dirigeants publics. L'importance des missions de réduction de crises qui lui sont confiées par les OI et les États est étonnante. C'est une institution de culture anglo-saxonne, dont les Français sont quasi absents.

Les ONG sont le troisième pilier du triptyque qui construit la gouvernance mondiale, à côté des organisations intergouvernementales (OI) et des entreprises multinationales. Elles sont devenues créatrices de droit : par leur *lobbying* dans les enceintes multilatérales, par leur participation au travail de réflexion et par leur création directe. Certaines ONG rédigent des textes qui sont de la *soft law* directement applicable, comme les bonnes pratiques anti-corruption de Transparency International ou qui inspirent des lois, comme la Global Reporting Initiative (GRI), à moitié ONG, à moitié institut expert, dont les préconisations en matière de *reporting* environnemental ont indirectement inspiré des dispositions de la loi NRE.

Les ONG formatent aussi une partie du commerce international par la labellisation et la certification qu'elles promeuvent et arrivent parfois à imposer aux autorités publiques : un exemple de labellisation est la « production équitable », avec des labels tels que Max Havelaar pour le commerce équitable, sur la base des normes établies par Fairtrade Labelling Organisations (FLO). Quant à la certification, elle est souvent un droit d'entrée sur un marché : on peut citer dans ce cas la certification durable des biocarburants ou agrocarburants, assurant que les plantes ont été cultivées dans des conditions physiques et humaines de développement durable. À signaler que les normes servant de base à la certification ont été élaborées à partir des travaux d'ONG ou alliances d'ONG et d'entreprises (WWF, la Biofuels Roundtable de Lausanne...), d'associations professionnelles internationales (IETHA) ainsi que d'États (Allemagne, Pays-Bas, Brésil hors UE), et ont ensuite été acceptées par l'Union européenne. Enfin, certaines ONG comme Oxfam disposent de leurs propres magasins, gérés selon les meilleures règles de management.

En dernier lieu, les ONG ont un rôle d'influence par le contrôle de moralité qu'elles exercent dans la gouvernance libéralo-morale. Certaines d'entre elles sont uniquement vouées à l'activité de surveillance, ce sont les ONG que l'on appelle « vigies », comme Transparency International, pour les pays, qui établit un index de corruption des États ; comme Global Witness pour les compagnies pétrolières afin de vérifier l'existence de pots-de-vin ; Amnesty International, Fédération internationale des droits de l'Homme (FIDH)... Elles exercent un rôle de *naming & shaming* des autres acteurs économiques, entreprises comme États, c'est-à-dire une exposition médiatique des turpitudes. Celle-ci atteint l'image : pour l'entreprise c'est la valeur qui est touchée, pour l'État c'est son attrait pour les investisseurs et sa crédibilité comme acteur international. Les règles de gouvernance sont une chasse gardée des ONG anglo-saxonnes, ou plutôt l'étaient car se développent des organisations bruxelloises de type ECODA (Confédération européenne des associations d'administrateurs) qui rassemblent des associations nationales d'administrateurs indépendants et développent des pratiques propres. Il reste que les ONG anglo-saxonnes sont toujours très actives, rédigent des propositions et les promeuvent auprès des institutions internationales. C'est ainsi qu'est née par exemple l'idée du *whistleblowing* mentionnée plus haut, ou faculté de dénoncer confidentiellement un comportement inapproprié en entreprise sans risquer d'être sanctionné.

De la moralité on passe de temps en temps à la religion : c'est le cas de certaines ONG, missions évangéliques américaines humanitaires en Algérie, par exemple, ou organisations islamiques dans divers pays d'Afrique, d'Asie et d'Europe. Ce phénomène est nouveau mais pas étonnant. La montée en puissance de l'expression des religions se voit au sein de l'ONU, comme elle se voit au sein des pays anglo-saxons, avec la mise en place de communautarismes, où les religions peuvent aller très loin dans l'instauration de leurs propres règles. Il n'est dès lors pas anormal que les religions s'expriment aussi de plus en plus ouvertement dans les ONG. D'autant que dans leurs activités humanitaires, ces ONG religieuses sont souvent financées par les États, l'aide au développement américaine d'un côté et les fonds islamiques de l'autre.

Certaines ONG sont capables d'assumer toutes ces fonctions à la fois (hors la dernière, religieuse, qui reste limitée et spécifique à certaines régions). Elles sont alors véritablement des puissances internationales. C'est le cas par exemple d'Oxfam, dont l'influence est très forte dans les organisations internationales comme auprès des gouvernements. Dans chaque secteur, on trouve également des ONG de référence qui exercent une influence incontournable. Les grandes ONG internationales de culture anglo-saxonne sont de véritables organisations au personnel nombreux et souvent bien rémunéré. Elles sont gérées par des professionnels qui maîtrisent parfaitement les règles du marketing et de l'influence. Nous sommes dans une culture protestante, où argent et morale vont bien ensemble, contrairement à la vision catholique. Cela dit, les ONG françaises évoluent dans le même sens. Les ONG savent s'associer quand nécessaire pour faire aboutir leurs vues, y compris au diable, à savoir des entreprises multinationales que par ailleurs elles critiquent. En sens inverse, pour aboutir à leurs fins, des entreprises n'hésitent pas, comme on l'a vu, à utiliser leur influence.

Aujourd'hui, les ONG se sont tellement développées et multipliées que certaines sont accusées par des instituts experts (composés d'ex-membres d'ONG) d'être devenues de véritables institutions politiques, éloignées de la réalité et du pragmatisme qui avaient fait leur force[6]. Le « retour de bâton » n'est pas loin.

Des fondations puissantes

Les fondations ne sont pas encore soumises à ces critiques. Elles sont moins connues. Pourtant, certaines d'entre elles ont une influence de niveau mondial tout à fait étonnante. On pense à la Fondation Bill & Melinda Gates qui, dotée de plusieurs milliards de dollars et dont le budget est supérieur à celui de l'OMS, intervient dans les pays pauvres dans les domaines de la santé, de l'agriculture, de l'éducation... à peu près comme les aides au développement des États. Cette fondation est soit louée pour son action plus efficace que celles des administrations du développement, soit critiquée car avec sa puissance financière elle influence très largement les choix des politiques, par exemple en matière de vaccination ou encore de sécurité alimentaire. Elle se serait, dit-on, alliée à la firme Monsanto fin 2011 pour distribuer des semences OGM gratuites dans des pays pauvres.

Ces fondations ont des objectifs divers, certaines comme les Carnegie, Rockefeller, Heritage... promouvant des politiques intérieures et extérieures pour les États-Unis.

On peut citer les fondations Open Society de George Soros, créées par ce milliardaire d'origine hongroise en 1984, soit cinq ans avant la chute du mur de Berlin, pour aider les États en transition du communisme vers le libéralisme. On peut admirer sa prescience. Elles ont beaucoup contribué au développement des conceptions américaines de la liberté, de la démocratie, du libre-échange... dans les pays d'Europe centrale.

Les anciens présidents ou vice-présidents démocrates aiment continuer à se consacrer à des activités d'intérêt général. Parfois, ils créent eux-mêmes une fondation, comme le président Clinton et sa William J. Clinton Foundation, qui traite des sujets les plus variés, de la santé à l'économie. Les fondations sont innombrables et jouent un rôle capital aux États-Unis : elles sont le nerf de la guerre de l'anticipation et de l'influence que mène ce pays depuis la Deuxième Guerre mondiale et même avant. Jusqu'à il y a peu, elles se cantonnaient soit à l'humanitaire pur, soit aux idées. Elles ont suivi le même chemin que les ONG : aujourd'hui on trouve des fondations « généralistes » qui tout à la fois financent des programmes de santé publique, de recherches diverses, d'enseignement... et diffusent des idées et modèles politiques et économiques.

Des organisations internationales au cœur des influences

On est habitué à appeler organisations internationales des institutions intergouvernementales créées par accords entre les États. Elles sont encore les plus nombreuses aujourd'hui. Elles sont traversées par des influences de toutes sortes et en exercent elles-mêmes très en amont sur la gouvernance du monde. Mais elles ne sont plus seules.

Des institutions traditionnelles toujours influentes

Les institutions internationales – ou intergouvernementales – traditionnelles sont à la fois acteurs et hauts lieux des jeux d'influence. Créées pour la plupart après la Deuxième Guerre mondiale, certaines avant, comme l'Organisation internationale du travail (OIT, créée comme Bureau international du travail en 1919) ou l'Union internationale des télécommunications (1865, sous le nom d'Union télégraphique internationale et 1934 sous son nom actuel), elles sont parfois dénoncées comme archaïques. Pourtant, la plupart ont beaucoup évolué. En vérité, certaines plus que d'autres, celles qui ont compris comment profiter de la mondialisation pour développer leur influence. Dans cette catégorie entrent sans conteste les institutions dites de Bretton Woods et l'OCDE qui, bien qu'organisation régionale, élabore des textes et des pratiques de portée mondiale. D'autres sont nées de la mondialisation, comme l'OMC créée en 1995 pour élargir et institutionnaliser le GATT, qu'elle a englobé, ou le Programme des Nations unies pour l'environnement (PNUE), créé en 1972 pour gérer le début du grand mouvement environnemental né à la conférence de Stockholm de 1972. Les institutions et banques régionales se sont beaucoup développées, la région étant entendue dans ce cas au niveau du monde ! L'ONU regorge d'institutions spécialisées dans presque tous les secteurs, de programmes, d'agences, d'institutions financières... Toutes travaillent, rédigent, opèrent, contribuent à la gouvernance mondiale, qu'il s'agisse de maintien de la paix, de règlements politiques et, plus encore, de gouvernance économique. Ce dernier aspect est beaucoup moins connu.

Les institutions intergouvernementales ont d'abord un pouvoir qui leur est attaché et conféré par leurs États membres, celui de fabriquer des accords multilatéraux. Aujourd'hui les États ne sont plus les seuls à les discuter même si officiellement cela est encore le cas. Les textes sont décidés après une large expression des intérêts privés, ou *lobbying*, de plus en plus réglementé, et, dans l'Union européenne, avec recours de plus en plus systématique à consultation publique sur Internet. Les fonctionnaires internationaux n'inventent pas les règles, ils sont trop peu nombreux, il y faut trop d'expertise, ils écoutent les divers avis, à la fois pour l'initiative des textes (en plus des États) et pour leur « fabrication ». L'Union européenne elle-même fonctionne aujourd'hui de cette manière, alors qu'historiquement elle relève d'une culture de type continental franco-italo-allemand, où le *lobbying* n'était pas institutionnalisé.

Le Parlement européen enregistre désormais les lobbyistes, comme le Congrès américain. Ceux-ci ne peuvent, sinon, y entrer et les informations demandées sont nombreuses : noms des clients, chiffres d'affaires réalisés, noms des lobbyistes... On trouve encore des lieux où règne une culture différente, comme l'OIT, à Genève, bâtie sur un système tripartite « à la française », avec des représentants des syndicats, du patronat et des États. Les institutions mondiales sont très ouvertes au *lobbying*, celui-ci pouvant aussi s'exercer de l'intérieur... On pense à la Banque mondiale, dont le principal actionnaire et référent doctrinal est les États-Unis, mais serait l'Union européenne si les pays de l'UE votaient ensemble, et où il n'est pas très difficile de lancer des actions d'influence si elles apparaissent comme innovantes et efficaces. Par exemple, le classement Doing Business de la Banque mondiale, dont on a déjà parlé, monté par une équipe interne d'économistes, sans demande du conseil d'administration, apparemment. L'institution la plus réellement neutre et équitablement – mais peu – ouverte aux influences est indéniablement l'OMC (Organisation mondiale du commerce). Pour garantir un égal accès à la prise de décision, l'OMC a d'ailleurs créé un Office spécial en charge de la formation et de l'assistance technique aux pays pauvres pour les négociations. Elle est aussi la seule à disposer de son « tribunal » interne, l'Organe de règlement des différends. L'OMC agace souvent les États-Unis, ainsi pour la première fois soumis à une juridiction supranationale, qui peut notamment les condamner, comme tout autre pays, à changer leurs lois et qui ne s'en prive pas quand cela est nécessaire.

Les nouvelles formes d'organisation internationale

Dans les organisations publiques, on doit aujourd'hui mentionner des groupements comme le G8 et le G20. Si elles ne sont pas institutionnalisées par des traités, ces structures sont cependant de hauts lieux d'influence. Les « G » ou groupes d'États ne datent pas du G8[7], lui-même d'abord G5 lors de sa création en 1975 sur la proposition de Valéry Giscard d'Estaing. Ce groupe était à l'époque très informel. C'est une intuition véritablement intelligente qui a conduit à imaginer ce nouveau schéma, qui entrevoyait très en amont les nécessités de la mondialisation naissante. Le G20[8] a été activé en tant qu'organe de gouvernance mondiale à partir des crises de 2007-2008. Il existait déjà en tant que réunion des ministres des Finances ; il est d'ailleurs intéressant de noter que c'est la finance qui a donné naissance au G20 que nous connaissons. Il semble *a priori* que la structuration de ces groupes, qui désormais se réunissent deux fois par an, marque une reprise en main de la gouvernance mondiale par les États souverains. C'est en partie vrai, mais en partie seulement, si l'on regarde les influences sous-jacentes : par exemple, les « *sherpas* », aides techniques qui rédigent les textes et préparent les réunions pour les chefs d'État, sont aujourd'hui parfois des membres issus de cabinets de conseil privés, ainsi au fait de toutes les politiques publiques internationales... voire même qui y contribuent ! Les conclusions d'une des dernières réunions du G20 étaient ainsi rédigées à l'avance (ce qui est habituel) avec l'aide d'un grand cabinet anglo-saxon (ce qui l'est moins) qui les faisait circuler pour avis. Il y a désormais dans ces structures une porosité aux influences privées extérieures presque égale à celle que l'on observe dans les organisations internationales traditionnelles ouvertes au *lobbying*.

Il faut également prendre en compte la multiplication et le développement des institutions et regroupements régionaux. La gouvernance mondiale se fera d'abord par leur coopération, plus que par un gouvernement mondial qui devrait arriver beaucoup plus tard, voire jamais. Le Dialogue asiatique (Asia Cooperation Dialogue) se développe, va un jour fédérer les organisations régionales existantes (ASEAN, SAARC), et commence à dialoguer avec les États du Golfe. L'Union africaine en Afrique et le Mercosur en Amérique latine se renforcent peu à peu également. On voit des coopérations improbables se développer, comme entre la Russie, la Chine et plusieurs Républiques d'Asie centrale, au travers de l'Organisation de la coopération de Shanghai, créée en 2001. Il faut évidemment rappeler l'Union européenne, institution *sui generis*, unique dans le monde, à laquelle ses États membres ont délégué une partie de leurs attributions souveraines. C'est encore un schéma juridique, économique et politique non imité. On trouve aussi des institutions régionales thématiques comme l'Organisation pour l'harmonisation du droit des affaires en Afrique (OHADA), qui a pour mission de créer un droit économique unifié, d'abord en Afrique francophone puis, le succès aidant, dans d'autres États. Le Ghana par exemple est très intéressé à cette intégration. Cette organisation joue un rôle crucial en Afrique, si l'on admet que le frein principal aux investissements est la diversité et l'insécurité des droits existants.

Ces associations, zones et alliances régionales sont de plus en plus nombreuses[9] et produisent des règles et des pratiques. Toutes fonctionnent sur le modèle des expressions et affrontements d'influences. À leur tour, elles produisent des influences sur les sujets de niveau mondial. D'où l'intérêt de travailler avec elles sur des thèmes sensibles, comme les normes sociales par exemple.

Pouvoirs formels et informels

Au pouvoir de fabriquer la règle multilatérale s'ajoute pour certaines OI une puissance d'influence importante, peu visible et efficace, par les concepts et méthodes qu'elles inspirent et qui vont peu à peu à leur tour irriguer leurs États membres. Sur le fond, elles travaillent toutes dans le cadre d'une mission générale définie par l'ONU, qui s'ordonne autour des quatre piliers du développement durable. En réalité toutes les organisations internationales n'appartiennent pas au système des Nations unies, mais quasiment toutes se sont approprié le développement durable. Même les fonds de développement islamiques qui marquent bien leur différence avec l'Occident se réclament de la responsabilité sociale et de l'éthique. Toutes ont développé et imposent aujourd'hui des exigences de pratiques environnementales dans leurs réglementations et dans les marchés qu'elles commandent. Beaucoup ont contribué au développement de la *soft law* : la leur bien sûr mais aussi celle d'organisations privées.

Ces « bonnes pratiques » ont essaimé : c'est ainsi que tous les dossiers de financements présentés aux agences de crédit export contiennent aujourd'hui des obligations d'étude d'impact environnemental et social, sur la base de critères issus des ONG et instituts experts privés. Les OI soutiennent aussi l'émergence de principes auto-élaborés, comme les chartes éthiques professionnelles d'un secteur. Ces règles ne sont pas contraignantes mais très fortement recommandées pour faire partie du « club [officieux] des parties prenantes agréées ». La sanction du non-respect de cette « règle » n'est pas celle du tribunal mais celle du *naming & shaming* direct par les OI (mise sur listes noires publiques) ou *via* les ONG.

Plus encore que les textes eux-mêmes, dont le contenu est déjà très important, toutes ces pratiques soutenues par les OI assoient peu à peu un fonctionnement mondial selon un droit non positif, non codifié, auto-élaboré par les parties prenantes en lien informel avec les OI.

La fonction d'influence des organisations internationales ne se limite pas à l'élaboration des règles. Elles sont également pourvoyeuses de financements, attribués aux États récipiendaires et alimentés par les donateurs. Là les jeux d'influence jouent à plein, entre les États qui cofinancent ces apports. Il s'agit de ne pas laisser ses fonds se diluer dans le fonds général mais d'en tirer si possible un bénéfice, économique et/ou politique ! Les programmes multilatéraux d'assistance technique sont de véritables outils d'influence publics et privés. Les États peuvent y placer leurs hommes – ingénieurs, juristes, médecins, enseignants, magistrats, financiers – quand les entreprises, bureaux d'études et cabinets de conseil y trouvent une véritable manne. Ces influences sont d'ordre immatériel et de long terme. On pense aux innombrables projets d'organisation de ministères, de banques, de Banque centrale, de soutien aux PME, au tourisme..., délivrés aux pays pauvres. Cette fonction est encore plus importante dans les programmes de sortie de crise et de reconstruction.

Certaines institutions internationales ont également compris que leur puissance ne résidait pas que dans l'intergouvernemental, ni même dans le partage de pouvoir avec les ONG et les entreprises pour minorer le rôle des États, mais aussi dans l'influence des idées. C'est ainsi par exemple que la Banque mondiale possède son propre *think tank*, le World Bank Institute, qui met au point des doctrines de développement et produit une pensée réputée dans le monde, ou que l'OCDE, en plus de son rôle de comptable des aides au développement et de créatrice de conventions économiques entre États, est devenue elle-même un véritable *think tank*, particulièrement opérationnel puisqu'il produit sa propre *soft law*.

On dit parfois que le multilatéral est en perte de vitesse. Il est probable que les institutions internationales telles que nous les connaissons évolueront, que celles de niveau régional se développeront et peut-être même se multiplieront. La position des États-Unis vis-à-vis des OI est bien sûr fondamentale car leur départ signifie la mort ou la stagnation de l'organisation. Il semble que les États-Unis soient régulièrement tentés par l'isolationnisme mais n'y cèdent que peu, par exemple à l'UNESCO qui pour eux est un « poil à gratter » perpétuel, peu égratignant cependant car, par la faute de ses membres, elle a beaucoup perdu de son influence mondiale. Selon Philip Stephens, du *Financial Times*, les Américains peuvent avoir envie de réduire leur implication internationale mais ne le pourront pas car leur économie est de plus en plus intégrée dans l'économie internationale, qu'ils reposent sur les investissements étrangers pour financer leur consommation et que leur grand potentiel rival et en même temps banquier (la Chine) a besoin d'un système international stable pour prospérer [10]. Tout le monde se tient.

Du côté du lobbyiste, il est important d'abord de « dénicher » les institutions utiles qui ne sont pas nécessairement les plus connues. Par exemple, en matière normative, il faut connaître la CNUDCI, Commission des Nations unies pour le développement du commerce international, à Genève, qui élabore des législations types dans tous les domaines de l'industrie et du commerce, au sein de groupes de travail intergouvernementaux auxquels peuvent participer les experts privés amenés par leurs gouvernements. L'intérêt de ces travaux est qu'en cas de besoin de nouvelle législation, ou d'évolution, ils sont des « boîtes à outils » utilisables par les gouvernements.

Les agents des OI sont de cultures originelles très diverses, les organisations elles-mêmes ont des cultures collectives différentes, mais elles ont beaucoup de codes de conduite externes et internes, formels et informels, des standards de fonctionnement, en commun. À commencer par le respect demandé pour elles-mêmes des principes qu'elles défendent, par exemple et avant tout, éthique, transparence, égalité des « genres » (sexes). Tout cela est un équilibre complexe dont le lobbyiste ou le « diplomate d'influence » doit s'imprégner et jouer. Cependant elles servent en principe les mêmes valeurs.

À ce sujet, un mouvement d'influence nouveau se dégage : des valeurs que l'on croyait définitivement implantées, celles de la Déclaration universelle des droits de l'homme de l'ONU, sont parfois battues en brèche par des États membres. Il est alors bien heureux de trouver des contrepoids dans les ONG. On pense par exemple à la mise en cause du blasphème, et à la demande de la sous-commission des droits de l'homme de l'ONU à Genève de le reconnaître et de l'interdire. Un vrai travail de fond est mené par certaines entités pour faire évoluer les valeurs de l'ONU vers la prise en compte du religieux, en contradiction totale avec les textes fondateurs [11]. La compétition sur les valeurs se joue partout. Les alliances sont improbables mais réelles, par exemple entre défenseurs des marchés et régimes religieux intégristes. Nous y reviendrons.

Les créateurs de normes, producteurs d'influences

Des machines à influencer...

Dans un monde où la gouvernance est à construire et où les États ne veulent tout de même pas confier trop de pouvoirs aux organisations internationales, nous avons vu que les régulations souples de type *soft law* ou normes ont tendance à se développer fortement. La normalisation professionnelle est elle-même plus que jamais le résultat de la confrontation d'influences et s'adapte bien à l'hyper concurrence économique. Les entreprises de tous secteurs y jouent des compétitions à la fois dures et subtiles, en fait des coopétitions. Les groupes de normalisation sont composés de concurrents qui doivent s'entendre sur des positions. Dans les secteurs concurrentiels, les luttes d'influence sont déjà importantes au niveau national, alors que dire des niveaux supérieurs, européen et international ? Les procédures sont longues et coûteuses. Le « jeu en vaut la chandelle » cependant, car à son tour la norme issue de ces affrontements sera facteur d'influence puisqu'elle obligera de fait les professionnels d'un secteur à se plier à des pratiques.

Ce qu'on appelle « norme » en mondialisation recouvre des réalités très diverses. En principe la norme est un processus de régulation volontaire, qui résulte d'abord d'un accord entre professionnels. Elle peut ensuite être reconnue par l'État. Les instituts normatifs sont nombreux, sectoriels, généralistes, géographiques. Il existe des agences de normalisation dans chaque État, de statut public ou proche. En France, il s'agit de l'AFNOR, association d'utilité publique investie d'une mission d'intérêt général. L'Union européenne a le CEN, Comité européen de normalisation, tandis que l'échelon mondial est l'ISO, International Organization for Standardization. Dans tous les cas, la rédaction du texte final est le résultat de longues luttes d'influences entre différentes conceptions qui représentent différents intérêts.

Il y a en fait beaucoup de types et de sources de normes. Celles-ci ne sont pas seulement issues des instituts normatifs officiels : elles peuvent provenir d'instituts experts, comme par exemple l'IASB, International Accounting Standard Board, d'où sont issues des nouvelles normes comptables et financières européennes ; ou d'organisations de type ONG, comme les normes environnementales de la GRI, Global Reporting Initiative ; ou de cabinets, comme AccountAbility, dont le conseil d'administration est formé à la fois de représentants de grands cabinets de conseil, d'audit et de bureaux d'études et d'ONG ; ou encore il peut s'agir de contrats types, comme ceux que rédigent certaines grandes associations professionnelles comme la Fédération internationale des ingénieurs conseils (FIDIC). Malgré son sigle français, cette dernière est le domaine d'action privilégié des ingénieurs conseils britanniques et anglo-saxons. Elle déploie une activité normative importante de rédaction de contrats types de travaux, de consultance, de projets clés en mains... très influencée par les visions et le droit anglo-saxon. À leur tour ces modèles seront recommandés par les organisations internationales dans les marchés qu'elles financent. Elle agit en intelligence avec ses autorités publiques dans une vision bien conçue de défense d'intérêts et des emplois du pays. On peut dire que la FIDIC est créatrice de droit, tout comme la Chambre de commerce internationale (CCI) avec ses contrats types, sur tous les sujets.

Il ne faut pas oublier les normes d'éducation. Nous évoquerons *infra* les normes AASCB. Dans les formations techniques de la gouvernance, la même domination règne. Aujourd'hui, dans les domaines du management, et partout dans le monde, point de salut sans les labels comptables et d'audit estampillés par des instituts britanniques ou américains, les plus connus étant CFA et CIMA.

Un exemple fameux est celui des nouvelles normes européennes comptables et financières de 2005. Elles furent rédigées par l'International Accounting Standard Board (IASB), composé d'experts et situé à Londres, filiale de l'International Accounting Standard Committee (IASC) américain. C'est la Commission européenne qui le lui demanda, demande dûment publiée en 2000 au *Journal officiel des Communautés européennes.* Cependant, au moment où elles s'élaborèrent (entre 2000 et 2005), peu de monde s'y intéressa dans les professions financières françaises, en tout cas pour les critiquer. Ceux qui le faisaient étaient peu écoutés. Ce qui devait arriver arriva : l'IASB étant sous l'influence d'experts d'origine anglo-saxonne, le résultat consista en des règles de lettre comme d'esprit très différents des règles en place et en un changement en profondeur de l'infrastructure comptable et financière européenne, la rapprochant de celle des États-Unis, mais en plus rigoureux, et ceux-ci gardant finalement les leurs malgré la convergence annoncée comme un des gains de ces nouvelles normes. On peut légitimement se demander à qui a profité cet exercice : d'une part incontestablement aux grands cabinets d'audit et de comptabilité pour lesquels se sont ouverts des marchés fabuleux de formation, restructuration, remise à niveau... dans toute l'Union européenne ; d'autre part, à la diffusion d'un esprit de court terme qui est cohérent avec la volatilité des marchés et permet de faire encore plus d'affaires et plus vite. L'influence est là très profonde, elle touche des valeurs, une approche psychologique, culturelle et politique. Ces règles sont aujourd'hui décriées par beaucoup d'économistes pour plusieurs raisons, la principale étant leur influence macro-économique déstabilisante, du fait de l'obligation d'évaluations régulières des actifs au prix du marché dans les comptes. Les règles comptables amplifient ainsi les mouvements cycliques au lieu de les contrebalancer et concourent à l'instabilité des bilans en des périodes déjà trop instables. Ces mouvements cycliques ne sont cependant pas pour déplaire à tous, puisqu'en exagérant la mauvaise situation de certaines entreprises fragilisées, elles facilitent des rachats d'actifs par des grands fonds et groupes, sans parler des assurances que les entreprises sont obligées d'acheter. En sens inverse, en amplifiant artificiellement de bons résultats, elles permettent de hautes valorisations d'actions qui font le bonheur des vendeurs, des intermédiaires financiers et favorisent l'apparition de bulles en créant une euphorie générale artificielle.

Spécificité et enjeux des normes sociales

On parle beaucoup de la différence entre les normes sociales occidentales et les autres. Cet enjeu est au cœur de la mondialisation et apparaît à deux niveaux.

D'abord, dans la vie quotidienne des entreprises multinationales. Comment parviennent-elles à concilier les obligations de responsabilité sociale auxquelles elles sont soumises par leurs accords et partenariats avec les ONG et syndicats, avec le respect de la règle locale ? Quand par exemple une grande entreprise de la distribution a signé avec ses syndicats un accord-cadre international prévoyant des droits minimaux accordés aux travailleurs et que ces droits mêmes n'existent pas dans le pays d'investissement ? La solution est en général de passer un accord de partenariat avec une ONG déjà présente dans le pays qui se chargera de négocier avec les pouvoirs publics locaux. On est là au cœur d'influences croisées. De même, comment concilient-elles ce respect des règles d'éthique du commerce international avec des pratiques totalement différentes de concurrents ? Le sujet est complexe et ne relève pas de cet ouvrage. Disons simplement qu'une partie de la réponse réside dans un travail multilatéral assidu, des partenariats public-privé, pour produire des influences suffisantes et des mises en cause officielles si nécessaire.

Dans un autre registre, le thème de la différence de normes sociales entre pays riches et pauvres est devenu un *leitmotiv* en pleine crise et fermetures d'usines en France. La faute en est généralement attribuée aux bas salaires chinois ou asiatiques en général. Quelle est la solution ? Il apparaît qu'outre des politiques de réindustrialisation qui ne sont pas non plus l'objet de ce livre, les Européens pourraient enfin s'atteler à un travail d'influence à long terme : la promotion de normes sociales au sein des organisations internationales, en choisissant des alliés de poids. On peut penser au Brésil. Et pourquoi pas le Japon, qui dans son passé pas si lointain a connu ce type de problèmes de l'autre point de vue ?

On peut aussi penser à la Chine elle-même. N'oublions pas qu'après avoir suscité et promu le copiage, elle a radicalement changé quand elle en a vu les méfaits au sein de ses propres industries et s'est muée en acteur de lutte contre la contrefaçon. En dehors des politiques internes, la négociation et l'influence acharnées et suivies sont bien les seules façons de parvenir à un rééquilibrage des coûts du travail entre Union européenne et Chine. Encore faut-il que la Commission ait le désir politique de se lancer dans cette action. Les Européens ne manquent pas d'éléments, notamment le fait que les salaires les plus bas en Chine ne sont pas seulement l'apanage de Chinois mais aussi de fabricants occidentaux, comme on l'a vu, et que les salariés chinois (éventuellement poussés par leurs autorités) s'en émeuvent aussi.

RSE et labels : les marchés de la norme

Le développement de la *soft law*[12] associé à celui de l'influence normative a créé un véritable marché de la norme, très profitable. Les « produits » vendus sont des *process*, meilleures pratiques et méthodes, auxquels s'ajoutent les services dérivés plus rentables que sont la formation à l'application de ces textes, l'audit d'évaluation et le cas échéant la certification. Des chartes peuvent aussi être rédigées, sur la base de modèles. On est bien toujours dans le schéma libéralo-moral décrit plus haut : la gouvernance est assurée par le secteur privé lui-même, soit directement par les grandes entreprises et banques, soit par des consultants/ONG/instituts dédiés, qui y trouvent un marché et qui ont intérêt à collaborer avec les autorités, multilatérales en l'occurrence puisque les règles de RSE viennent d'elles. Comme tous les acteurs privés dans ce schéma, ils doivent en effet être crédibles et ne le seront que s'ils font partie de la communauté des *stakeholders* adoubés. On voit ainsi le *Board* d'Accountability compter un grand nombre de personnalités au *background* prestigieux dans le registre libéralo-moral, comme cet ancien dirigeant (lord britannique) d'entreprise prospère, en même temps dirigeant de Fondation, de *think tanks* et membre de cette *Jet Set* de dirigeants internationaux bien-pensants, que David Rothkopf a appelés « la caste »[13].

Les Anglo-Saxons n'étant pas nécessairement majoritaires dans des systèmes normatifs traditionnels comme l'ISO, ils ont développé leurs propres organes d'expertise et, avec la *maestria* d'influence qu'on leur connaît, ils les ont promus comme incontournables. La stratégie a fonctionné dans beaucoup de domaines et en particulier dans les domaines financiers et de gouvernance.

Le domaine de la responsabilité sociale des entreprises est plus difficile à normaliser de manière uniforme. Certes les grands rédacteurs privés de normes sociales et environnementales sont anglo-saxons ou d'origine anglo-saxonne, comme on l'a déjà abondamment mentionné. Cependant, dans ce domaine éminemment politique, différents courants s'exercent. La RSE est en effet fortement connotée en termes culturels. Venant après les définitions de l'OCDE et de l'ONU, la récente norme ISO 26000 (novembre 2010) a fourni la sienne. Elle est remarquable, car issue de confrontations entre environ quatre-vingts nationalités différentes. Certes elle n'a pas de valeur obligatoire et ne donnera pas lieu à certification, mais elle est un essai absolument méritoire de recherche de valeurs communes qui relève d'une démarche de gouvernance mondiale. D'autant que tout a été abordé dans les discussions, y compris de sujets délicats pour certaines cultures comme la reconnaissance égale des « genres » (en fait le statut des femmes en entreprise) et même le respect des comportements personnels (sexuels) différents. L'ISO 26000 elle-même donne cependant déjà lieu aussi à des déclinaisons commerciales par des « instituts » et « fondations », qui proposent des « audits » et doivent appeler la vigilance des décideurs. Il n'est pas innocent de venir vérifier en entreprise si « selon les recommandations de la norme ISO », des lieux de prière sont prévus...

Pour exercer le maximum d'influence, une norme doit étendre le champ de ses utilisateurs, de sectorielle elle doit devenir générale, de nationale elle doit devenir européenne et internationale. Un moyen d'y parvenir est de créer non seulement la norme mais le label, la certification. Le métier de la certification technique a donné lieu au développement de grands groupes internationaux, comme Veritas et SGS, qui assurent la conformité de produits ou de procédures (douanières, par exemple) à des normes ou règlements nationaux et internationaux. La conformité sociétale se développe à vive allure. Comme l'ont fait les labels écologiques du commerce traditionnel.

On trouve aussi les labels de l'investissement socialement responsable (ISR), dont le Livre vert européen (CE) sur la RSE en juillet 2001 rappelle l'enjeu[14] : « *Des politiques responsables dans le domaine social et celui de la protection de l'environnement sont pour les investisseurs un indicateur fiable d'une bonne gestion interne et externe. Elles contribuent à minimiser les risques en anticipant et en prévenant les crises susceptibles de nuire à la réputation de l'entreprise et de provoquer une chute spectaculaire du prix des actions.* » Guy Debaux décrit plusieurs types de producteurs de « *ratings* » (évaluations) pour qualifier l'ISR : les agences spécialisées internationales, les labels nationaux ou sectoriels, syndicats, ONG... À côté des instituts normatifs traditionnels, on trouve les agences de rating ISR internationales, comme FTSE4Good ESG Ratings, lancé par le FTSE (index boursier britannique) le 6 avril 2011, le STOXX ratings (index international d'origine américano-germano-suisse), avec ses 128 indicateurs clés de performance, le Dow Jones Sustainability Index...

Et, nouvelles venues, les agences de conseil de vote : « *D'apparition plus récente, elles influent directement sur les votes des actionnaires. Leur rôle devient si important que l'AMF en France publie le 18 mars 2011 « Les*

Recommandations sur le gouvernement d'entreprise : les agences de conseil de vote » préconisant entre autres : la transparence politique, le dialogue avec les sociétés cotées, la publication des conflits d'intérêt... Deux agences en France : AFG et Proxinvest, ce dernier ayant passé un accord avec le groupe de rating non financier MSCI et le fonds d'investissement Edmond de Rothschild AM. L'agence de rating Riskmetrics (MSCI) a montré le poids de son influence sur le vote des actionnaires en recommandant, avec quatre ONG (As You Sow, Domini Social Investments, et Trillium Asset Management), le vote d'une résolution à l'AG 2011 de Coca-Cola pour stopper l'utilisation de bisphénol A dans les canettes de boisson, obtenant 26 % des voix (+ 20 % sur 2010). » [15]

La pensée et ses réseaux au centre des stratégies d'influence

Il est un point commun aux pays qui réussissent : la place accordée par les décideurs à l'information, la connaissance, la pensée et la faculté d'instaurer un lien compétitif entre celles-ci et l'action. On appelle cela pensée opérationnelle, tout le contraire du cloisonnement souvent observé, voire revendiqué, entre ceux qui pensent (sous-entendu : qui ne savent donc rien faire) et ceux qui agissent (« qui ne sont pas là pour réfléchir »). Sous l'effet des influences anglo-saxonnes déjà évoquées, la production d'idées doit se doubler d'une capacité à les « vendre » et donc pouvoir déboucher sur un intérêt opérationnel. La capacité d'attraction de la pensée est en outre une des clés du rayonnement des États et de beaucoup de parties prenantes.

Les think tanks, avant-postes de la puissance d'influence

Les acteurs économiques anglo-saxons que l'on dit tellement « court-termistes » semblent pourtant être dans le monde ceux qui accordent le plus de valeur à la pensée stratégique : c'est aux États-Unis que se sont développés les *think tanks,* organisations (bien) payées pour penser à long terme, c'est dans ce pays que les consultants et avocats sont le plus utilisés, en amont des affaires et des problèmes, que les universités sont consultées, qu'elles sont généreusement financées par le secteur privé et que leurs anciens sont recrutés aux plus hauts niveaux public et privé. Dans ce pays, l'immatériel est considéré. Il n'est pas étonnant dès lors que les innovations en matière d'information y soient nées ou qu'on y ait repris des innovations venant de pays où elles n'arrivaient pas à croître. La pensée le leur rend bien : comme nous l'avons vu, les multiples *think tanks* ont permis dans les années 1970 de prévoir la mondialisation, de la réfléchir, de capter les meilleures idées, de les affiner... et donc *in fine* de l'influencer en amont. Les États-Unis, pays le plus endetté au monde, maintiennent leur puissance par la force de leurs relais d'influence économiques, financiers et culturels et, plus encore, par l'auto-appropriation de leurs manières de penser par le monde entier. Y compris par des peuples asiatiques, complètement différents, et en outre vaincus par eux, comme les Japonais. Les Chinois ne s'y trompent pas, qui disent que la faiblesse de l'Union européenne réside dans son manque de pensée stratégique.

Aujourd'hui, en France, de nombreuses organisations se présentent comme *think tanks*. C'est oublier qu'un *think tank* n'est pas seulement un lieu où l'on analyse mais aussi un lieu où penser sert à agir, indique des pistes de réponses aux problématiques contemporaines à des acheteurs qui en voient l'utilité. Produire des idées opérationnelles pour, *in fine*, agir. Ces idées doivent à la fois être rigoureusement démontrées et porter en elles des stratégies ou des actions. Elles doivent être conçues et mises en forme pour être « vendues ». Selon Dr James McGann, le spécialiste mondial des *think tanks* à l'université de Pennsylvanie, un *think tank* s'occupe de politique publique (même s'il travaille pour des entreprises) et il s'engage pour faire avancer ses idées. Il travaille dans un certain but[16]. Les penseurs des *think tanks* savent inclure dans leur pensée des graines pour l'application. Ce sont des « intellectuels hybrides ». Il est normal dans l'esprit américain de les payer (bien) pour cela. Et ce, grâce aux fondations privées – c'est-à-dire aux entreprises – qui les financent.

Le *think tank* ne produit pas de théories. Cela, c'est le rôle de l'institut savant ou de la recherche universitaire. Il peut cependant produire du concept, au sens anglo-saxon du terme, à savoir un ensemble de justifications argumentées et bien « packagées » autour d'un terme. Enfin, dernière phase, le *think tank* promeut ses idées. Il n'est pas un cabinet de *lobbying* mais maîtrise les techniques d'influence nécessaires pour faire connaître ses productions. Cette promotion s'exerce auprès de ses pairs penseurs d'autres nationalités, dans la presse, dans les cercles multilatéraux, auprès des pouvoirs publics, dans les lieux d'influence qui mêlent chercheurs, associations professionnelles, ONG... Comme le *lobbying*, il est un élément de la démocratie américaine que celle-ci a « exporté » dans les autres pays et grâce auxquels elle a elle-même exporté ses modèles et visions du monde. Il peut être politiquement marqué. La fonction *think tank* est primordiale pour alimenter les politiques aux États-Unis.

En bref, un *think tank* est un fournisseur et un promoteur de pensée opérationnelle. Ses salariés penseurs sont des professionnels de la production immatérielle. Il est l'ingénieur de l'influence par l'idée, crédible par la pertinence de son expertise en amont, efficace par ses techniques de promotion en aval. Il ne peut exister que dans un environnement où la pensée et l'idée sont valorisées. Cela n'exclut pas les régimes non démocratiques, qui gardent simplement leurs *think tanks* pour l'usage confidentiel des dirigeants.

Bien entendu, un classement des *think tanks* existe ! Et bien sûr, il est américain ! Mais cette fois élaboré avec objectivité et sérieux, par Dr James McGann, déjà mentionné, qui dirige le Think Tank & Civil Societies Programm à l'université de Pennsylvanie. Selon ce *Global Go to Think Tank Index*[17], il existe 6 545 *think tanks* dans le monde dont 1 912 américains, 1 795 européens, 1 198 asiatiques. C'est dire les influences croisées des pensées du monde !

Un vrai *think tank* a une portée internationale. Il participe directement ou indirectement au rayonnement de la pensée de son pays, comme on l'a vu avec l'exemple des États-Unis et peut-être aujourd'hui de la Chine. Si l'on regarde les quinze premiers *think tanks* mondiaux, ils sont tous américains ou britanniques, sauf l'allemand SWP (Stiftung Wissenschaft und Politik), 11e. L'indétrônable premier est la Brookings Institution, américaine et le deuxième, le britannique Chatham House (descendant du Royal Institute of International Affairs créé en 1926), qui a gagné une influence mondiale étonnante, donnant même son nom à une règle de discrétion des débats appelée « *la règle de Chatham* ». Les 8e et 9e, présentés comme allemand et belge, sont en fait Transparency International, en effet sise à Berlin, mais créée par un Allemand ancien fonctionnaire de la Banque mondiale et d'essence américaine, et International Crisis Group, sis à Bruxelles, dont nous avons parlé en tant qu'ONG de règlement de conflits, d'esprit et de composition authentiquement et quasi exclusivement anglo-saxons. On trouve cependant dans les trente premiers et à partir du 16e un *think tank* belge (Bruegel), un suédois (SIPRI, Stockholm International Peace Research Institute, 9e), des russes, chilien, polonais, kenyan, brésilien, chinois et canadien.

Même dans le classement uniquement européen, le premier français arrive douzième. Ce classement est normal. Le *think tank* est culturellement anglo-saxon. Comme toutes sortes de structures immatérielles il a été décalqué dans tous les pays, mais il ne peut réussir dans les cultures où la valeur de l'information n'est pas reconnue et où les élites décisionnaires se méfient de la pensée. « *Le* think tank *est intimement lié à la démocratie américaine, qui en compte des milliers. Il fait corps avec le mode de pensée de ses élites. Il s'accorde avec l'idée du marché régulateur où tout est un produit. La pensée, la règle de droit, l'immatériel sont promus comme tels et les meilleurs se vendent cher. Et cela contribue à l'intérêt général.* »[18] En France, le divorce entre les clercs de la Sorbonne et le pouvoir date du Moyen Âge. Il existe pourtant quelques *think tanks* de qualité en France, certains ont même essaimé en Europe, comme Confrontations Europe, ou Thomas More, L'Institut de l'entreprise, Montaigne ou, avec des moyens plus modestes, l'excellent Héritage et Progrès (nous ne parlerons pas des *think tanks* politiques qui ont fleuri en prévision des élections de 2012). Mais tant que les chefs d'entreprise français ne seront pas aussi convaincus que leurs homologues anglo-saxons de l'importance de financer la pensée, les *think tanks* français ne pourront rayonner comme leurs concurrents.

On comprend ainsi qu'outre la question de la reconnaissance de l'immatériel, les *think tanks*, qui ont pour objet de contribuer à l'intérêt général, s'acclimatent difficilement dans des pays où la définition de l'intérêt général appartient au seul État et où les entreprises n'imaginent pas penser sans lui ! Il ne s'agit pas tant là de conflit entre « anglo-saxonisation » et latinité, mais de tradition jacobine *versus* initiatives locales. À noter d'ailleurs que des pays latins, comme l'Espagne, ont créé des *think tanks* de haute qualité, financés par des Fondations, qui publient des études de niveau international (Real Instituto Elcano, FRIDE, Fundación de Estudios Financieros...). Il semble que la tradition fédérale ou régionale aide à faire émerger des *think tanks* contributeurs de l'intérêt général. L'Allemagne peut se targuer de *think tanks* de très bon niveau et très influents, la SWP déjà nommée, Friedrich Ebert, Konrad Adenauer, Bertelsmann...

Les *think tanks* exercent leur influence par divers canaux. Ils alimentent les entreprises et les pouvoirs publics nationaux et internationaux en idées qui contribuent à l'élaboration des régulations nationales et internationales et à la mise en place de politiques. Ils creusent des problématiques d'intérêt public et élaborent et lancent des propositions, dans des colloques, publications et/ou directement auprès des décideurs. Leur fonction est essentielle dans un monde où il faut innover et convaincre.

Il est parfois difficile de distinguer formellement entre un *think tank*, une ONG, un institut expert... Car en fait la « fonction » *think tank* s'est répandue dans beaucoup d'organisations pour prolonger leur puissance d'influence. La plupart des grandes ONG sont aussi des fournisseurs d'idées très appréciés et demandés par les autorités normatives publiques et privées nationales et internationales. Dans ces catégories on trouve WWF, Oxfam, Care, Amnesty, la gamme des « Watch », Global Witness... Comme on l'a vu, certaines organisations internationales ont en outre développé leur propre *think tank*. Le must est la corédaction de rapports entre *stakeholders*, comme par exemple, modèle du genre, le récent rapport sur l'éthique dans le *lobbying*, *Towards Responsible Lobbying* co-produit par le Global Compact de l'ONU et Accountability, cofinancé par quatre grandes entreprises internationales avec comme hôtes trois... cabinets de *lobbying*. Ce type d'influence est tout aussi discret qu'efficace.

Les réseaux privés de diffusion de la pensée

Nous évoquons ce que le rapport parlementaire récent des députés Jean-Michel Boucheron et Jacques Myard[19] intitule : « Forums internationaux et réseaux professionnels : entre débats d'idées et naissance de projets ».

Il faut d'abord considérer le cas de ce qu'on doit bien appeler des organisations internationales privées, comme l'ICC ou le WBCSD, déjà évoquées précédemment ou encore peu à peu le World Economic Forum (WEF) de Davos, créé en 1971 comme lieu de réunion de chefs d'entreprises, patronné par la Commission européenne. Il est devenu une véritable entreprise, employant 250 personnes. Il a obtenu le statut d'ONG du Conseil économique et social de l'ONU (ECOSOC). Il publie chaque année le fameux « Classement mondial de la compétitivité » des pays, a lancé des groupes sur les autres continents et un nouveau groupe d'entreprises, les *Global Growth Companies*. Davos se pique même de social, avec la Fondation Schwab (son créateur) sur l'entrepreneuriat social. Davos est un condensé de plusieurs types d'influences, des idées, des réseaux, politiques, économiques. Les chefs d'État y viennent comme dans une institution internationale, ce qu'est en fait le WEF, mais une institution internationale privée, en cela bien représentative de la mondialisation libérale. Pour beaucoup, Davos serait devenu une sorte de foire commerciale, néanmoins tous les dirigeants se pressent chaque année pour y assister et l'entreprise est prospère.

De « nouveaux Davos » naissent régulièrement. L'un d'eux, le sommet financier Halter, se tient annuellement à Shanghai depuis 2010. La deuxième réunion de décembre 2011 a rassemblé de nombreux anciens chefs d'État ou de gouvernement (comme Jimmy Carter et Gordon Brown) et de hauts dirigeants privés et publics, dont beaucoup de Chinois. Parrainé par des Bourses de valeurs (dont la Deutsche Börse) et organisé par le Halter Financial Group, ce forum a pour but de réunir les responsables internationaux sur des sujets financiers.

Ajoutons à ces lieux les groupements d'entreprises auprès des organisations internationales publiques, tel le B20, la voix des entreprises (le B représente le mot *Business*) des membres du G20. Le B20, récemment formé, travaille sur les mêmes sujets que ceux au programme du G20, auquel il donne ses avis et positions. Ce schéma n'est pas nouveau, il fonctionne classiquement dans les institutions internationales traditionnelles : ainsi le BIAC, déjà mentionné, auprès de l'OCDE, sorte de *think tank* commun aux entreprises de l'OCDE, produit-il en permanence analyses et propositions sur les projets et sujets d'intérêt de l'OCDE. Les syndicats internationaux ont adopté le même modèle, ainsi le Trade Union Advisory Committee (TUAC) les représente-t-il au sein de l'OCDE, comme pendant du BIAC. Ces associations internationales sont elles-mêmes des organisations où les jeux internes de représentations d'intérêts, entre entreprises ou entre syndicats, sont aussi forts qu'entre eux collectivement et les États.

Au plan international, on rencontre tous les jours ou presque de nouvelles « coalitions », « tables rondes », de nouveaux « *networks* », « pactes », « dialogues », forums, groupes... souvent créés pour une cause et qui perdurent. Leurs cibles sont les États comme les organisations internationales. On peut citer la European Round Table d'entreprises, cercle d'influence des grands groupes européens, le Dialogue transatlantique, puissante association d'entreprises européennes et américaines ou, dans un autre esprit, la Third Industrial Revolution Global CEO Business Roundtable, créée et animée par Jeremy Rifkin, penseur américain apparemment séduit par le modèle européen[20], devenu conseiller de présidents d'États européens et de l'Union européenne. Autre réseau de ce type, l'Evian Group créé par Jean-Pierre Lehmann sous les auspices de l'École de management IMD à Lausanne, qui, lui, réunit des multinationales de tous secteurs, avec comme objectif commun un développement harmonieux et durable. Comme on l'a vu, ces tables rondes et autres réseaux ont non seulement un rôle d'influence d'idées mais souvent participent directement à la rédaction des textes et normes.

Les réseaux occidentaux et particulièrement américains sont évidemment les mieux connus parce que les plus communicants.

Écoles, universités, intellectuels

Les écoles supérieures et les universités sont non seulement des ouvertures au savoir mais aussi des fabriques culturelles. Dans le domaine du management, essentiel pour la gouvernance économique, cette fabrique fonctionne aujourd'hui selon une logique internationalisée. Nous sommes devant une uniformisation croissante de la pensée économique et managériale, dominée par des théories transportées des États-Unis sans avoir gardé l'esprit créatif qui pouvait les accompagner à l'origine. Les écoles, pour être bien classées, délivrent un enseignement de plus en plus standardisé, tout en anglais (même entre nationaux), qui privilégie le quantitatif à l'analyse, donne des outils sans expliquer leur origine conceptuelle, des méthodes sans leur pourquoi et oublient simplement les sciences humaines et l'art. Les écoles scientifiques sont aussi frappées, supprimant les matières humaines dans les cursus obligatoires et les offrant dans les meilleurs des cas en cours optionnels ou *afterworks*. Ces lacunes sont particulièrement dommageables pour des cerveaux intelligents, ainsi uniquement formés au calcul qui, même complexe, ne remplace pas un minimum de savoirs qualitatifs.

Laissons parler Dr Jean-Pierre Lehmann, franco-américain, professeur d'économie politique internationale à l'IMD de Lausanne, créateur de l'Evian Group, *think tank* international financé par des entreprises de tous pays. Dans un courrier de janvier 2011 à tous ses correspondants, il résume très bien ces problématiques : « *Une partie de [...] la crise du capitalisme réside dans la marginalisation des "humanités" en faveur de matières plus "pratiques" : des cas, de la comptabilité, du marketing. Elles peuvent être utiles pour certains savoir-faire mais elles ne permettent pas de comprendre le monde et la condition humaine. Il y a eu une préférence donnée aux personnes qui savent agir plutôt qu'à celles qui savent penser. Alors qu'en fait, la personne idéale est celle qui sait faire les deux. [...] Pour formater la planète que nous voulons, il faudrait beaucoup plus d'histoire, de géographie, de littérature, d'art, de philosophie, de religion...* »

Les logiciels mettent en place une nouvelle approche intellectuelle pour accompagner cette standardisation. Un bon exemple en est la présentation des exposés selon le logiciel PowerPoint[21]. Simple outil en apparence, il a réussi à standardiser la pensée mondiale des affaires autour d'une obligation de présentation en *slides*, avec des « *bullets* », lui ôtant ainsi le peu de complexité qu'elle pouvait avoir, retirant toute approche un peu nuancée et surtout occultant les liens entre les faits. À une époque où on ne cesse de parler d'interdépendance, de complexité et de nécessité de relier les pensées, cet outil a très largement contribué à cloisonner les approches. Excel a fait le reste. Ce qui est bon pour des commerciaux commentant leurs objectifs et leurs résultats ne l'est pas nécessairement pour des politiques de ressources humaines ou des stratégies de développement dans des pays étrangers. Comme toujours, ces outils sont utiles, mais pas à titre unique. La stupidité vient quand cette forme de pensée est devenue la seule.

En exagérant à peine, tout est fait pour « apprendre » à gérer sans penser. Or (ou car) la pensée est « l'ingrédient » qui permet de déceler le vrai du faux, de réfléchir sur une utilité, sur des conséquences. Bref, de juger. « *Il serait maintenant très difficile de se passer des outils de traitement de données surtout lorsque ces dernières sont en grande quantité. Si cette remarque s'applique aux outils permettant la réalisation de statistiques et de calculs complexes, il convient par contre de modérer l'apport des outils dits de "text-mining"* ». « *Ces derniers ont pour objectif de donner automatiquement du sens aux textes en faisant émerger des concepts ou des liens entre des mots ou expressions. Leur efficacité et les surprenants résultats qui peuvent être obtenus ne doivent pas exagérer la confiance que l'on pourrait avoir envers ces outils et trop influencer les conclusions qui pourraient être prises. [...] Des études linguistiques ont permis la création d'outils informatiques pouvant préciser si un commentaire est plutôt positif ou négatif. Mais les subtilités de chaque langue, l'humour ou encore l'ironie ne peuvent être pris en compte et entraînent donc très souvent de faux positifs ou négatifs* » écrit Olivier Pommeret[22].

Qu'on nous comprenne bien : les outils de recherche et de présentation comme les *process* de management sont utiles et même indispensables. Mais ils ne sont pas et ne doivent pas être la seule approche de la réalité, y compris en entreprise, ils ne donnent aucun moyen d'analyse et laissent l'individu démuni devant des problèmes un peu complexes. Et ce en France aussi, puisque notre pays est sous influence anglo-saxonne croissante, dans ce qu'elle a de pire et non de meilleur, avec un snobisme de pensée étonnant qui révèle plutôt une extrême perméabilité intellectuelle de ses élites[23]. Véritable schizophrénie qui consiste à supprimer les « humanités » partout, y compris en terminale scientifique pour les publics qui en auraient le plus besoin, à vouloir se mouler dans une pseudo-modernité technique, alors qu'en même temps on invoque l'initiative et la faculté de réflexion que doivent avoir les jeunes cerveaux...

Nous retrouvons dans tout cela les effets des outils d'influence cités plus haut : si l'approche intellectuelle américaine standard s'est imposée, c'est notamment par le nombre de publications dites scientifiques d'origine américaine et par le classement mondial des universités de ce pays. Pourtant, sur leur sol, les enseignements destinés à la future élite américaine sont plus qualitatifs. Il en va de même de la formation des élites britanniques et allemandes, chez qui il n'est pas honteux et il est souvent même recommandé, d'avoir fait de la philosophie, des sciences politiques ou de l'histoire pour diriger une banque. Mais cette formation est celle des « chefs » et il n'est pas exclu qu'elle soit volontairement réservée aux « meilleurs », les autres ne recevant que le standard.

On forme donc au final des « bons petits soldats du capitalisme », qui ne comprendront pas ses mécanismes mais qui sauront parfaitement les appliquer, hordes de jeunes cerveaux incités à se reposer sur des formules et *process* déresponsabilisants. Et lorsqu'on parle de capitalisme, il vaudrait peut-être mieux dire libéralisme financier, car les valeurs véhiculées par des publications de plus en plus formatées et stériles n'incitent guère à l'esprit d'entreprise. Ces mêmes jeunes cerveaux apprennent certes beaucoup de choses sur le Web et les réseaux sociaux à côté de leurs enseignements, mais ils ont rarement la capacité de traiter ces informations, car on ne leur a donné ni outils critiques ni connaissances de base qui au moins leur permettent de hiérarchiser et de pratiquer des comparaisons. La pratique de l'enseignement à des étudiants en écoles de commerce et d'ingénieurs donne une claire vision de ces absences, en particulier sur les grands enjeux internationaux qui détermineront leur vie.

Certaines écoles tentent d'ajouter de l'intelligence à ces normes, sous l'influence de personnalités comme par exemple Alice Guilhon du Hellen[24], qui a très tôt voulu faire de SKEMA Business School un fleuron de l'économie de la connaissance. L'intelligence économique telle qu'elle doit être comprise entre dans ce champ, par son caractère multidisciplinaire entre économie, géoéconomie, sociologie, psychologie, histoire. Comme l'a dit Éric Delbecque (INHESJ) au cours des Rencontres université-entreprises de mars 2012[25], « l'intelligence économique ce sont les nouvelles humanités », c'est une compréhension du monde, dont un enseignement minimum devrait être délivré à tous les étudiants. Le ministère de l'Enseignement supérieur français a du reste enfin pris la décision fin 2011 de diffuser quelques heures d'enseignement de l'intelligence économique dans tous les cursus d'études supérieures du pays.

Les formations « au rabais » relèvent-elles d'un calcul cynique, pour ainsi formater de futurs travailleurs de niveau moyen, tout en donnant à leurs élites un autre accès à la connaissance ? Y aurait-il une sorte de « plan » international ? Nous ne le croyons pas. Nous pensons que tout simplement, par fascination devant la « modernité » anglo-saxonne et par incapacité à résister à une influence, nos élites européennes ont adopté avec enthousiasme ces modes d'éducation internationalisés, pensant ainsi être à l'avant-garde alors que c'est tout le contraire. Elles ont non seulement été incapables d'exporter leur modèle mais elles ont été totalement – et inconsciemment pour la plupart – imprégnées d'influences extérieures.

Pour terminer sur l'influence des écoles, rappelons les réseaux d'*Alumni* que nous avons déjà mentionnés. Quand ils sont internationaux, nombreux et bien gérés, ils sont pour une école, pour les entreprises et pour les États des relais possibles et des soutiens à l'intérieur des pays étrangers, une ressource inestimable si elle est correctement « cultivée ».

Les figures emblématiques

Notre tour de l'influence de la pensée ne saurait oublier les personnalités emblématiques, qui influencent l'opinion par leur expérience, leur parcours, leur image. Toute époque connaît des personnalités emblématiques. Aujourd'hui, leur aura est mondiale. *Grosso modo*, les nôtres représentent et promeuvent les deux grandes valeurs de l'ordre libéralo-moral : le libre-échange et la réussite financière d'un côté ; la morale et le besoin de bonne conscience de l'autre.

On a déjà mentionné les actrices et les *rock stars* qui promeuvent une image généreuse auprès de millions de gens. Dans un autre registre, la figure de l'entrepreneur milliardaire est toujours aussi influente, surtout quand celui-ci règne sur le « nerf de la guerre » économique, l'information. Bill Gates et Steve Jobs – avant son décès et, peut-être autant, après – ont acquis une véritable aura. C'est toute la croyance en l'économie libérale qui est ainsi flattée. Cette influence atteint même les dirigeants, on a ainsi vu le président de la République française recevoir avec tous les égards le jeune Mark Zuckerberg, créateur de Facebook, le donnant ainsi en exemple. On trouve des personnalités emblématiques de l'entrepreneuriat hors de l'Internet : elles font la une des classements de Forbes et autres et continuent de maintenir la foi dans le système capitaliste (George Soros, Warren Buffett, Richard Branson...).

Cercles et réseaux sélectifs

Les vrais réseaux d'influence ne sont pas les réseaux sociaux, au sens de ceux liés à l'apparition du Web 2.0. Ceux-ci seraient plutôt des relais pour les stratégies d'influences décidées dans d'autres réseaux plus discrets et moins nombreux. Ces derniers peuvent être classés selon leur logique principale : réseaux d'intérêt corporatiste au sens large, qui assurent en quelque sorte une mutualisation d'influence entre membres, ou cercles de pensée, qui outre le soutien mutuel cherchent à exercer une influence sur les décisions publiques. Il y a aussi les occultes, ou dits tels, et les illégaux.

Les réseaux corporatistes

Prototypes du réseau corporatiste pour le grand public, les corps issus des grandes écoles, surtout les « grands corps », font beaucoup fantasmer en France et au-dehors. Ils y sont décriés mais, en réalité, on trouve l'équivalent dans bien d'autres pays, comme on le verra plus loin. Par ailleurs, l'ensemble des hauts fonctionnaires n'est pas concerné, et les corps visés concernent en fait quelques postes auxquels donnent accès deux grandes écoles, l'ENA et Polytechnique. Les réseaux d'anciens de ces corps exercent une sorte de mutualisation de la prise en charge des intérêts individuels de leurs membres, et quand nécessaire défendent leur existence même, qu'il s'agit coûte que coûte de pérenniser. Aujourd'hui, par exemple, la menace pointe, les écoles de commerce privées envoyant de plus en plus de leurs anciens sur les terres publiques, portées en cela par le mouvement général de privatisation des administrations. Les grands corps de l'État, en particulier ceux des finances, sont les premiers à avoir accueilli dans leurs ministères et entreprises publiques, dans les années 2000, les grands cabinets de consultants et les modes de management américains, qu'ils considéraient comme modernes. Ce mouvement les a menés à leur propre perte d'influence. Car, avec une nette accélération depuis 2007, ces consultants ont d'abord conseillé des réductions d'emplois publics puis prôné une ouverture des administrations aux cadres du privé, hors concours, pour aérer des milieux fermés et apporter la compétence managériale... et ils ont été les premiers à en bénéficier. Mais une fois nommés, les nouveaux arrivés se coulent très vite dans l'esprit « mandarinal » tant décrié des anciens.

Il est vrai qu'en sens inverse les grands corps de l'administration ont irrigué les entreprises privées (surtout du CAC 40) depuis cinquante ans, pratiquant ainsi une influence collective de fait sur l'économie française. Certains corps sont encore bien équipés de ce point de vue. Il existe par exemple depuis longtemps, au sein des corps « des Mines » (ingénieurs des Mines) comme de « l'Inspection » (inspecteurs des finances) des cellules discrètes en charge des nominations, qui veillent à ce que leurs membres soient dûment présents lors d'ouvertures ou de remplacements de postes de haut niveau, et, aujourd'hui, à ce que les autres écoles, notamment privées, n'y gagnent pas du terrain.

Si la France est régulièrement montrée du doigt par d'autres pays pour ses corps, c'est parce qu'ils n'apparaissent plus comme des réseaux de compétences mais seulement de pure entraide et d'impunité. Regardons ailleurs : les corps y existent aussi bel et bien ! Que dire des *Alumni* de l'Ivy League, c'est-à-dire des anciens élèves des huit historiques et prestigieuses universités américaines, ou des anciens d'Oxford et Cambridge en Angleterre, dont l'éducation et même la prononciation font tout pour signifier l'appartenance à un monde fermé ? Il semblerait même que les *Alumni* d'écoles et universités anglo-saxonnes soient bien plus structurés pour le soutien mutuel que les françaises. Mais ils assurent également une fonction collective d'intérêt national, et le font savoir ! Par exemple la participation à la diplomatie culturelle et au *soft power* de leur pays à l'étranger, à un niveau plus élevé et plus systématique que leurs équivalents français. Ils sont ainsi moins décriés.

Il ne faudrait pas se focaliser sur les corps des grandes écoles pour illustrer les réseaux corporatistes : ceux-ci sont innombrables en France, notamment dans les métiers de certaines entreprises publiques. En termes d'influence, on peut les considérer comme un *lobby* au service de la protection d'intérêts individuels. Ce sont eux dont parlait Jean-Dominique Giuliani dans un livre datant de... 1991, en leur donnant le nom de « marchands d'influence » ou *lobbies* français[26].

Quant aux corporations, historiquement chargées du développement et de la défense d'intérêts des professions puis de leur représentation auprès de l'État, elles ont contribué à la croissance des économies européennes commerçantes depuis le Moyen Âge. La France en possède toujours un nombre élevé, dont les noms et fonctions ont évolué. On placera dans cette catégorie les « ordres » (médecins, avocats, notaires...), les organisations professionnelles nationales et territoriales comme le Medef, les Medef régionaux, les fédérations professionnelles sectorielles, les associations de PME (CGPME) et bien d'autres représentants d'entreprises de tailles diverses..., les chambres de commerce et d'industrie ou encore des particularités comme les conseillers du commerce extérieur de la France (CCE), quelque quatre mille professionnels privés français dans le monde en principe chargés, comme leur nom l'indique, de conseiller (bénévolement) le gouvernement sur les questions économiques et commerciales internationales.

Si on les compare à leurs homologues américaines ou allemandes, les organisations professionnelles françaises devraient avoir pour but de défendre les intérêts de leurs professions membres tout en participant à des projets publics et privés et en servant l'intérêt général. Leur rôle est fondamental dans la mondialisation, pour assurer les tâches de connaissance du terrain et d'influence que leurs membres ne peuvent assumer seuls. En France cependant, quelle que soit la qualité de leurs agents, leurs postes de direction sont aujourd'hui souvent devenus des points de chute pour des individualités que l'on veut récompenser ou dont on ne sait plus que faire, ou encore qui sont placées là parce qu'il faut bien un représentant à la tête de ces organisations, considérées comme faisant partie du paysage mais dont les membres n'attendent plus grand-chose. Ces postes très prisés permettent à des dirigeants publics et privés, actifs ou le plus souvent anciens, de conserver des mandats honorifiques et parfois rémunérateurs. Cette pratique est tellement ancrée dans les mœurs que nul ne s'en émeut plus. La France possède ainsi un certain nombre de réseaux corporatistes, incontestablement efficaces pour l'influence de leurs dirigeants, mais qui pourraient bien davantage être source de réflexion et d'innovation d'intérêt général et contribuer à l'image de la France et à sa compétitivité dans le monde.

Pire, dans ce qu'on appelle le paritarisme, ce mode de fonctionnement public-privé pour prendre des décisions d'intérêt général en matière sociale, l'utilisation des ressources publiques est régulièrement fustigée par la Cour des comptes et les chambres régionales des comptes (dont le nombre a été réduit). Dans le secteur de la formation, par exemple, éminemment public-privé, on peut voir des autorités publiques verser des subventions à des associations sans but lucratif, lesquelles sous-traitent ensuite les formations à des entreprises « amies », qui elles ne sont pas désintéressées. À part les magistrats précités, nul ne va trop chercher à clarifier les choses, trop d'intérêts locaux sont en jeu et la décentralisation rend les contrôles difficiles. Le système français est fondé sur une économie mixte bien comprise, qui doit être pratiquée avec un civisme et une éthique individuelle de tous les acteurs. Les partenariats publics-privés sont essentiels mais ils doivent être irréprochables. Comment sinon défendre ensuite notre modèle à l'étranger ? Il appartiendra à un pouvoir politique courageux de rappeler leur vraie fonction aux ordres et organisations professionnelles qui l'auraient oubliée.

Les clubs et réseaux sélectifs

Les « clubs de l'élite » s'épanouissent dans des États comme la France où le goût de l'égalité est compensé par l'aspiration à faire partie de groupes « sélectionnés ». Au Royaume-Uni, ces clubs s'affichent avec d'autant moins de complexes qu'il est plus difficile d'y entrer. En France, ce serait plutôt l'inverse, même si certains clubs se flattent de rester très fermés. Les membres des clubs sélectifs affichent la plupart du temps des objectifs d'intérêt général ou historique ou humanitaire. Ils possèdent une image fantasmatique auprès des publics, image régulièrement galvanisée par des numéros spéciaux de journaux. Ainsi Le Siècle, créé en septembre 1944, actuellement dirigé par Nicole Notat, ancienne présidente de la CFDT, qui réunit quelque 750 décideurs cooptés, a-t-il pour but déclaré « *d'organiser et de favoriser la rencontre de ceux qui sont particulièrement attentifs à la chose publique ; (il) se propose de rapprocher notamment des personnalités politiques, des hauts fonctionnaires, des syndicalistes, des industriels, des financiers, des journalistes, des membres de professions libérales, des personnalités de la vie culturelle et scientifique, pourvu qu'ils portent un vif intérêt aux problèmes généraux que pose l'évolution de la Cité...* »[27].

Pour ce qui concerne les traditions partagées ou affichées, on trouve des clubs pour élites anciennes et nouvelles autour de la gastronomie, comme le Club des 100 ; la chasse, à la Maison de la Chasse, au Tir aux Pigeons ; le sport, avec une pléiade de clubs dans le bois de Boulogne et ailleurs ; l'automobile comme l'Automobile Club où se réunit d'ailleurs Le Siècle. Le thème fédérateur peut être une origine, comme le Jockey Club, réunissant des aristocrates confirmés, ou le beaucoup plus récent Averroès, qui regroupe des personnalités issues de l'immigration. On peut trouver des clubs tout simplement élitistes, comme le Cercle de l'Union interalliée, créé après la Première Guerre mondiale et dont la tradition historique est de favoriser la cohésion des peuples (*via* leurs dirigeants). On trouve aussi des réseaux liés par une cause ou un honneur communs, comme les personnalités distinguées par la Légion d'honneur ou le Mérite, ou encore ceux qui ont originellement des œuvres en commun, comme les Rotary ou Lions, « chapitres » d'organisations internationales. Mais comme on l'a vu, dans un réseau la loi du nombre fonctionne en proportion inverse de l'importance de l'influence. Cette liste rapide ne représente qu'un faible pourcentage des lieux d'influence en France. Les clubs constituent un terreau sur lequel se bâtissent d'autres réseaux plus discrets et les réelles influences.

À côté de ces clubs, il existe des réseaux dont le but est de représenter et transporter des valeurs authentiques tout en assurant à leurs membres un soutien informel, avec un équilibre différent selon les époques et les lieux. On les dit souvent « occultes ». On pense évidemment à la franc-maçonnerie, très ancienne formation philosophique dont certaines obédiences sont désormais ouvertes à la communication publique et qui est réputée puissante au Royaume-Uni, en France, dans les pays d'Afrique, aux États-Unis de plus en plus, semble-t-il.

Dans un tout autre registre, il existe des réseaux d'idées et d'intérêts partagés comme, dit-on, ceux des anciens trotskystes devenus dirigeants. Autre exemple, les réseaux de la « Françafrique », aujourd'hui décriés, ont d'abord porté une certaine vision des relations franco-africaines puis, pour une part d'entre eux, dérivé vers des activités beaucoup moins claires.

Il faut ajouter aux réseaux de pensée ceux des Églises de toutes confessions, qui exercent une influence directe sur l'opinion de leurs fidèles mais qui sont aussi plus ou moins discrètement soutenues par des États, entreprises, associations, fonds. Il faut prendre le terme « église » au sens large, comprenant toutes les croyances. Quant aux sectes, leur définition dépend des pays, la scientologie en étant un bon exemple, condamnée en France et puissante aux États-Unis. Tout cela est relativement connu. Les magazines en font régulièrement leurs unes (voir le nombre de couvertures liées aux « maîtres du pouvoir », aux « maîtres du monde », à la place des « frères » dans les lieux de pouvoir)...

L'influence des cercles d'amitiés avec des États étrangers, des clubs et fondations qui les entourent, des associations d'*Alumni* de programmes d'échanges... est sans doute moins connue. On a vu les efforts mis en place par le gouvernement américain pour développer des réseaux de futures élites en Europe, avec en France, aujourd'hui, un tropisme sur les banlieues françaises. Les réseaux américains mis en place depuis la Deuxième Guerre mondiale comptent aujourd'hui des chefs d'État, Premiers ministres, très hauts dirigeants. Ils sont l'essence même de l'influence. Comme on l'a dit plus haut, des « espoirs » sont sélectionnés, rendus très sympathisants, puis probablement, quand nécessaire, poussés (notamment par d'autres membres du réseau). Ils deviennent des relais formidables d'opinions, voire des décideurs de haut niveau, sur qui l'on peut compter quand nécessaire. Ces techniques sont employées par des États de plus en plus nombreux. La France les a utilisées dans les pays francophones pendant des décennies, mais ces pratiques ont périclité avec la baisse des financements accordés à l'action internationale à long terme. Les ambassades françaises dans le monde ont toujours à leur disposition des noms de citoyens locaux formés ou passés un certain temps par notre pays, réseaux qu'elles s'efforcent d'animer avec leurs moyens et de plus en plus en coopération avec les anciens d'écoles.

On trouve aussi un nombre croissant de groupes de pression dont l'unique objet est de conseiller le gouvernement, en parallèle avec l'administration. Il ne s'agit pas de *lobbying* professionnel, car ils sont non déclarés et non structurés. Il s'agit de groupes, clubs... C'est le cas par exemple, si l'on en croit Rue89, du « Club des juristes », créé en 2007 avec comme première présidente Christine Lagarde, ex-dirigeante du cabinet d'avocats américain Baker McKenzie, devenue ministre de la République française. Ce club regroupe des avocats, des magistrats, des dirigeants d'entreprises et il est financé, semble-t-il, par de grandes entreprises[28]. Il a pour objet avoué d'inspirer des réformes du droit français, notamment sur les professions du droit et la réforme du Code de procédure pénale.

Cette fonction de *lobbying*/conseil informel en groupe est la même que celle assumée individuellement par les « visiteurs du soir », personnages influents dont l'emblème est Alain Minc, qui viennent discrètement conseiller le Prince quand ses serviteurs officiels sont partis. Selon les époques, le président a parfois plus confiance en ces visiteurs qu'en son administration et même en son propre cabinet.

Les réseaux « occultes » et la théorie du complot

Existe-t-il des réseaux d'influence à la fois puissants et réellement occultes ? Il semble que oui et nous en donnerons quelques exemples. Il faut distinguer entre les réseaux occultes et ceux qui sont publics mais dont la fonction est plus importante que celle affichée, voire différente. Il est vrai que les hommes ont toujours été fascinés par l'éventualité de personnages invisibles qui tirent les ficelles. C'est le sujet de multiples ouvrages depuis toujours. L'explosion des moyens d'information a donné un sang neuf à ces idées. Il semble à nouveau opportun de convoquer la littérature : citons, à titre d'exemple, *Globalia* de Jean-Christophe Rufin[29] ou encore, dans un autre genre de conspiration, celui d'Antoine Bello, *Les Falsificateurs*[30]. Il faut reconnaître que leurs thèses, mises au point par de fins connaisseurs de la mondialisation, sont très convaincantes. Certaines conspirations de roman sont avérées plus tard. C'est peut-être actuellement le cas relaté dans un des romans de Bernard Besson, au titre suffisamment éloquent pour qu'il soit inutile d'en dire davantage : *Main basse sur l'Occident*[31]. En dehors du roman, il est aisé de ricaner de ceux qui voient des conspirations partout. Méfions-nous cependant de ne pas tomber dans l'excès inverse.

Le sujet du complot est complexe. Il est clair qu'Internet facilite le succès de n'importe quelle élucubration à partir du moment où elle est structurée, compte tenu du peu de sens critique de la plupart des internautes. Écoutons Pierre-André Taguieff : « *Le mythe du complot des élites et des puissants fonctionne très bien et trouve toujours plus de nouveaux publics parce qu'il est fabriqué avec ce que Tocqueville appelait les "gros lieux communs qui mènent le monde".* » Vis-à-vis des élites, « *le développement des nouveaux médias et notamment de l'Internet [a favorisé] la constitution au niveau mondial d'une culture fondée sur le soupçon, qui touche tous les milieux* »[32]. On pense à des théories comme celle niant l'existence d'attentats contre les *Twin Towers*, qui a même donné lieu à des ouvrages et qui aujourd'hui est crue dur comme fer par beaucoup de populations, notamment arabes.

Ces dérives n'entraînent-elles pas en sens inverse une dévaluation excessive de toute conclusion de conspiration ? Car celles-ci existent bien et leur négation peut être d'origine idéologique. Écoutons aussi Noam Chomsky : « *Vouloir transformer toute analyse des structures de l'économie et de l'information en "théorie du complot" ne constitue pas une falsification ordinaire. Elle s'inscrit dans une logique d'ensemble. [...] Dorénavant perçues comme "marxistes" et donc dévaluées à l'égal des régimes qui se prétendaient tels, les analyses structurelles de l'histoire, de la politique et des médias sont par conséquent dédaignées. Le refus de postuler que la spontanéité des "acteurs" et l'élan impétueux des "droits de l'homme" seraient les principes essentiels guidant la mondialisation expose au risque d'être qualifié d'archaïque, d'extrémiste ou de paranoïaque.* »[33]

Ce qui est certain, c'est que la notion même de vérité est en cause. Les moyens d'information mondiaux comme les techniques de falsification visuelle, sonores et bien sûr écrites, donnent aujourd'hui des moyens exceptionnels à ceux qui veulent transformer la vérité. On peut imaginer que des données entières, voire des archives soient ainsi falsifiées et apparaissent comme vraies. Comment prouver que l'on est soi ? Comment croire aux images et aux données que l'on reçoit, depuis des épisodes comme les faux milliers de victimes de Timisoara en 1989, ou les attentats aux origines controversées en Bosnie entre 1992 et 1995 ?

Dans le monde économique et financier, tout le monde sait que les manipulations sont légion. La France est relativement bien protégée de ce point de vue, avec notamment en matière financière le délit de diffusion de fausse information prévu par le Code monétaire et financier et par le Code général de l'Autorité des marchés financiers (AMF), sans compter les autres infractions de droit commun pouvant être invoquées. Mais la règle française ne peut rien contre des nouvelles envoyées d'ordinateurs d'autres pays et on manque cruellement d'encadrement mondial à ce sujet.

En matière de conspiration, on a beaucoup fantasmé et depuis longtemps sur le groupe de Bilderberg. Celui-ci a été créé au début des années 1950 et réunit chaque année un peu plus de cent dirigeants de toutes nationalités. Les réunions sont tenues secrètes et ne donnent lieu ni à communiqué, ni à compte rendu. On a beaucoup dit qu'il s'agissait d'une sorte de directoire du monde. Selon un ouvrage très bien documenté écrit sous pseudonyme[34], une des réunions annuelles s'est tenue, en 2003, à Versailles, au Trianon Palace. Ce groupe serait fortement lié au tout-puissant milliardaire David Rockefeller. Selon ce livre, qui se fonde sur des interviews de personnalités comme feu le général Pierre-Marie Gallois, ces réunions permettent aux décideurs du monde de parvenir à des consensus sur les grands enjeux. Il serait totalement dominé par la vision américaine. Outre les membres (parmi lesquels des Français comme Pascal Lamy, Henri de Castries, Nicolas Bazire...), Bilderberg inviterait régulièrement des experts. Le général Gallois expose que des personnalités d'influence y participaient, comme par exemple Raymond Aron qui, ajoute-t-il, écrivait dans un journal, *Preuves*, financé par la CIA. L'auteur écrit que les Américains présents s'y comportent en dominants et les Français en position de dominés. Nous n'en avons pas la preuve mais compte tenu du contexte général, ce ne serait pas particulièrement étonnant.

La fameuse « Trilatérale », elle, de son vrai nom « Commission trilatérale », est généralement considérée comme un réseau d'influence mondial géré par de grands capitalistes et dirigeants libéraux internationaux. Elle a été créée en 1973 à l'initiative, dit-on, du réseau de Bilderberg. Ce qui est sûr, c'est qu'elle l'a été par David Rockefeller et que la Fondation Rockefeller, créée en 1913, n'a cessé depuis les débuts de la mondialisation (dans les années 1970) de s'intéresser à l'évolution du futur de la planète et aux possibilités de le canaliser pour qu'il soit « le meilleur ». Aujourd'hui, la Fondation Rockefeller dispose pour ce faire d'un relais en Europe, le Centre de conférences de Bellagio, en Italie, sur le lac de Côme. Quant à la Trilatérale, son réseau exceptionnel de décideurs internationaux nourrit et légitime des réflexions de première qualité. Il est certes doté d'une influence étonnante. Dès 1974, la Trilatérale prévoyait l'interdépendance des États et la nécessité d'assurer une sorte de *régulation soft* globale. Elle discute alors en son sein – puis elle « adoube » pourrait-on dire – le principe du développement durable. Un homme joue un rôle essentiel dans ces cercles : Maurice Strong, Canadien, prototype de l'homme d'influence discret, secrétaire général de la Conférence de l'ONU à Stockholm en 1972, puis président du Programme des Nations unies pour l'environnement (PNUE) et qui, plus tard, lancera le thème du changement climatique. Ses idées ont été diffusées à l'ONU *via* la commission Brundtland de 1989. En 1991, l'ancien adjoint de Strong, ancien secrétaire de la commission Brundtland, Jim McNeill, produit un livre où il prévoit la création d'un Conseil de la Terre en... 2012 !

Ce qui nous semble au moins aussi intéressant que ces réseaux considérés comme occultes sont les réseaux très impressionnants de certaines « ONG » parfaitement publiques mais dont le carnet d'adresses suggère une influence d'envergure bien plus élevée que ce qui est annoncé. C'est le cas de l'International Crisis Group, par exemple, déjà plusieurs fois évoqué dans ce livre, organisation chargée de missions qu'en d'autres temps on appelait souveraines : maintien de la paix, règlement des conflits...

Selon David Rothkopf, déjà cité, journaliste et auteur américain des plus sérieux, quelque six mille personnes dirigent le monde. Elles sont issues de différents pays mais ont en commun l'adhésion aux mêmes valeurs du libéralisme, le cosmopolitisme, les rendez-vous dans les mêmes lieux dont l'inévitable Davos, et souvent la même éducation, celle des écoles américaines ou affiliées, disséminées dans le monde. Il y a une certaine consanguinité intellectuelle entre elles. À elles toutes, elles gèrent les affaires de la planète. Cette notion de consanguinité est intéressante car c'est ce que l'on a beaucoup reproché à l'élite française ! N'oublions pas parmi eux les réseaux d'anciens devenus dirigeants, de type IVLP (chapitre 4).

Autre exemple de puissance insoupçonnée : les relations discrètes mais intenses entre les *think tanks* de l'Ivy League, notamment le Berkman Center de l'université Harvard, le département d'État américain et les grandes entreprises de l'Internet, Microsoft, Apple, Google (Facebook, Twitter dans une moindre mesure), pour soutenir le volet Internet de la politique d'influence internationale américaine, notamment dans les pays dont elle souhaite faire évoluer les régimes. Nous reparlerons de ce point.

La face obscure de l'influence : des déviations aux réseaux mafieux

Il est une fonction maligne du réseau d'influence, qui peut finir par le détruire : lorsque la valeur des membres n'est jamais remise en cause et que la solidarité s'exerce sans regard critique ou que, pire encore, on accepte d'un membre du réseau ce qu'on n'aurait jamais accepté d'un non-membre. Alors le réseau ne produit plus seulement de l'influence mais de l'impunité. « *Selon que vous serez puissant ou misérable, les jugements de cour vous feront blanc ou noir* », disait La Fontaine. Cette règle a beau être connue, elle est très mal vécue par les citoyens, surtout en temps de crise, et surtout avec l'accès de tous à l'information. Car l'influence est comprise alors tout simplement comme du trafic, sa non-répression suscite l'indignation et cette indignation peut être très vite décuplée par des encouragements *twittés* ou postés sur Facebook. Les frontières de l'acceptation sont certes fonction des valeurs acceptées par une société. Ce qui est acceptable en termes de connivence et de rétribution en Arabie Saoudite ou en Asie centrale ne l'est (en principe et traditionnellement) pas en France. De ce point de vue, la mondialisation a également bouleversé la donne, introduisant dans des pays des comportements qui n'y étaient pas, il y a peu, culturellement recevables.

Une deuxième déviation du réseau d'influence est l'apparition en son sein de pratiques mafieuses régulières, complicités croisées et automatiques pour favoriser des desseins illégaux, demandes de décisions dérogatoires... On est passé là de la solidarité et de la connivence à du trafic et du détournement d'intérêt général. La frontière entre influence et trafic d'influence peut être ténue, mais elle n'est pas si compliquée en réalité. Pour l'interpréter au mieux, les pratiques anglo-saxonnes ont prévu en entreprise des chartes éthiques, des engagements, des *hotlines* pour permettre le *whistleblowing*... toutes pratiques qui en fait garantissent la prise en compte par les assurances en cas de dérapage coûteux, mais qui sont peu opérantes sur les grands décideurs. Pour eux, la moralité individuelle assortie de sanctions (qui existent déjà) et de juges impartiaux semble encore l'étalon le plus sûr. La médiatisation des comportements déviants peut également aider au respect de l'éthique, à la condition que cette médiatisation elle-même reste empreinte de l'éthique la plus totale. Aujourd'hui, l'irréprochabilité des hauts décideurs publics et privés n'est plus seulement une exigence morale mais un impératif pour leur propre durabilité ainsi que pour l'image, donc la valeur, de leur entreprise ou organisation.

On ne saurait terminer cette énumération des déviations sans mentionner leurs acteurs « professionnels », les mafias, organisations criminelles, sectaires, terroristes, fausses organisations charitables... Selon Xavier Raufer [35], se fondant sur les chiffres de l'Office des Nations unies contre la drogue et le crime (UNODC), du Programme des Nations unies pour le développement (PNUD) et du Global Financial Integrity (GFI), chiffres qui sont tous anciens, datant de 2005 à 2008 car il n'y en a pas d'autres, le montant total des marchés criminels s'élève au moins à 650 milliards de dollars, dont la moitié pour les stupéfiants (320 milliards en 2005, soit sûrement plus aujourd'hui), le reste se composant d'activités aussi honnêtes que trafics de femmes et d'enfants, d'organes, d'animaux, de déchets. On ne parle pas des armes. Les flux financiers illicites car inexplicables sortant des pays ont été multipliés par trois de 1990 à 2008. Par ailleurs, selon l'UNODC, plus de 1 000 milliards de dollars de pots-de-vin seraient versés chaque année dans le monde, soit à peu près l'équivalent du PIB de la Corée du Sud ou plus de deux fois celui de la Norvège...

Les zones mafieuses auraient tendance à se développer dans les États dits respectables. L'Union européenne elle-même peut se targuer de posséder des places *off shore* favorables à tous les recels d'argent sale. Dès 1994, le député François d'Aubert pointait les dérives européennes dans un livre au titre évocateur : *Main basse sur l'Europe* [36]. Des dérapages des fonds structurels à « l'empreinte du crime organisé » sur de nombreux marchés subventionnés, il proposait de rechercher les responsabilités couvertes, disait-il, par une « Euromerta ». Il est probable que si ces dérives avaient été alors sanctionnées, des drames comme celui de la Grèce aujourd'hui auraient pu être évités. François d'Aubert proposait de profondes réformes et, d'abord, la mise en œuvre d'une transparence des décisions, le secret technocratique favorisant les turpitudes.

Car l'influence de tous ces réseaux néfastes est ancienne et a déjà été maintes fois soulignée par des hommes courageux. L'amiral Pierre Lacoste prévoyait dès 1992 [37] l'infiltration des milieux politiques, économiques et médiatiques par les mafias. Aujourd'hui, les augmentations de revenus de la pègre, en jeans ou en costumes de Savile Row, lui permettent de s'introduire dans tous les lieux d'influence. Selon Xavier Raufer, le mouvement est en bonne voie ; il cite le Venezuela, l'Afrique du Sud, l'Ukraine, le Kosovo, le Mexique et, dans les pays développés, comme en France par exemple, l'action à partir de ghettos constitués dans les banlieues, principalement dans trois régions : Île-de-France (à 40 %), Rhône-Alpes et Provence-Côte d'Azur. Une nombreuse littérature existe sur les liens douteux aux États-Unis entre complexe militaro-industriel (de type Halliburton), grands fonds (Carlyle, TPG, In QTel), État et personnalités politiques ou membres de l'administration présidentielle (directement ou *via* ces fonds et entreprises), certaines ONG et autres organisations ou États peu regardants au plan éthique. Il serait certainement possible de tracer des schémas de ce type en France, à partir des « affaires » révélées depuis une dizaine d'années (Clearstream, Karachi, frégates de Taiwan, biens de chefs d'État africains...) et de la lecture régulière du *Canard Enchaîné*, dont les révélations sont très rarement démenties.

En face, la lutte semble s'être organisée, avec des coopérations policières internationales et même des décisions politiques, comme la constitution de la Commission antimafia au Parlement européen en octobre 2011, sans compter les mouvements issus de la société civile comme par exemple le mouvement antimafia FLARE Network de Fabrice Rizzoli[38]. Les États, notamment démocratiques, sont-ils équipés pour lutter contre les influences internes exercées par les réseaux liés de la drogue, du terrorisme et des États et fonds qui les soutiennent ?

En termes d'influence, on est évidemment là à un carrefour difficile, car si les relais d'opinion qui informent et font donc tous les jours par nature de l'influence sont pénétrés par les mafias et groupes criminels, on est devant un déni occulte de démocratie. Les luttes apparentes entre hommes et partis relèvent-elles alors seulement de jeux de rôles habilement joués ? L'expression « jeux de rôles » est précisément utilisée par beaucoup pour qualifier la politique dans certains pays d'Afrique et d'Afrique du Nord. Les possibilités de compromissions donnent le vertige et on ne peut que rappeler la prophétie iconoclaste de l'amiral Pierre Lacoste, qui prévoyait qu'il faudrait sans doute un jour discuter et négocier avec les mafias comme avec des interlocuteurs normaux, car elles seraient à l'intérieur de tous les pouvoirs. En somme, les amnistier et les intégrer sous certaines conditions, tant que les pouvoirs publics légitimes en sont encore capables. Une fois de plus, on ne saurait trop réhabiliter le renseignement comme moyen de lutte essentiel en ces domaines.

CHAPITRE 6

Les grandes batailles d'influences à l'œuvre

Le monde est en pleine réorganisation. Un nouvel ordre mondial se prépare, dont certaines manifestations se voient et se ressentent déjà, tandis qu'un ancien perdure. Il serait évidemment impossible de traiter de toutes les influences en cours. On peut néanmoins tenter d'identifier quelques-uns des grands mouvements à l'œuvre.

La pente glissante des marchés

« *Les choses ici sont au plus mal. Il y a quatre jours, toutes les banques de New York ont suspendu leurs paiements. C'est la faillite universelle qui renverse des négociants vingt fois millionnaires... La suspension des paiements de toutes les banques américaines sera probablement le dernier coup. Personne ou à peu près n'a payé, les faillites sont nombreuses et on ne cite que les plus importantes. Il y a une énorme quantité de papiers renouvelés à 12, 24 et 36 mois [...] Les Yankees sont à la fois extrêmement durs et sympathiques, en affaires comme en politique. Certes ils brandissent la Bible, mais on dirait que c'est pour vous en assener des coups sur la tête afin de puiser dans votre portefeuille au nom du Seigneur.* »

Ce texte est-il extrait d'un article du *Monde* ou traduit d'un numéro du *Guardian* de 2008 ou 2009 ? Non, il s'agit d'un passage des *Mémoires* apocryphes de Charles Heidsieck, propriétaire de la maison de champagne du même nom au milieu du XIXe siècle, rédigées par son arrière-petit-neveu Joseph Henriot à partir des lettres mêmes de son parent [1]. Cela se passait... en octobre 1857 à New York et était suivi quelques années plus tard par la guerre de Sécession. Notons que Charles Heidsieck était ce qu'on appellerait aujourd'hui un grand entrepreneur capitaliste et point du tout un révolutionnaire !

Rien n'a changé, si ce n'est que cette approche des affaires est devenue internationale, dominante, grâce à un magnifique effort d'influence des « Yankees » et grâce à la paresse de leurs cousins européens, qu'elle s'est pervertie, que les faillites rapportées se produisent maintenant au plan mondial et qu'en réaction se profilent d'autres modèles, pas nécessairement plus sympathiques.

Les marchés, c'est nous !

La crise financière qui a éclaté au grand jour en 2008 a été abondamment analysée. Il devient clair qu'elle porte en elle plusieurs autres scénarios dramatiques qui, à partir du cas grec, vont très profondément toucher l'Union européenne. Ces scénarios sont-ils écrits ou sont-ils de l'improvisation, de la *commedia dell'arte* ? Découlent-ils d'un ensemble d'influences qui devaient y mener ou bien ont-ils été pensés ? Les théories du complot sont aujourd'hui mal vues, mais il faut aussi veiller à ne pas pour autant être dupe d'actions organisées. L'aléa et le chaos sont des réalités, mais l'organisation humaine en est une autre, qui a montré sa pertinence au cours des siècles.

Le monde s'est structuré autour d'une pensée à la fois libérale – devenue très libérale – et morale. C'est ce que nous avons appelé la gouvernance libéralo-morale. Cette pensée qui originellement était d'essence démocratique a échappé à ses auteurs. Aujourd'hui, elle a été détournée de son objectif par ce qu'on appelle « les marchés », devenus une force autonome, systémique, ensemble d'acteurs puissants mais surtout dissémination très large d'une certaine approche. Les marchés, en fait, c'est nous ! C'est en tout cas l'ensemble des acteurs économiques qui vivent avec un seul mot d'ordre : plus de profit, quelles qu'en soient les conditions. Si complot il y a, c'est d'abord sur les cerveaux et les idées de tous qu'il porte. Ce qui n'exclut pas des actions organisées spécifiques ponctuelles, par exemple contre l'Union européenne. Ce qui était le ressort du progrès économique, à savoir la recherche de richesse par l'entrepreneuriat, l'investissement, la production, n'a gardé de cet état d'esprit que le premier point, transformé en cupidité assumée, et surtout au moindre effort de production. Car la production, c'est tout de même en partie du travail, donc des salaires, donc des coûts.

« Les marchés », c'est l'ensemble des dirigeants du monde occidental qui ont accepté de renoncer à leur légitimité politique pour épouser une logique uniquement financière. Dans l'Union européenne, ils n'ont rien trouvé de mieux que de confier officiellement, par des textes, le rôle d'arbitre des décisions à des notations d'origine privée, élaborées par des agences dépendant des marchés et des entreprises pour exister. Qui a pu pousser la Commission européenne à abdiquer à ce point ses capacités de jugement propres alors que l'UE dispose des meilleurs économistes du monde ? Pourquoi l'Union européenne n'a-t-elle pas créé une sorte de Joint Rating Committee indépendant, composé des meilleurs analystes de la Commission, de la BEI, de la BCE, du Parlement, pour réaliser des évaluations sur les États ? Leur crédibilité eût aisément été internationale. On aurait aussi pu attendre une telle mission de la part du FMI, qui est une institution intergouvernementale. Qui a pu mener des chefs d'État à abandonner ainsi leur capacité de choix au profit d'organes privés (dits) experts ? À avoir plus confiance dans des analystes privés inconnus, tous de même culture, plutôt que dans leurs propres troupes le cas échéant réorganisées ? Les agences de notation et leurs employés, quelle que soit leur honnêteté, partagent tous la même vision culturellement connotée du rôle de l'État : celle d'organes avant tout économiques, comme les entreprises, et soumis aux mêmes règles. Les États ont eu tort d'être laxistes et de se penser toujours protégés par leur souveraineté.

À l'instar des établissements spécialisés dans les prêts à la consommation qui continuent à prêter aux surendettés et finalement se rendent propriétaires de leur maison, « les marchés » ont bien toléré des emprunts répétés des États, jusqu'au jour où ils ont jugé plus intéressant de spéculer sur leur dette, leur déclin et, dans le cas de la Grèce, de se mettre en position de racheter leurs actifs. Il existe cependant des organisations financières européennes et multilatérales qui ont été créées pour anticiper et répondre à ce type de cas. Elles sont dirigées par les gouvernements et ont la capacité de maîtriser les marchés, si elles le souhaitent. Quant au passé, on peut se demander sous quelles influences la Commission européenne et les États membres se sont satisfaits pendant des dizaines d'années, et jusqu'à récemment, des chiffres économiques livrés par la Grèce, chiffres dont toute l'administration à Bruxelles disait quasi ouvertement qu'ils étaient faux. Où est la recherche de responsabilités aujourd'hui ?

Un exemple : les grandes manœuvres agricoles

La présidence française du G20 en 2011 avait beaucoup d'ambitions, dont une réaffirmée : celle de lutter contre la volatilité des prix agricoles. Un sommet fut organisé le 23 juin 2011 à Paris, le premier G20 agricole, entendit-on. On annonçait y parler de régulation des marchés. Hélas, à leur lecture, les conclusions du Sommet ne vont pas du tout dans le même sens. Derrière le discours, la réalité est que nous nous trouvons devant une gigantesque opération d'influence sur les modèles agricoles du monde au 21e siècle.

Qu'a-t-il été décidé à Paris le 23 juin 2011 ? Il a été admis que les prix agricoles étaient trop volatils d'une part et, d'autre part, qu'il fallait augmenter la production de produits de base pour nourrir la population mondiale croissante. Sur la base de ce double constat difficilement contestable, des mesures ont été décidées dont aucune ne prévoit de régulation. Les annonces initiales du ministre français de l'Agriculture à l'Assemblée générale des Nations unies en février 2011, axées sur une augmentation des investissements publics et surtout sur la régulation des marchés agricoles internationaux, restent lettre morte. La sécurité alimentaire est donc de fait confiée à une amélioration – putative – du fonctionnement des marchés agricoles, confié en grande partie à la Banque mondiale, choix symptomatique. De très fortes influences libérales sont à l'évidence à l'œuvre, assorties de critiques ouvertes sur le modèle de l'Union européenne. Ce qui a été décidé devrait interroger et les gouvernants européens et les responsables agricoles sur leur capacité à faire face à des *lobbyings* privés aussi forts sur des sujets d'intérêt général.

Qu'a-t-il été décidé exactement ? Voici les trois grandes lignes. D'abord, la volatilité des prix a été jugée essentiellement due au manque de transparence sur les produits et notamment sur les états des stocks. Dans ces conditions, la solution à mettre en place sera de créer un mécanisme d'information permanent accessible à tous les intervenants sur les marchés, auquel devront participer les États, qui fourniront toute information sur la situation des récoltes et des stocks. Ce mécanisme de transparence sera créé et géré par la Banque mondiale avec la banque d'affaires JP Morgan. En deuxième lieu, il a été admis qu'il convenait d'augmenter la productivité de l'agriculture et que donc il serait fait appel de manière massive aux investisseurs privés, seuls aptes à dégager les montants nécessaires pour assumer ces objectifs. En troisième lieu, que pour pallier le cas échéant les instabilités des prix agricoles (si le mécanisme de transparence n'est pas suffisant), des produits d'assurance nouveaux devraient être imaginés par les assureurs et proposés aux États.

Le malade se soigne avec les produits qui l'ont rendu malade. Les investisseurs privés sont sollicités pour racheter des terres agricoles qu'ils achètent de toute manière déjà pour leur rentabilité à terme, leur tâche va donc être facilitée, avec bonne conscience, quasiment sous le timbre de la bonne œuvre ; les assureurs sont priés de déployer de nouveaux produits, c'est donc un nouveau marché qui s'ouvre pour eux et il y a fort à parier que des contre-garanties ou des instruments d'aide aux États seront apportés par les banques multilatérales au marché. Enfin, le mécanisme de transparence qui doit permettre une information très améliorée des principaux intervenants sur les marchés est en partie géré par un des plus gros spéculateurs, la banque JP Morgan, qui risque donc de se trouver en situation de conflit d'intérêt. Pour un G20 agricole dont le but largement affiché était de réguler les marchés, le résultat est... désopilant.

Il est clair qu'un grand problème posé par ces mesures sera la pérennisation – ou non – du modèle agricole européen traditionnel, en clair le modèle du paysan, qu'il soit petit ou très gros. À notre avis, si les décisions prises sont mises en œuvre, ce modèle est en voie d'extinction au bénéfice d'un modèle où les agriculteurs seront des salariés de grands groupes agricoles. Certains experts proposent cependant l'exemple de l'agriculture chinoise qui produit 13 % de la production agricole mondiale sur 9 % des terres arables du monde et exporte même un tiers de sa production, avec des exploitations qui sont en moyenne inférieures à un hectare. Ce modèle nous paraît très particulier à ce pays. Les mesures annoncées nous font beaucoup plus anticiper une influence du modèle nord-américain que chinois.

La stratégie d'influence est évidente, d'autant que l'image du modèle européen est consciencieusement sapée partout. En parallèle de ces annonces, sont en effet diffusés auprès des relais d'opinion professionnels et étatiques européens des discours plus négatifs que jamais sur la politique agricole européenne, accusée de ne voir que les intérêts égoïstes de ses agriculteurs au détriment de l'intérêt de la planète. Si cette argumentation ne convainc pas et qu'on s'obstine à trouver que le modèle du paysan a du bon, crée des emplois, contribue à un aménagement harmonieux du territoire, un joker existe : la lutte contre le changement climatique, plus instrumentalisée que jamais. La poursuite des nouvelles politiques agricoles de marché au plan mondial est présentée comme proposée dans l'intérêt de la planète, vu les liens très forts entre agriculture et climat. Donc les Européens sont accusés de la pire faute : négliger leur impact individuel sur une valeur d'intérêt général mondial. Égoïsme et inconscience.

Il va être difficile à l'Union européenne de réagir, à supposer qu'elle le souhaite et que les esprits n'aient pas déjà été formatés en son sein. Il faut espérer que les fédérations agricoles des pays européens sont au fait de ces menées et souhaitent se donner les moyens nécessaires pour réagir. Il faudrait qu'ils aient un contenu commun à promouvoir eux-mêmes, car, nous le répétons, pas d'action d'influence réussie sans contenu.

Le contenu de leur riposte ne serait pourtant pas difficile à élaborer, en dehors même de toute considération égoïste à propos de « leurs » paysans. Car est-il bien responsable de laisser un sujet qui concerne la sécurité alimentaire de milliards d'êtres humains aux mains de marchés totalement libres, même mieux informés, et d'investisseurs privés qui ne recherchent – et c'est bien normal – que leur rentabilité (à court terme qui plus est) ? Il est pour le moins étonnant que les États du G20 aient accepté tout cela. Il est étonnant que malgré les crises permanentes de l'autoréglementation et des marchés observées depuis 2007, des solutions du même type soient toujours adoptées. La raison est sans doute qu'il n'y a pas de contre-influence professionnelle en sens inverse.

L'agriculture a toujours été un secteur clé de l'économie, mais avec l'accroissement significatif de population qui est prévu pour les prochaines années, elle sera sans doute LE secteur économique clé de l'avenir. Faut-il le laisser gérer selon des doctrines qui jusqu'à présent n'ont pas été vraiment couronnées de succès ? En matière agricole, on ne peut pas dire que la Banque mondiale n'a eu que des réussites : qu'il s'agisse de cultures vivrières, de coton, ou de cacao, ses politiques d'ouverture fondées sur la division du travail ont peu montré leur efficacité. La Chine considère ce secteur comme plus que sensible, critique, et elle a raison. Il est temps que la France et l'UE fassent de même, abstraient cette activité de toute influence extérieure et s'entendent sur la définition d'un intérêt général du secteur non négociable avec les *lobbies.*

Une boussole déréglée

Comme on l'a vu, les modes de management issus des méthodes américaines simplifiées et standardisées se sont répandus dans le monde, grâce à l'action conjuguée du rayonnement des universités, de la force des cabinets d'audit, comptables, de conseil et d'avocats, des certifications, de la *soft law* et du *soft power* des États-Unis. Les normes mondiales de fonctionnement des établissements bancaires sont d'origine américaine. Les normes comptables et financières aussi. Ne parlons pas des normes éthiques, dont l'application est surveillée par les *compliers* et, depuis peu, par les *corporate monitors* (surveillants en intégrité). Dans le domaine de l'enseignement, la norme AASCB a réussi son objectif, exprimé en toutes lettres sur son site : devenir l'autorité mondiale en matière de management de l'éducation[2]. Tous les établissements d'enseignement supérieur se battent pour obtenir ce sésame, garant de l'ouverture de fructueux marchés. La filière est totale, d'autant qu'en aval comme en amont, la presse économique et les *think tanks* veillent : *Harvard Business Review, The Economist, Time...* pour à la fois relayer les politiques et être à l'affût de nouveaux concepts, pour les récupérer ou les contre-influencer.

Parallèlement, la dictature du court terme est de plus en plus décriée. Même les plus libéraux – en France – la déplorent aujourd'hui et s'interrogent sur ses causes[3]. Cela serait drôle si des tragédies ne naissaient pas de ces vraies ou fausses naïvetés. Car la dictature du court terme, l'absence de temps économique, les dérèglements financiers sont le résultat logique du système mis en place par leur gouvernance libéralo-morale ! Sauf qu'aujourd'hui ce système échappe en partie à ses acteurs, au moins aux dirigeants des États ! Le simple bon sens montre que les échanges de milliards d'ordres et de dollars quotidiens n'engendrent pas une vision du temps à long terme, ni les pratiques d'achat et revente –après extraction de toute la rentabilité possible – d'entreprises productives par des fonds, pas plus que les « nouvelles » normes comptables qui, prenant en compte les changements de valeurs dans des délais de plus en plus courts, empêchent de faire des plans par manque de visibilité. Cette volatilité et cette instabilité se retrouvent dans tous les champs de la vie économique, qu'il s'agisse des prix mondiaux du blé et des matières premières en général comme de la vie quotidienne.

De la macro-économie, passons aux détails quotidiens : la recherche de rentabilité maximale a donné lieu à des pratiques de marketing déstabilisantes pour les individus, comme ces tarifs des trains ou des avions qui varient d'un quart d'heure à un autre, engendrant ainsi le stress, obligeant à aller vite, à risquer de se tromper, ou perdre de l'argent. On n'a pas assez mesuré l'influence déséquilibrante de toutes ces pratiques apparemment techniques. Cette même recherche de profits fait embaucher des personnes non qualifiées qu'on ne forme pas et qui sont incapables d'assurer l'après-vente ou de répondre au téléphone. Mais les consommateurs ne disent rien parce que les prix du téléphone et d'Internet baissent ! Jusqu'au jour où c'est leur salaire à eux qui est mis en cause ou leur emploi qui est perdu. Le mécanisme est le même que pour les importations à bas prix. C'est ce que les économistes appellent savamment la préférence donnée au consommateur par rapport au producteur. Des ajustements réglementaires sont nécessaires. Mais ce même consommateur est prié par une ministre de l'Économie de faire jouer la concurrence entre les tarifs (des banques en l'occurrence), car ce n'est pas le rôle de l'État que de les encadrer. Cela est en effet aussi facile que de prendre son vélo au lieu de sa voiture pour aller travailler. On entretient ainsi un stress permanent, qui fait s'étonner que l'on s'étonne des brusques poussées d'indignation.

Enfin, la dictature du court terme engendre l'absence de morale : pour gagner plus vite de l'argent, car les situations se succèdent à vive allure, les hommes sont prêts à toutes les bassesses et toutes les déresponsabilisations. L'exemple type est celui du vendeur de *subprimes* en porte à porte, mais les présidents des grands fonds internationaux qui poussent les États à la faillite pour mieux racheter leur patrimoine relèvent de la même catégorie d'individus amoraux. Ces influences déstabilisantes devraient en principe être contrebalancées par des dirigeants publics et privés dotés d'une vue à long terme et défendant des repères, piliers du long terme. Ce n'est hélas pas toujours le cas !

Comment des dirigeants dignes de ce nom peuvent-ils aussi aveuglément faire confiance à des modèles qu'ils ne comprennent pas ? Revenons au Professeur Jean-Pierre Lehmann, dirigeant de l'Evian Group : « *Les élites occidentales sont pour leur plus grande partie mal préparées aux transformations du monde. Très peu ont plus qu'une expérience superficielle hors de l'Europe occidentale et de l'Amérique du Nord, très peu parlent chinois ou une autre langue asiatique, une part infinitésimale a étudié dans des universités non occidentales. [...] Les rapports de BCG, McKinsey... sont utiles pour comprendre une économie mais ne permettent pas de comprendre l'âme d'un pays. [...] En plus d'être incompétentes, les élites actuelles apparaissent insensibles. Nous avons besoin de plus de responsabilité, de conscience, d'humilité.* »[4]

Une lueur d'espoir : la pensée américaine sait repérer les bonnes idées à l'extérieur et les reformuler – ou reformater – pour en faire des concepts attirants et surtout efficaces. Ce faisant, en général, elle les appauvrit, mais elle en fait aussi des outils faciles à utiliser ! Comme on l'a vu, les médias anglo-saxons commencent à nous parler de *Social Good* ou *Social Public Good*, levier de progrès, dont de grandes universités entrevoient la nécessité pour une efficacité économique à long terme. Il semble que les notions d'intérêt général, de service public, de bien commun, de bien public... soient désormais regardées avec intérêt par beaucoup plus de penseurs, qui ont compris les limites du marché comme seule logique politique, et qu'ils testent peut-être ces idées dans les médias. Gageons qu'un concept nouveau ou plusieurs, issus de nos propres idées européennes mais « relookés » et réadaptés au marché, seront bientôt élaborés, « packagés », lancés, promus par les relais et réseaux, puis deviendront des normes qui donneront un jour lieu à certification privée (voire à notation par les agences ?). Ce serait un moindre mal, avant une vraie refonte du système international qui n'arrivera que plus tard.

Vers un soft totalitarisme ?

La recherche de profit et la logique folle de l'uniformisation finissent par refuser la diversité. Le capitalisme entrepreneurial bénéficie à la liberté, le libéralisme exacerbé et autoréglementé la menace et tue l'individualisme. Il est en effet bien plus économique de gérer selon un seul standard et une seule pratique. Cela commence par des détails et finit par des atteintes aux libertés. Ces influences se retrouvent déjà dans de nombreux secteurs. Un « détail » très concret : l'abandon de plus en plus demandé de l'usage des chéquiers, une spécialité française qui est une forme de diversité par rapport à la carte de crédit. Or celle-ci se généralise partout dans le monde, les espèces étant soumises à des limitations de plus en plus drastiques. En France, le client a le choix. C'est une liberté. Mais les banques françaises, soutenues par leurs ministres, font ce qu'elles peuvent pour parvenir à la disparition de ce mode de paiement. Dans le même ordre d'idées, se fondant sur des textes anti-criminalité financière, les banques commencent aujourd'hui à demander des explications argumentées non seulement pour l'apport mais aussi pour le retrait de sommes en espèces de faibles montants. N'a-t-on plus le droit de retirer librement, et sans rendre de comptes à personne, la moitié de son compte en banque pour aller le « flamber » ? N'a-t-on pas raison de parler de gouvernance libéralo-« *morale* » ?

Les pratiques de marketing encadrent également de plus en plus les individus et limitent leurs libertés. On l'a déjà vu avec les tarifs des transports, dont les grilles tarifaires pénalisent fortement les décisions de dernière minute. Tout est fait pour amener puis enfermer les clients dans de grandes catégories, des grands halls de remplissage. Dans certaines doctrines écologistes virulentes mais qui gagnent du terrain, l'automobile devient un outil gênant, certes parce qu'elle pollue mais on peut se demander si ce n'est pas aussi parce qu'elle favorise liberté et indépendance des hommes, hors des masses humaines facilement gérables à tous les points de vue ! Certes là se lève une contradiction interne du développement durable en tant que doctrine alliée du libéralisme : l'industrie de l'automobile est en effet toujours source de profits. Gageons que cette contradiction sera gérée. Cette gouvernance s'accompagnant comme on l'a vu de son volet éthique, elle mène également à une uniformisation des mœurs, d'abord professionnelles puis privées. Elle s'accommode très bien de la montée des religions dans les affaires de la République. Car les deux ont en commun l'objectif de ranger les individus au sein de groupes obéissants.

Pour des raisons alléguées de risques de santé, un certain nombre de libertés disparaissent : celle de fumer, par exemple, même en assumant son choix et en payant à la collectivité des taxes exorbitantes. Un jour viendra où, l'obésité présentant un risque de santé, l'accès aux matières grasses sera rationné pour les personnes en surpoids, dans les magasins et les restaurants, sur la base de leur carte personnelle interconnectée à tous les fichiers. Comme le dit Jacques Attali, l'achat d'une pizza ne sera possible pour un gros que moyennant une augmentation de sa prime de risque. En effet, son bilan de santé sera inscrit sur la puce de sa carte de paiement, voire sur la puce qu'il portera en lui, et au moment de l'achat indiquera un profil, avec son degré de risque. Pourquoi pas, en tant qu'information ? Sauf que s'il transgresse le « conseil » de ne pas acheter la pizza, il verra sa prime augmenter. On peut imaginer qu'il en sera de même pour une personne âgée : si on la juge trop âgée pour une opération lourde (non pas pour sa santé mais parce que statistiquement elle n'aura pas le temps de rembourser par ses primes), on ne la lui accordera pas. On est alors dans une gestion sociale qui n'a pas pour but premier le respect de l'individu, mais l'objectif de le rendre moins cher pour les assureurs (la Sécurité sociale devenant tôt ou tard totalement privée). La transgression sera possible, à condition de payer.

On est là dans une logique de la relation monétaire. La relation sociale devient payante en tout domaine. Le *soft* totalitarisme n'enserre pas les individus par idéologie philosophique mais par goût du lucre et placement de l'étalon argent au-dessus de tout. Il s'agit d'une vision du monde. Il en va de même sur un plan plus privé : aux États-Unis, il est par exemple aujourd'hui très déconseillé – et interdit par beaucoup d'entreprises – à un homme seul de prendre l'ascenseur avec une femme seule, pour éviter toute accusation de harcèlement ou tentative de viol, suivie bien sûr de demandes de réparation monétaire.

Nous ne détaillerons pas les atteintes aux libertés *via* les utilisations de fichiers, sujet abondamment traité par ailleurs mais qui relève de la même problématique. Nous signalerons simplement que la vente et l'utilisation de fichiers sans autorisation des personnes concernées sont la base du succès des grands groupes de l'Internet. En conséquence, cette atteinte aux libertés n'est pas une résultante mais un fondement de l'ordre libéralo-moral. Cependant, l'innovation permanente des internautes a conduit au développement de moteurs de recherche et d'outils « d'anonymisation » gratuits, dans la logique de partage énoncée plus haut.

Robert Cialdini, auteur américain déjà cité au début de cet ouvrage, écrit ainsi : « *Tout, aujourd'hui, concourt à ce que les techniques de manipulation deviennent de plus en plus efficaces. Les nouvelles technologies de l'information et de la communication permettent de multiplier et complexifier les canaux par lesquels les manipulateurs peuvent entrer en contact avec les individus. L'industrialisation des procédures de communication et le développement d'un vocabulaire global, de références sociales globales, de goûts et valeurs globaux, de codes de conduite – la nétiquette par exemple – globaux rendent l'individu plus vulnérable aux attaques des manipulateurs, plus perméable à des argumentations standardisées. Ainsi, je pense que le jour n'est pas loin où les techniques de manipulation, qui sont aujourd'hui encore très personnalisées, pourront être standardisées et appliquées de manière intensive dans un pays, une région, voire un continent ou la planète.* »[5]

Les influences / manipulations des régimes totalitaires s'accompagnent toujours de plusieurs « adjuvants » qui les font tolérer : la création d'ennemis collectifs et de boucs émissaires ; la mise en place de « causes » qui permettent de grands élans collectifs, dès l'enfance ; et surtout, la mise à disposition de larges gammes de divertissements, ou *entertainment*, qui occupent le temps libre des individus et leur diffusent des messages sous des formes ludiques. En exagérant à peine, les catégories ci-dessus sont aujourd'hui remplies par : les fumeurs (en particulier aux États-Unis), la défense du climat ou des ours (spécialement en France et en Allemagne), et bien sûr toutes les gammes des jeux vidéo, sites, réseaux sociaux et autres jeux en ligne qui permettent de « passer le temps ». Avec le développement du mobile et des tablettes, l'occupation est permanente.

Le développement de ces techniques d'information de masse est aujourd'hui tenu par une oligarchie de groupes richissimes. On peut évidemment se réjouir de ces possibilités qui décuplent les capacités de relations et d'information. On peut aussi se demander avec deux romanciers (encore ! le roman est une source inépuisable de vérité) si des dépendances ne se créent pas ainsi, dans deux sens différents mais tout aussi inquiétants : le contrôle total des faits et gestes de l'individu, à la manière du *Big Brother* imaginé par George Orwell dans *1984*, publié en 1949, ou l'abêtissement par le déluge d'informations, après interdiction de la lecture, comme suggéré dans *Fahrenheit 451* de Ray

Bradbury (1953) : « *Bourrez les gens de données incombustibles, gorgez-les de "faits", qu'ils se sentent gavés, mais absolument "brillants" côté information. Ils auront alors l'impression de penser, ils auront le sentiment du mouvement tout en faisant du sur-place.* »[6]

De nouvelles influences à décrypter

Face à la domination de l'esprit et des forces de marchés dans le monde, nous avons vu que la Chine développait un modèle différent et pourrait peut-être un jour le diffuser au monde, qu'une influence islamique était sans doute à l'œuvre sous des formes diverses. Nous ne reviendrons pas sur ces influences pays ni sur celles des acteurs qui ont été observés. En revanche, il est fondamental de voir quelles sont les forces transversales en cours.

Les « révolutions Internet » ou la démocratie virale

« *Le Moyen-Orient était comme du bois prêt à flamber. [...] Il y avait [...] aussi la pénétration d'Internet, les mouvements migratoires entre ces États, la télé satellite, ou encore le choix éditorial d'Al-Jezira de couvrir et d'enquêter sur ces révoltes... Aujourd'hui, le travail d'Al-Jezira est compromis en Arabie Saoudite et à Bahreïn à cause de ses implications géopolitiques au Qatar. Mais pour la Tunisie et l'Égypte, son travail était excellent. Tout cela n'est pas parti tout seul, il fallait un déclencheur, qui fut la publication par WikiLeaks de câbles diplomatiques sur ces pays. Ils ont été repris par des journaux locaux, en arabe, comme Al-Akhbar au Liban, ou par des clones de WikiLeaks, comme TunisiaLeaks, en Tunisie. [...] (Ces câbles) ne faisaient pas que décrire la corruption du régime de Ben Ali, ils mettaient aussi en évidence son extrême fragilité : clairement, [...) on comprenait que s'il y avait un conflit entre le régime de Ben Ali et l'armée, les États-Unis ne le soutiendraient pas nécessairement. Cela a envoyé un signal fort aux activistes en Tunisie, mais aussi à l'armée, aux partisans de Ben Ali et aux régions voisines.* »

Tels sont les propos de Julian Assange, le fondateur et dirigeant de Wikileaks, dans le journal *Libération* du 16 avril 2011[7]. La révélation par son site d'informations confidentielles issues des télégrammes diplomatiques américains et autres aurait été le déclencheur des révolutions tunisienne et égyptienne. Et ce, dit-il, surtout parce qu'elle a empêché les États-Unis de continuer à soutenir publiquement des dictateurs que les télégrammes de leurs propres ambassadeurs mettaient en cause. Il prend ainsi la paternité des révolutions arabes à son seul compte et casse en même temps la théorie de la manœuvre d'influence américaine.

On peut au choix le soupçonner de mégalomanie ou de mensonge, mais dans tous les cas il confirme l'importance cruciale des réseaux. Le rôle capital des réseaux sociaux a été confirmé par Wael Ghonim, employé de Google, sur CNN début février 2011, phrase qui a été reprise sur de nombreux supports : « *Je veux rencontrer Mark Zuckerberg un jour et le remercier [...]. Je parle au nom de l'Égypte. [...] Cette révolution a commencé en ligne. Cette révolution a commencé sur Facebook.* » [8]

Cette importance est confirmée par de nombreux analystes, dont David Kirkpatrick qui publia en 2010 un livre clé sur Facebook [9], où il écrit : « *Facebook est l'un des outils les plus "biologiques" pour la démocratie que le monde ait connu.* » Cette idée d'information biologique et virale est de plus en plus utilisée et elle est pertinente puisque la transmission par les réseaux ne relève pas d'un mécanisme mais d'une vie intrinsèque.

Beaucoup soupçonnent de fortes influences américaines derrière les révolutions arabes, et même un plan, s'appuyant pour ce dire sur la fameuse théorie du chaos reconstructeur et de la nécessaire recomposition du Moyen-Orient et du Proche-Orient énoncée par les penseurs néoconservateurs. Certains esprits ont d'ailleurs remarqué des similitudes de fonctionnement entre les déclenchements des révolutions arabes et celles d'Ukraine et de Géorgie, notamment un nom chatoyant chaque fois : révolution orange, révolution des roses, révolution de jasmin, printemps arabe... bref un même *packaging* attractif et dédramatisant, certes déjà utilisé dans le passé (la « Révolution des œillets ») mais à la succession récente assez remarquable.

On ne peut pas ne pas être troublé quand on voit des *tweets* comme celui de Philip Crowley, porte-parole du Département d'État, dans la nuit du 22 au 23 février 2011, en plein « printemps arabe », sur le gouvernement algérien qui, lui, n'était pas réellement menacé : « *La décision du gouvernement algérien de lever l'état d'urgence est positive mais elle doit se traduire par une extension des libertés et un véritable changement.* » Comment un gouvernement étranger peut-il ainsi donner des instructions (« doit ») à un autre gouvernement ? Quelle influence délibérée, sachant que l'origine de ce *tweet* le fera reprendre par de nombreux suiveurs parmi lesquels des médias ! Le même porte-parole a abondamment utilisé Twitter pendant les événements, affichant sans complexe son soutien aux porteurs de revendications. Il s'agit d'une action d'influence tellement ouverte qu'on ne peut pas ne pas y voir une sorte de menace voilée aux gouvernements « réticents » : « *nous pouvons si nous le voulons actionner des foules* ».

Il se trouve qu'à partir de novembre 2009, la Secrétaire du Département d'État Hillary Clinton s'est beaucoup investie dans le combat pour la liberté d'Internet. Là encore, soupçon de certains spécialistes, surtout sur la succession des faits.

Selon Sami Ben Gharbia [10], « *pour beaucoup de gens hors des USA, et pas seulement dans le monde arabe, le "mantra" de la liberté sur la Toile, diffusé à partir de Washington DC, n'est qu'une couverture pour des agendas géopolitiques stratégiques. [...] Au cours de son discours* "Remarques sur la liberté d'Internet" *du 21 janvier 2010, la Secrétaire d'État Hillary Clinton a élevé la liberté de l'Internet au rang de priorité de politique étrangère de la nouvelle administration Obama. Deux mois avant ce discours, en novembre 2009, Mme Clinton a annoncé le lancement de* "l'Initiative société civile 2.0" *qui aidera les organisations indépendantes à travers le monde à utiliser la technologie numérique, "attribuant 5 millions de dollars de subventions à des programmes pilotes au Moyen-Orient et en Afrique du Nord qui permettront d'accroître les nouveaux médias et les capacités de mise en réseau des organisations de la société civile* ».

Le même auteur relève qu'une initiative intitulée « Réseau des blogueurs du Moyen-Orient et d'Afrique du Nord » a été lancée par le National Democratic Institute for International Affairs (NDIA), basé à Washington, et annoncée en septembre 2010 à l'occasion de la conférence *Internet Liberty 2010* organisée par Google et la Central European University à Budapest. Précisons que le NDIA est une « filiale » du NDI, un *think tank* plutôt proche du parti démocrate quoique déclaré non partisan, en tout cas créé par le gouvernement américain avec le support du *think tank* National Endowment for Democracy, « *pour relier les dons destinés à la mise en place de la démocratie dans les pays en développement»* [11]. Pour cet auteur, blogueur lui aussi, ces influences et ces alliances sont le « baiser de la mort » pour les démocraties arabes. Le pire des scénarios possibles serait selon lui « *que le financement occidental et l'hyperpolitisation pourraient aboutir à une altération brutale de l'espace du cyberactivisme actuel pour laisser émerger un "cyberactivisme parallèle", totalement déconnecté du contexte arabe local* ».

Ce qui s'est passé au Maghreb, additionné au mouvement dit des Indignés qui lui aussi s'est constitué à partir d'Internet, pourrait être très inspirant pour tous les pays, notamment pour les « jeunes ». Cela dit, malgré leur nombre dans certains pays, les Indignés n'ont pas finalement catalysé les mêmes forces que les révolutions du Maghreb. Ceux qui en faisaient partie étaient pourtant très déterminés et n'y risquaient pas leur vie. Est-ce la raison de leur échec ? On peut aussi penser que l'énergie spontanée du réseau ne suffit pas et qu'une ingénierie professionnelle est nécessaire.

Maîtres des réseaux, maîtres du monde ?

Le 29 octobre 2008, pour le soixantième anniversaire de la Déclaration des droits de l'homme, a été lancée la Global Network Initiative (GNI), ONG ayant pour but de prévenir la censure d'Internet par des gouvernements autoritaires et de protéger les droits privés sur le Web. Elle est soutenue par des entreprises multinationales (Google, Yahoo !, Microsoft), des fonds d'investissement (Calvert Group, Domini Social Investment), des ONG (Human Rights Watch, Center for Democracy & Technology, Committee to Protect Journalists, Human Rights First) et des universités (en particulier le Berkman Center de Harvard). Ce dernier semble jouer un rôle important dans la conceptualisation des relations entre le Département d'État et les entreprises reines de l'Internet.

Ce Berkman Center est financé par le Département d'État, que celui-ci soit républicain ou démocrate, et par l'OSI, l'Open Society Institute, un des organes des Fondations financées par le milliardaire libéral George Soros, dont nous avons déjà parlé, et dont le but affiché est d'accroître l'accès public à la connaissance, de faciliter la communication de la société civile et de protéger les libertés dans l'environnement numérique. Selon Evgeny Morozov[12], chercheur invité dans le Liberation Technology Program de Stanford, Facebook et Twitter auraient refusé de se joindre à cette initiative, mais les dirigeants des trois autres suivraient volontiers les diplomates américains dans des « pays exotiques tels que la Sibérie, la Syrie et l'Irak ».

Un an après, en novembre 2009, était lancée l'Initiative pour la société civile 2.0 par Mme Clinton, comme mentionné ci-dessus.

Un peu moins d'un an plus tard, fin septembre 2010, la conférence Internet Liberty 2010 se déroula à Budapest, ce qui n'est peut-être qu'une coïncidence avec le fait que M. Soros soit d'origine hongroise.

En septembre 2010 également, l'*Executive Chairman* de Google Eric Schmidt déploie Google Ideas, un « *Think Do tank* », mot qui se répand et qui désigne des *think tanks* qui ne se satisfont pas de penser ni même de lobbyer, mais qui entendent s'occuper de l'application de leurs réflexions. Il s'y investit fortement. Il recrute comme directeur un très jeune et très brillant diplomate spécialisé en contre-terrorisme, membre du très prestigieux *think tank* Council on Foreign Relations (CFR) proche des milieux diplomatiques, essayiste, Jared Cohen. On dit qu'il travaillait avec Twitter pour soutenir les protestataires iraniens en 2009. Il semble que trois autres personnes du Département d'État l'y aient rejoint.

Dès le 28 juin 2011, Google Ideas organise un « Sommet contre les violences extrémistes » à Dublin (Irlande), en partenariat avec le Council of Foreign Relations. Cette initiative a la modeste ambition... de chercher les moyens de « déradicaliser » les esprits dans le monde. En clair, quelque quatre-vingts criminels – repentis – de toutes origines (néo-nazis, salafistes, anciens d'Al Qaida, anciens de l'IRA, gangsters...) sont réunis, payés pour réfléchir à leur propre cas et pour envisager des méthodes, par exemple à partir de jeux vidéo, pour empêcher de jeunes cerveaux de suivre le même parcours qu'eux à l'avenir. Il faut en effet d'abord comprendre comment ces jeunes gens se font recruter. Eric Schmidt a dit à cette occasion que Google « *avait décidé de s'investir dans un travail de* think tank *dans le but de s'attaquer à certains des problèmes les plus difficiles* (intractable) *qu'a à affronter l'humanité, en combinant une nouvelle génération de leaders et des moyens technologiques. [...] Nous ne recherchons pas des solutions miracles mais de nouvelles approches*[13] ». Ce *think do tank* est fondé sur l'idée socle que les technologies peuvent apporter des réponses inattendues aux grands enjeux du siècle : « *Google Ideas est fondé sur la conviction que la technologie est partie intégrante de tous les défis actuels et de toutes leurs solutions. La technologie a pris possession des êtres humains pour le meilleur et pour le pire. Tout cela doit être réfléchi entre secteur public, privé et académique ensemble.*[14] »

Le 9 septembre 2010, l'infatigable CEO de Google est à Paris et donne une conférence très remarquée à Sciences Po. Eric Schmidt aime dire que Google veut être une puissance bienfaisante et non malfaisante. Pourquoi *a priori* ne pas le croire ? C'est le même qui décide de numériser les œuvres de l'humanité et c'est encore le même qui annonce ouvrir un Institut culturel à Paris, qui investit dans les universités scientifiques, dit vouloir créer un secteur de l'*engineering* et recruter, toujours dans la capitale. Il donne certes ainsi des gages aux critiques qui accusent Google de prendre possession du monde à partir des États-Unis et peut-être de concert avec eux. Mais en même temps, assez subtilement, il fait comprendre qu'il accepte de se plier aux lois françaises sur la protection des fichiers et de la vie privée. Il désamorce ainsi la fronde latente à son égard.

Les discours d'Eric Schmidt comportent une dimension humaniste, politique et presque messianique : « *Le business model de Google reste de trouver de nouvelles idées pour faire du monde un lieu meilleur. En tant qu'entreprise, nous essayons de faire plus que seulement servir nos actionnaires. Nous cherchons aussi à littéralement servir nos citoyens, nos clients.* » Eric Schmidt parle comme un chef d'État. Il se défend pourtant de toute ambition politique.

Via son réseau, ses interventions, les données qu'il possède, l'accès qu'il donne à des milliards d'informations, l'ouverture qu'il apporte, son poids financier – soit une trésorerie disponible de près de 35 milliards de dollars –, en bref, *via* sa domination du secteur de l'information, l'énergie de notre siècle, on peut dire que Google est à même d'exercer une influence majeure sur la gouvernance du monde. Cette influence de Google comporte indéniablement un volet politique, volontaire ou non. C'est ce que souligne Joseph Nye, constatant que l'entrée de Google dans des activités du type de celle de Dublin peut un jour être problématique si elles sont en conflit avec la politique étrangère des États-Unis. Pour l'instant, il paraîtrait que ce soit plutôt l'inverse...

Il semble qu'Eric Schmidt et Google ne soient pas vraiment éloignés du Département d'État américain. Celui-ci a soutenu Google contre les autorités chinoises quand il a été en conflit avec elles sur l'expression des défenseurs chinois des droits de l'homme. Eric Schmidt fait partie de l'United States President's Council of Advisors on Science and Technology (PCAST), qui conseille Barack Obama sur les sujets touchant au numérique. Google Ideas apparaît à certains comme une arme américaine de *soft power*. Ce qui est certain, c'est que les autorités américaines s'intéressent très fortement aux possibilités numériques supranationales, permettant d'installer des fils invisibles capables en cas de besoin de contourner les coupures imposées par les gouvernements.

Ce qui est également certain, c'est que la gouvernance mondiale ne pourra se faire sans ces grands acteurs de l'Internet et des réseaux sociaux. Les États rechercheront leur alliance ou eux-mêmes décideront de s'unir à des États. À moins qu'ils ne le fassent entre eux, ce qui serait sûrement plus problématique. Cela présente un risque si, parmi les quatre existants, il n'en reste un jour prochain plus que deux, ou plus qu'un, Google ou Apple. Encore peut-on imaginer que leur origine culturelle américaine californienne les empêcherait de développer des volontés trop dictatoriales... On peut aussi penser qu'ils peuvent un jour être rachetés par des groupes encore plus riches qu'eux et pourvus d'une autre culture. Dans les partenariats publics-privés, ce sont les États qui jusqu'à présent dirigent l'équipage. Mais quid à des périodes où les groupes multinationaux sont bien plus riches ? Il se pourrait que, désormais, des coalitions se créent de manière ouverte sous la houlette de multinationales. Et pourquoi pas, que des groupes privés prennent possession d'États. Cela ne ferait qu'officialiser ce qui est déjà le cas depuis longtemps dans des pays émergents dont les richesses sont prises en main par des groupes privés. Il se pourrait aussi que les États fassent appel à ces grands groupes de l'information pour lutter contre les mafias.

Aujourd'hui, les immenses multinationales propriétaires des énergies matérielles (pétrole, gaz) et immatérielles (information) sont de moins en moins nombreuses et elles n'ont à s'incliner devant aucun pouvoir national, chacun étant inopérant face à elles. Seul un pouvoir multilatéral mondial pourrait les encadrer, mais il n'existe pas, ou seulement de manière très spécialisée, et dans l'attente d'une gouvernance, elles pourraient bien influencer les États plutôt que l'inverse.

Marchés, religions et intérêt général

L'influence sans limites des marchés va de pair avec la montée des influences religieuses, voire intégristes, dans la vie publique. Les deux influences se complètent et se renforcent. Et cela pour plusieurs raisons.

Toute l'histoire moderne montre que seul un État peut contenir le fait religieux. En société purement libérale, l'État est réduit et produit peu de règles. Les règles du jeu des relations économiques sont alors assurées soit par la loi du marché, soit au niveau du monde, comme aujourd'hui, par de la *soft law* et des autoréglementations. Quant aux relations personnelles, aux questions fondamentales et spirituelles, leur traitement est assuré par des communautés religieuses. Dans le système américain, par exemple, la force des communautés religieuses protestantes complète voire compense l'immense matérialité de la vie et, d'une certaine manière, garantit l'ordre public au moins autant que la loi. Le même schéma est peut-être en train de se transposer au monde. La dissémination de la pensée ultra-libérale et la domination des marchés s'accompagnent partout d'une montée des religions et des règles communautaires. Ainsi que d'une bienveillance à l'égard des États religieux.

Au niveau géopolitique mondial, les marchés tout-puissants s'accommodent bien des religions, fussent-elles intégristes. Sans même parler de la stratégie de recomposition du Moyen-Orient, le besoin de sécurisation de sources d'approvisionnement énergétiques et le souci de ne pas les laisser aux mains d'États concurrents poussent beaucoup de pays présumés démocratiques à ne pas être trop regardants sur leurs alliances. On ne saurait les blâmer totalement mais on ne peut que constater la contradiction intrinsèque d'un État démocratique comme les États-Unis, qui d'un côté prône les droits de l'homme, l'éthique et la responsabilité, influence en ce sens les règles internationales et toute la *soft law* et fait aisément la leçon, et de l'autre, s'allie avec des États où le traitement du « genre » (c'est-à-dire des femmes) et les droits basiques de tous ne sont pas vraiment démocratiques et qui, pire, soutiennent parfois (comme certains pays du Golfe) des menées contraires à ces droits, mouvements intégristes et parfois terroristes. On voit des alliances improbables entre les pays de l'OTAN, le Qatar et l'Arabie Saoudite. La simple lucidité porte à douter des conséquences pacifiques de tels jeux troubles, surtout au regard de ce qui s'est passé en Afghanistan. Mais les opportunités économiques sont énormes, alors... À l'intérieur des États aussi, la liberté économique fait bon ménage avec l'intégrisme, à partir du moment où cela peut permettre aux profits de perdurer. L'analyse n'est pas nouvelle : « l'opium du peuple » cité par Karl Marx pour désigner les religions a toujours été un compagnon de route du capitalisme. On le voit bien dans les pays les plus libéraux de l'UE qui sont aussi (en tout cas ont longtemps été) les plus communautaristes et les plus réticents à condamner les intégrismes, comme l'Angleterre et les Pays-Bas. On voit naître en Israël des entreprises employant uniquement des femmes de courant orthodoxe, supervisées par des religieux. Cela serait-il possible en France ?

Sûrement pas, car il règne en France une philosophie de cohabitation des religions qui s'appelle la laïcité et qui impose un cadre public de droits et de devoirs pour l'expression des croyances. Seul l'État peut le poser et le faire respecter. Encore faut-il que cet État en ait les moyens. Et encore faut-il qu'il soit dépositaire de la fonction d'intérêt général et non simple arbitre éventuel entre *lobbies*, voire acteur parmi d'autres.

Ainsi, malgré les apparences, nous sommes bien dans un débat sur l'influence, car la définition de l'intérêt général est aujourd'hui un point clé du type de gouvernance à mettre en place dans le monde et c'est sur elle que portent, *in fine*, toutes les pressions. Elle soulève la question du rôle de l'État *versus* celui des marchés, et en conséquence, celui du modèle politique à privilégier à la fois pour la croissance des États et pour la gouvernance mondiale. Nous avons vu que dans ce débat, qui touche l'UE et va toucher le monde, la conception française d'un État tempérant les ardeurs des marchés est plutôt mal en point faute d'avoir été promue.

Liberté, justice et partage

L'hyper domination des marchés et la recherche exacerbée de profits ont suscité en retour des mouvements justiciers de tous ordres. Il y avait déjà les ONG « vigies » dont l'occupation est de contrôler l'application du droit et de la justice, dans le domaine des droits de l'homme, comme Human Rights Watch ou Amnesty International, ou de la corruption comme Global Witness... On peut dire qu'une nouvelle influence justicière monte, qui entend peser sur le cours des choses par des moyens moins officiels. Les *hackers* et les Indignés en font partie, dans des styles très différents.

Les mouvements de revendication autour de la liberté et de la justice se cristallisent aisément sur le Web, dans la mesure où ce monde fait partie de notre vie, où il est vécu aussi intensément que le monde réel et où il a subrepticement donné naissance à une vraie culture. La facilité d'accès au Web pour tous a plus fait pour l'idée de liberté et même d'égalité que la lecture de philosophes, qui d'ailleurs n'existe plus. En outre, comme le Net est immatériel, sa fréquentation a contribué à l'effacement du sentiment de propriété sur la Toile, comme nous l'avons vu plus haut. Ce droit fondamental de notre démocratie est ainsi d'une certaine manière effacé par l'accès facilité aux réseaux, accès qui par ailleurs est la base du profit des grands groupes de l'information mais aussi de commerces de plus en plus nombreux. Cette contradiction va être difficile à gérer ! Les *lobbies* vont s'en donner à cœur joie !

Ces influences contraires peuvent se retrouver à l'intérieur même des gouvernements, par exemple entre une Secrétaire du Département d'État qui défend partout la liberté d'Internet et un FBI qui pourchasse les sites de téléchargement qui ne respectent pas les règles. D'autant qu'en 2011, à Washington, le Département d'État finançait la fabrication d'un logiciel d'accès à Internet hors de toute surveillance, le logiciel Commotion. Et cela par vingt jeunes gens connus comme des militants de l'Internet libre[15]...

On appelle *hackers*, ou pirates, ceux qui s'attaquent aux systèmes d'information. Mais qui est vraiment *hacker* et qui est Robin des Bois ? Comme le dit Julian Assange[16] : « *La culture du hacking devient* mainstream, *dominante. Les jeunes découvrent le fonctionnement du monde grâce à leurs échanges sur Internet. Ils grandissent, s'éduquent d'une manière différente, ce phénomène atteint une taille critique. À travers nos publications et notre propre exemple, WikiLeaks, nous avons montré une nouvelle façon de faire. Avec toutes les batailles autour de nous, les jeunes se rendent compte qu'il y a quelque chose à chérir, la liberté de l'information et de la parole sur Internet. La défense de ces valeurs est devenue courante pour ces générations, cela nous rend très optimistes. D'après des activistes que j'admire comme Daniel Ellsberg, rien de tel ne s'est passé depuis 68. Nous vivons une nouvelle version de 68.* »

Parmi les groupes justiciers, on citera bien sûr les Anonymous qui, à partir de coins reculés de la Toile, « punissent » sévèrement les atteintes à la liberté d'Internet, paralysent les sites ou s'introduisent dans les systèmes d'information de ceux qui, à leur sens, empêchent cette liberté. On a vu par exemple leur « efficacité » face au site de Vivendi et du ministère de la Justice, qui furent bloqués après l'interdiction [17] du site Megaupload de téléchargement gratuit début 2012. Il semble que ce soit une population individualiste, de tendance libertaire, sans organisation hiérarchique. Revenons à Julian Assange : « *Anonymous est intéressant précisément parce que n'importe qui peut s'impliquer, n'importe qui peut dire qu'il est Anonymous, n'importe qui peut participer à des fuites. C'est une organisation très fluide, sans leadership et qui montre qu'il y a une professionnalisation et une politisation très forte chez les hackers. Même les meilleurs d'entre eux passent par Anonymous de temps en temps, car ils sont mieux couverts. Ici, on a une idée et une marque pour agir, mais cette idée et cette marque n'appartiennent à personne.* »

Une autre notion a été mise à l'honneur par les nouvelles technologies de l'information, celle du partage. Dans Facebook, Twitter, les groupes, les communautés, les logiciels de partage... on a pris l'habitude d'échanger des informations de tous ordres, quand on le veut et de manière libre. Dans les entreprises sont mises en place des plates-formes collaboratives, le management de la connaissance s'efforce de faire circuler et partager la connaissance. Même si dans la réalité les entreprises appliquent peu ces préceptes, cet environnement conceptuel marque profondément les esprits et introduit une culture nouvelle de liberté et de solidarité *cool* généralisée. C'est une culture aux antipodes de celle des marchés.

Les étonnements réguliers sur la désaffection des jeunes, surtout les diplômés, vis-à-vis du monde du travail, devraient prendre en compte le fossé qui se creuse entre les valeurs communautaires du Web et celles de l'entreprise, voire de la société.

Ces mouvements revendicatifs ne sont, à notre sens, pas près de s'éteindre. Ils se développeront comme des feux de paille, par-ci par-là, partout dans le monde. Qu'il s'agisse de la défense de la liberté de l'Internet ou de la justice face aux puissants, un nombre croissant de mouvements et réseaux utilisera l'influence du Web. Ils seront évidemment sujets à manipulation, comme ils le sont probablement déjà en partie. Mais surtout, ils s'arrêteront si un jour des États ou des propriétaires de réseaux, ou les deux ensemble, décident de leur empêcher l'accès à Internet. C'est déjà en partie le cas dans certains États. Cette liberté virtuelle apparaît donc extrêmement fragile.

Nous avons mentionné le *think do tank* Google Ideas. Mais il y en a d'autres, souvent créés à partir de cette notion même de partage, en l'occurrence d'idées nouvelles. Certains sont des réseaux internationaux, en général virtuels mais avec des réunions physiques de temps en temps. Un des premiers et des plus célèbres est TED[18]. En réalité, ce *think do tank*/réseau existe depuis 1984, mais il connaît une expansion hors normes depuis 2001, grâce à l'Internet et grâce à sa reprise par la Fondation Sapling, dirigée par un professionnel de la publication. À l'origine, TED rassemblait des personnalités de trois mondes : « *Technology, Entertainment & Design* ». Il organisait une conférence par an. Puis il est peu à peu devenu une communauté mondiale, en fait plusieurs : les « TEDx » se sont créés dans les pays où des structures voulaient bien les recevoir, comme en France. Puis des prix ont été mis en place, des thématiques... Il reste que l'objet initial est toujours le même : *ideas worth spreading*, les idées qui valent d'être diffusées. Il s'agit de partager des idées utiles à la communauté pour faire émerger de meilleures pratiques en tous domaines, surtout technologiques et sociologiques. Selon le slogan de TED, « *les idées ne sont pas lourdes à porter et elles peuvent changer le monde* ».

Des mouvements du même type se sont créés, dont en France LIFT, sur la Fondation Internet Nouvelle Génération[19] qui, à partir des technologies, « *contribue à redéfinir les termes de référence d'un marché, un secteur tout entier, un morceau de société...* ». Il s'agit de repérer des ruptures fécondes.

On remarquera que ces *think do tanks* ont comme base l'innovation technologique, dont ils pressentent qu'elle peut être mise au service de pratiques sociales nouvelles. Ils sont dès l'origine multidisciplinaires. Comme les justiciers et les libertaires, ils représentent une tendance très intéressante et très innovante du Web qui pourrait utilement être mise à contribution pour régler des enjeux de la planète.

CHAPITRE 7

Retrouver l'initiative et l'influence intellectuelles

Équilibrer l'influence sans partage du « libéralisme », pour la démocratie

La logique libérale issue d'Adam Smith a produit croissance et richesse. Appliquée au monde du XXIe siècle, telle qu'elle est aujourd'hui pratiquée, confisquée par les acteurs financiers de toutes origines et de plus en plus déconnectée de l'économie réelle, elle n'est plus efficiente pour permettre un développement harmonieux des sociétés qui l'utilisent. On peut aussi s'interroger sur la nécessité de la faire évoluer dans ses fondements mêmes, face à l'arrivée de trois éléments nouveaux et parallèles : la formidable irruption de l'énergie de l'information, que l'on peut considérer comme un nouveau facteur de production, la raréfaction des énergies et des ressources physiques traditionnelles et l'explosion de la population. Enfin, le système en place a été incapable d'empêcher la graduelle dégradation de la répartition des richesses, qui en arrive aujourd'hui à un point critique pour la paix civile et peut-être mondiale. Pour gérer ces défis, ni l'autorégulation (ajustement automatique), ni l'autoréglementation (règles élaborées par ceux-là mêmes qui les appliquent) pratiquées actuellement ne sont efficaces.

Il est pourtant mal vu de mettre en cause le capitalisme, quand bien même sa pratique actuelle en est devenue une caricature, sans grand lien avec la prise de risque personnel pour une production de richesse réelle, qui était la base et l'intérêt de la théorie initiale. Capitalisme et libéralisme sont en effet encore liés dans l'inconscient collectif – au moins occidental – à l'idée de liberté longtemps bafouée par les régimes communistes. Le capitalisme a été d'abord le triomphe de la liberté sur le totalitarisme. Il était alors associé à la démocratie et il l'est resté dans les esprits. Du coup, il est difficile de critiquer « les marchés » qui se revendiquent habilement comme les descendants des combattants de la liberté. Et ce, malgré des pertes de milliers de milliards de dollars, malgré la faillite d'établissements bancaires puis la quasi-faillite d'États, avec des flux d'échanges quotidiens de plus en plus incontrôlés de milliards de dollars...

L'assimilation entre marchés et liberté n'est plus pertinente aujourd'hui. Au contraire, comme on l'a vu, leur toute-puissance et celle des groupes transnationaux qui ont émergé sur la libéralisation des échanges vont parfois à l'encontre des libertés individuelles. Le système ainsi créé n'est même plus contrôlable par ceux qui l'ont lancé et soutenu depuis toujours, c'est-à-dire les États-Unis et le gouvernement américain. Le président Obama a annoncé à quelques reprises vouloir encadrer Wall Street, mais ne l'a jamais pu. Comme le dit Robert Reich dans un ouvrage déjà mentionné [1], tout cela pourrait encore être accepté. Mais « *le vrai scandale, c'est que les dés soient pipés* ». Il nous explique qu'aujourd'hui non seulement la part consacrée aux salaires est tendanciellement en baisse constante, que le premier effort de tout management consiste à la baisser encore, que cela est suicidaire puisque du même coup l'absorption de la production par les consommateurs n'existe plus dans les pays occidentaux, mais qu'en outre et surtout, quels que soient les efforts fournis par la *middle class*, les influences des détenteurs de fortunes auront désormais toujours le dernier mot. Et ce, par un système complexe de déversement de milliards de dollars sur les partis politiques et aussi par la quasi-menace des principales fortunes du pays qui peuvent mettre en péril toute réforme. La liste des avantages qu'a dû consentir le président Obama aux *lobbies*, en particulier financiers, est impressionnante. On peut douter que ce constat et ces influences s'arrêtent magiquement aux frontières de l'Union européenne... Selon Reich, il est temps de penser à des solutions fondées sur l'économie réelle et qui ne soient pas dirigées contre les riches mais participent à une meilleure répartition des richesses.

Il serait en effet temps de se livrer à une telle réflexion au niveau international et de l'assortir d'une influence adéquate, car la logique des marchés sans régulations a tendance *in fine* à éloigner les sociétés de la démocratie. Pire, comme déjà évoqué, elle s'accommode bien des régimes totalitaires. Or la démocratie reste « le pire système à l'exception de tous les autres », selon le mot fameux de sir Winston Churchill. Pour tous ceux qui ont intégré les avancées des droits de l'homme (et de la femme), la situation actuelle n'est pas tenable. L'envie de démocratie n'est pas seulement occidentale, contrairement à l'idée répandue qui parfois nous arrange bien. L'Indien Amartya Sen nous a expliqué qu'il ne faut pas réserver la démocratie à une culture, que son besoin est sur le fond partagé par tous[2]. C'est exactement ce que nous disent des écrivains de tous bords et d'autres continents, notamment des romanciers algériens comme Boualem Sansal ou Yasmina Khadra, et bien d'autres...

Sur un plan économique, les contradictions deviennent ingérables. On ne peut en même temps donner à l'ONU des objectifs de développement de pays pauvres et laisser ces derniers aux mains de la loi de marchés qui n'ont pas pour objectif (et c'est normal) d'assumer des activités non rentables. Or mettre en place des politiques de développement n'est pas rentable à court terme. Et même sans doute à long terme, car le développement de la richesse, donc de la souveraineté des États peut remettre en question des situations extérieures très profitables. On remarquera au passage que les leçons du FMI et de la Banque mondiale pourraient aussi à nouveau être remises en cause. On sait que les remèdes appliqués à beaucoup de pays africains ont montré des limites non seulement sociales mais aussi économiques voire politiques, provoquant même à terme des déstabilisations, comme en Côte d'Ivoire. Mais que dire, plus près de nous, quand on pense à la situation de l'Espagne ou de l'Irlande en 2012, alors qu'en 2007 elles étaient les bonnes élèves libérales de l'UE, ayant ouvert et dérégulé leurs marchés, y compris au plan social ?

La première priorité aujourd'hui est de reprendre l'initiative intellectuelle, de proposer une alternative crédible aux mécanismes mortifères des marchés et d'exercer les influences idoines pour porter cette idée dans le monde. Car le problème ne réside pas dans les *traders*, les comptables ou les ingénieurs eux-mêmes, mais dans la maîtrise que devraient en avoir des décideurs politiques responsables. Mais ces derniers n'ont plus aucune boussole. Compte tenu de son passé et de son expérience, l'Union européenne serait *a priori* l'organe adéquat pour s'atteler à cette tâche... à cela près qu'elle doit d'abord elle-même être convaincue ! En effet, la France doit être consciente que la vision d'une Europe « modèle » à fort contenu politique n'est pas partagée par tous les Européens, (très) loin s'en faut, et qu'elle doit tenter de convaincre, en usant d'une influence professionnelle et argumentée, sans arrogance, en trouvant des accords avec d'autres États.

Convaincre l'Union européenne

Dans le jeu des influences mondiales mentionnées dans cet ouvrage, une manque en effet cruellement : celle de l'Union européenne. Elle possède pourtant la légitimité et la crédibilité nécessaires pour être entendue dans le monde. L'Europe a forgé par son histoire, puis a formalisé depuis la Deuxième Guerre mondiale, un modèle de société alliant marché, démocratie et protection sociale, qui a produit paix extérieure et croissance économique intérieure. Elle a acquis une expérience « vendable ». Ses problèmes économiques et financiers actuels sont conjoncturels et dus à des mauvaises analyses de ses élites ainsi qu'à des stratégies délibérées d'affaiblissement par des puissances extérieures. Tout le monde le sait aujourd'hui, même si peu l'écrivent.

Il n'est pas contestable que des stratégies d'influence sont à l'œuvre pour éviter que l'Europe ne devienne un des pôles de puissance du monde. Même la présidente du Medef, qu'on ne peut accuser d'anti-américanisme et d'antilibéralisme, l'a dit clairement à l'été 2011 : « *La situation s'est tendue quand la Chine a commencé à faire la leçon aux États-Unis sur leur dette. Les Américains ont sans doute voulu alors repasser le mistigri à l'Europe. On a assisté à une sorte de guerre psychologique et à une tentative de déstabilisation de la zone euro. Les marchés ont surréagi, étant par nature très sensibles aux rumeurs, même organisées.*[3] » Elle parle d'une « orchestration » outre-Atlantique des difficultés de l'Europe, en donnant comme exemple les rumeurs lancées sur les banques françaises, qui se sont diffusées immédiatement alors qu'elles étaient absolument infondées. Il faut indiquer qu'au même moment la directrice générale du FMI faisait des déclarations allant dans le même sens que les rumeurs et qu'auparavant les banques européennes étaient soumises à de nouvelles réglementations plus strictes sur leurs dépôts aux États-Unis. L'ensemble ne pouvait évidemment pas leur bénéficier, c'est le moins que l'on puisse dire.

Il est temps que l'UE reprenne son destin en main, même si les difficultés rencontrées par le Commissaire Barnier pour faire aboutir quelques notions montrent le chemin qui reste à faire. Cependant, l'Union européenne a déjà produit pour elle-même une ambitieuse stratégie 2020, notamment en matière d'énergies renouvelables et de leur combinaison avec les technologies de l'information, qui porte en elle des conséquences très larges sur notre mode de vie. L'UE est donc déjà engagée sur une voie de renouveau de la pensée. L'auteur Jeremy Rifkin[4] a montré en 2005 l'intérêt du modèle européen. En marge de ces grandes stratégies, des actes volontaristes ont commencé, on peut citer par exemple le lancement par l'Autorité européenne des marchés financiers, le 19 septembre 2011, de quatre consultations publiques, en vue de l'élaboration de normes techniques de réglementation applicables aux agences de notation de crédit. Ajoutées aux règles déjà existantes, elles permettraient de déterminer notamment les informations que les agences devraient divulguer.

À côté des États européens et de l'UE, un sursaut conceptuel de quelques grandes entreprises européennes et pourquoi pas françaises serait nécessaire. Les États ne sont pas les seuls acteurs concernés. Tous les acteurs doivent s'engager dans l'influence. Si les États-Unis ont acquis leur puissance actuelle, c'est parce que tous leurs acteurs économiques se sont engagés, ont mis des moyens financiers et des stratégies dans la bataille. C'est aussi – nous nous répétons, mais ce constat est fondamental – parce qu'à partir de la fin des années 1980, un gigantesque effort de réflexion et d'anticipation a eu lieu chez les élites américaines. La prévision partagée entre public et privé leur a permis en connivence d'installer partout dans le monde les relais immatériels d'influence qui ont été décrits dans cet ouvrage. Les entreprises en ont pris très largement leur part, en particulier les industries de l'immatériel. Les fameuses industries culturelles ou d'*entertainment* sont aujourd'hui complétées par les maîtres des réseaux et des logiciels. Comme nous l'avons vu, plusieurs puissances émergentes ont commencé à faire de même.

Une Initiative mondiale de la pensée est indispensable et l'UE pourrait la porter. Malgré les apparences, elle n'en est finalement peut-être pas si loin car la crise profonde qu'elle va vivre l'obligera à des renouveaux conceptuels majeurs. Mais l'UE ne pourra pas faire grand-chose si elle est seule au monde à changer de modèle. Elle doit emporter l'adhésion de ses partenaires internationaux sur des valeurs réalistes et nouvelles. En même temps, l'Europe ne peut relever la tête que si, à côté de sa stratégie économique et industrielle, elle fait montre d'une volonté sans faille, elle définit une marque et un mode de vie pour le futur, qui seraient la base du modèle qu'elle pourra promouvoir, et elle utilise des négociateurs animés par un fort sentiment politique européen et par une règle d'or : la réciprocité. On entre là dans le cadre de jeux d'influence complexes, qui demandent des professionnels de l'intelligence économique et de l'influence, pour connaître à fond les forces, faiblesses et caractéristiques de nos interlocuteurs.

Pour exercer une influence, il est bon de chercher des partenaires avec lesquels travailler en coopération ou en coopétition. De manière cocasse, début février 2012, c'est le Premier ministre chinois Wen Jiabao qui explique qu'il n'y a pas de crise de l'euro ! Il indique peu après que la Chine est disposée à prêter à la Grèce pour lui éviter la faillite. La question se pose aujourd'hui sérieusement de savoir s'il ne convient pas pour l'UE de rechercher des alliances nouvelles. Entre d'une part des « amis », à savoir des marchés livrés à eux-mêmes, des institutions internationales qui les suivent et des Américains en connivence improbable avec des régimes moyen-orientaux aux intentions rien moins que claires, et d'autre part des interlocuteurs émergents certes intéressés et très peu philanthropiques, il n'est peut-être pas inintelligent de commencer à repenser en profondeur nos relations avec ces derniers, y compris dans le cadre d'accords de financements à très long terme. Il faut explorer la piste d'une coopération beaucoup plus poussée avec des grands pays émergents sur des projets communs de gouvernance, comme, pour commencer, la création d'une agence de notation avec la Chine, le Brésil, l'Inde, la Russie. C'est le moment ou jamais de réunir ces pays sur une Initiative commune, fondée sur des principes économiques innovants.

Comme on l'a vu, de plus en plus de penseurs anglo-saxons sont à la recherche du « *social good* » qui n'est pas loin de l'intérêt général et, en pratique, du service public : le *Financial Times* du 28 janvier 2008, sur le classement des MBA, nous indique : « *Schools aspire to be forces for social good, there is a responsability for social good* » (« Les écoles aspirent à être des forces pour le bien commun, il existe une responsabilité en matière de bien commun), ou encore « *investing in people benefits all* » (« investir dans les hommes bénéficie à tous », *FT* du 17 mars 2008)... Parallèlement, les médias libéraux incitent l'UE à prendre sa place dans la pensée mondiale. Ainsi *The Economist*, dès le 9 juin 2007 : « *La réflexion européenne se limite trop souvent à commenter l'actualité plutôt qu'à proposer des solutions à moyen terme* » et le *Financial Times* du 29 février 2008 : « *L'Europe doit se remettre en lice dans le combat pour les bonnes idées.* » Il semblerait même aujourd'hui que tout en critiquant l'Europe et son « mauvais génie » les Français, ils esquissent en même temps quelques pas étonnants. Ainsi un article du 9 avril 2012 du *Financial Times*[5] explique que l'austérité généralisée [prônée par les marchés] pourrait mener à l'échec et que des politiques de croissance nouvelles, y compris celles proposées par le candidat socialiste français, devraient être considérées.

Si elle sait retourner cette situation à son avantage médiatique, ce qui ne paraît pas hors de portée compte tenu des énormes erreurs commises par ses adversaires, l'Europe a actuellement une fenêtre de tir exceptionnelle pour faire valoir auprès des Européens et dans le monde un modèle innovant, sorte de marché régulé sur la base des grands défis environnementaux et sociaux. La notion de bien public mondial doit évidemment être mise au premier plan et creusée, sans pour autant donner lieu à des organisations lourdes et chronophages. Il y a un « boulevard » pour créer une pensée nouvelle sur des gouvernances qui concilient l'efficacité à court terme du marché et l'efficacité à long terme du service public.

Retrouver le principe de l'intérêt général

Le sujet fondamental qui traverse toutes les questions de gouvernance est celui de la définition et de la gestion de l'intérêt général. Ce sujet est aujourd'hui capté par une influence très majoritaire, que nous avons abondamment décrite, celle des marchés. Or il n'est plus possible aujourd'hui pour l'honnête homme d'être convaincu que les principes de libre-échange, d'ouverture des marchés et de concurrence contribuent nécessairement partout à l'intérêt général, du moins dans la définition collective qu'on lui donne en démocratie et qui suppose développement, paix, justice et réduction de la pauvreté. Comment donc définir ce fameux intérêt général ? Faut-il le considérer comme résultant des affrontements des intérêts privés ? La mise en concurrence est une excellente méthode en économie... si elle existe. Mais des oligarchies se sont créées ou tendent à le faire dans tous les domaines, y compris en matière d'information et d'Internet. En outre, comment un État pauvre peut-il être en compétition égale avec une multinationale qui souhaite exploiter ses terres ?

Le déclin de la souveraineté des États et la mise en cause de l'intérêt général étaient prévus depuis longtemps par des auteurs comme Alvin Toffler, déjà cité, incroyablement prémonitoire dans *Les Cartes du futur* dès 1983 ou encore le pourtant républicain Walter B. Wriston, CEO de Citigroup et auteur de *The Twilight of Sovereignty* en 1992. Presque tous les auteurs qui ont réfléchi à cette question concluent à l'importance de règles du jeu définies par un organisme impartial (l'État au plan national, quid au plan international ?). Or aujourd'hui les jeux sont inversés : ce sont les États qui sont soumis aux règles d'acteurs privés forcément partiaux. Jusqu'à présent, cela ne touchait « que » les États en développement, auxquels peuvent être imposés des « partenariats » privés sur leurs activités régaliennes. Tous les États sont désormais touchés, tant qu'ils ne se lanceront pas dans la reconquête de la pensée.

Depuis quelques années on voit d'anciens responsables de la Banque mondiale comme Jeffrey Sachs ou Joseph Stiglitz indiquer un autre chemin que le tout libéral. C'est d'autant plus piquant qu'ils furent en leur temps parmi les plus libéraux, surtout Sachs qui imposa des cures d'austérité terribles à des pays en crise, dont la Russie en 1985, l'amenant à des situations de quasi-famine. Il est intéressant d'entendre Joseph Stiglitz constater que « *la main invisible des marchés est vraiment invisible* ». Mais faut-il conserver les principes du marché en les encadrant ou rechercher dès aujourd'hui des principes nouveaux qui pourraient fonder un monde rendu radicalement différent par les transformations technologiques et humaines qu'il subit ? Un monde qui serait à terme plus fondé sur l'empathie et la solidarité ? Les thèses en ce sens, comme celles de Stéphane Hessel et Edgar Morin[6] ou encore de Jeremy Rifkin[7], relèvent aujourd'hui de l'utopie comme celles de

Rousseau à la fin du XVIIIe siècle. Il ne faudrait pas pour autant les rejeter.

Robert Reich, Joseph Stiglitz et bien d'autres ont des propositions innovantes en termes macro-économiques et politiques. Muhammad Yunus, le « banquier des pauvres » bangladeshis, et d'autres dans le monde comme Jacques Attali en France ont mis en œuvre des solutions pratiques, en l'occurrence le microcrédit aux plus défavorisés. De nombreux mouvements, y compris en France, tentent d'influencer l'opinion en faveur de l'entrepreneuriat social. Il est clair que de plus en plus de responsables, y compris dans le monde de l'entreprise, ressentent la nécessité de trouver un modèle de vie différent... Peut-on imaginer un capitalisme humaniste du XXIe siècle ? Un capitalisme féminin... comme le dit Rafik Smati[8] dans un livre étonnant et à notre avis prémonitoire, le mot féminin étant entendu au sens des valeurs dites féminines, par exemple d'équilibre et de prudence *versus* la crise du masculin et de l'approche du risque qu'il décrit.

Ce n'est pas le fond d'idées qui manque mais leur capacité à s'exprimer et à passer outre les influences des marchés, en tant que système, et de leurs acteurs. Il faut avant tout retrouver des idées simples et du sens. La gouvernance des États et le management des entreprises ont trop pâti d'une approche technique, quantitative et particularisée des problèmes. On le voit pour les réglementations en matière financière, avec les faillites ou escroqueries non décelées, les trafics croissants et l'absence de contrôle final de dérives graves. Procéder par des régulations très spécialisées sans un principe « chapeau » au-dessus favorise des visions parcellaires, chaque domaine ayant sa norme ou ses bonnes pratiques. C'est comme cela qu'on arrive à des contradictions qui bloquent les systèmes. Le management n'est pas la loi et ils sont aujourd'hui confondus.

La recherche de l'intérêt général au plan mondial doit travailler sur la base des valeurs démocratiques globales posées par la Déclaration universelle des droits de l'homme de l'ONU, avancée de gouvernance mondiale sur laquelle ne peut être acceptée aucune concession. Or il faut avoir la lucidité de reconnaître que ces principes ne sont plus acceptés par tous, que des influences là aussi mortifères s'exercent à leur encontre et qu'il faut de manière urgente se remettre à convaincre. C'est le cas, entre autres, sur la place des religions.

La France a là un rôle particulier à jouer, avec des alliés du monde entier. Nous avons vu que les marchés s'accommodent très bien des régimes autoritaires, y compris religieux. L'ordre libéralo-moral a finalement conduit à une reprise en main morale et religieuse sous la forme d'influences volontiers rigides, parfois intégristes. Le parallélisme de pensée est évident entre la surveillance par les pairs en milieu professionnel (*peer review* entre États et *whistleblowing* dans les entreprises) et celle par la communauté religieuse dans la société civile. Or la forte implication du religieux dans la gouvernance d'un État implique presque toujours des réductions des libertés de tous, des femmes en particulier. C'est pourquoi la France a créé le système dit de la laïcité, qui fait partie de sa conception de l'intérêt général parce qu'il permet à tous et toutes d'avoir accès aux mêmes droits sur son territoire. Il s'agit spécifiquement d'un des *modus vivendi* les plus pratiques entre religions dans une société. Ce terme n'a pas de traduction réelle en pays anglo-saxon, où on l'utilise tel quel et où on le déforme souvent. Le principe de laïcité est délibérément présenté comme antireligieux alors qu'il consiste, à l'inverse, à garantir la liberté de toutes croyances en les organisant autour du respect d'un cadre commun pour les mettre à égalité de droits et de devoirs. Il n'est pas étonnant que ce principe serve d'angle d'attaque très dur contre la France. Car il s'agit d'un pilier de l'organisation politique et sociale de notre pays et même jusqu'à présent de l'Union européenne. Il est vrai qu'il est facile de pratiquer des amalgames avec l'histoire coloniale de la France et l'alliance libéralo-morale ne s'en prive pas. La France se retrouve donc sous les feux nourris d'intérêts très divers contre l'un de ses axes majeurs. Si celui-ci cède, le socle entier de notre conception républicaine cède car il y a une cohérence interne de son modèle. Sur ce point, ses adversaires les plus acharnés se trouvent souvent parmi ses « alliés ». La France est une cible facile, ses dirigeants maîtrisant peu les règles de la contre-influence. La France doit trouver de vrais alliés, y compris hors UE, et se lancer dans un grand effort de conviction auprès de ses partenaires. Beaucoup d'étrangers ne le comprennent pas... car on ne le leur a pas expliqué.

Comme nous le proposions déjà en 2006, il serait plus utile que jamais que des groupes de philosophes d'origines différentes travaillent sous l'égide de l'ONU sur des « méta-principes » (c'est-à-dire généraux et partagés par tous) permettant un accord de base sur un concept mondial d'intérêt général et, dans un deuxième temps, des domaines prioritaires de sa mise en œuvre au plan international. La démocratie fait partie de ces valeurs. Comme nous l'avons vu, la bonne nouvelle est que les non-Occidentaux n'y sont pas les moins sensibles. Le nombre de pays démocratiques n'est pas en régression dans le monde, contrairement à ce que l'on croit souvent. Les valeurs de libre-échange pacifique, de justice et d'éthique ne sont pas culturellement marquées. Elles sont humaines. Il faut aller vers des *modus vivendi* de ces valeurs, sur lesquels tous pourront s'entendre.

Sur les domaines prioritaires, Jean-François Rischard, ancien vice-président de la Banque mondiale, recensait en 2002 vingt problèmes mondiaux et vingt solutions pratiques pour les résoudre[9]. Les applications concerneraient divers domaines. D'abord, la gestion des ressources du futur : population, agriculture, énergie, eau, minerais, qui les possède ? Comment sont-elles gérées pour durer le plus longtemps et dans l'intérêt de tous ? Comment peuvent-elles être mises au service de la croissance humaine tout en permettant l'enrichissement individuel ? Comment organiser la maîtrise publique-privée sur ce qu'on appelle les biens publics mondiaux ? Quelle est leur définition ? Certains vont jusqu'à y mettre la finance, avec l'air et l'eau, ce qui paraît tout de même excessif... Quid des ressources immatérielles, notamment l'éducation et la santé, dont on peut estimer qu'elles constituent des biens mondiaux ? Il ne s'agit évidemment pas de nationaliser ou d'imposer un statut public à ces secteurs, mais de mettre en place des principes qui les régissent de manière contraignante. C'est d'ailleurs implicitement ce qu'en pensent déjà l'ONU et les banques de développement puisque l'éducation et la santé sont une partie majeure de leurs programmes. Mais sans projet de fond.

L'influence comme mécanisme de relations internationales pacifiées

On lit que le XXIe siècle ressemblera au XIXe, avec des replis des États, une montée en puissance de régimes à la fois autocratiques et capitalistes, le capitalisme n'étant plus lié à la démocratie comme on l'a cru jusqu'à présent, et des guerres engendrées par ces États. On lit aussi au contraire qu'on est entré dans une multipolarisation durable, période peut-être instable mais bénéficiant de la présence des contre-pouvoirs inhérents à cette organisation. Certes, on voit des pays comme la Chine ou la Russie monter en puissance alors que ce ne sont pas des démocraties, on voit des alliances entre dictatures. Mais il y a bien d'autres facteurs qui vont en sens inverse : il existe aujourd'hui un système multilatéral qui n'existait pas au XIXe siècle et auquel appartiennent toutes les puissances, y compris dictatoriales. C'était d'ailleurs le pari du multilatéralisme que de faire entrer la Chine, encore peu libéralisée, à l'OMC. Aujourd'hui, elle y participe activement et devient un acteur à part entière de la communauté internationale.

Nous avons vu que les concepts de coopétition pour les entreprises et de *smart power* pour les États sont d'essence proche. Dans les deux cas, il s'agit d'un mode de gouvernance associant compétition et coopération et prenant acte de la complexité. Le *soft* ou le *smart power* et surtout la *public diplomacy* peuvent être considérés comme des avancées dans l'exercice du pouvoir, parce qu'en exerçant une influence, ils recherchent aussi une adhésion. Les notions de dialogue et de coopération apparaissent en filigrane dans la *public diplomacy.* Ce type de relations qui par nature exclut le binaire pourrait-il préfigurer de nouvelles formes de relations internationales réellement multipolaires ?

Les partisans de la *realpolitik* ironiseront, mais ils auront tort. Ces concepts novateurs ont sûrement plus d'avenir que ceux de guerre économique ou de chaos constructeur. La guerre existe, c'est une réalité d'origine complexe à prendre en compte, mais la théoriser comme objectif ultime est un apport conceptuel à la nécessité de gouvernance de la planète aussi réduit que celui des normes privées issues du marché. On peut cyniquement soutenir que le monde ne survivra que par des guerres régulières, qui permettront à la fois d'éliminer les populations et de maintenir des industries. La première phrase fera plaisir aux disciples du commandant Cousteau qui, dès les années 1970, disait qu'il faudrait songer à réduire la population mondiale et la seconde aux complexes militaro-industriels du monde entier.

Les modes de relations entre États pourraient bien évoluer au début du XXIe siècle, comme ils l'ont souvent fait à l'occasion de grandes crises. Il est en tout cas indispensable d'essayer de penser un renouveau pour accompagner et non freiner les changements positifs en cours.

Nous avons proposé un projet d'initiative internationale sur l'intérêt général dans les pages précédentes. Les politologues pourraient aussi réfléchir plus avant à des mécanismes innovants dans les relations internationales. L'influence, mécanisme de gouvernance pour l'entreprise, pourrait aussi servir la mise en place d'une gouvernance internationale démocratique. Car elle permet de faire émerger des idées et des acteurs nouveaux. Elle est un instrument concret pour faire fonctionner des concertations sur les indispensables principes communs à mettre en place entre États du globe, et pour commencer, entre zones régionales. L'influence et le *lobbying*, bien utilisés et encadrés, permettent de lutter contre la pensée unique, ils ouvrent l'horizon des idées pour trouver des solutions communes aux immenses défis de notre monde. Si l'influence et la *public diplomacy* sont jouées correctement, elles favorisent le dialogue plutôt que l'affrontement, préviennent les crises et répondent au besoin d'échange et de partage que nous voyons se développer sous les cendres des conflits.

Dans la lignée des acquis internationaux énoncés par la Déclaration universelle des droits de l'homme de l'ONU, l'influence peut aider à définir des principes supérieurs de gouvernance sur les grands enjeux du XXIe siècle. Il s'agit « tout simplement » pour les hommes et femmes de bonne volonté de travailler pour se convaincre et non pour se vaincre. La France peut et doit y jouer sa partition.

Notes

Avant-propos. L'influence : menace ou opportunité ?

1. Thomas Friedmann, *La terre est plate. Une brève histoire du XXIe siècle*, traduction française, éditions Saint-Simon, Paris, 2006.
2. Claude Revel, *La gouvernance mondiale a commencé*, Ellipses, 2006.

Chapitre 1. L'influence, rouage clé du nouvel ordre mondial

1. Dictionnaire Le Robert.
2. Voir le site de François-Bernard Huyghe. http://huyghe.fr
3. Éric Delbecque, *L'influence ou les guerres secrètes. De la propagande à la manipulation*, Vuibert, 2011.
4. http://huyghe.fr
5. Entre autres, *Petite histoire de la désinformation*, Éditions du Rocher, 1999, ainsi qu'un grand nombre de romans dont *Le Montage*.
6. Rick Weiss, *Washington Post*, 2007, évoquant des expériences du DARPA (Defence Advanced Research Projects Agency américaine).
7. http://www.foia.cia.gov/docs/DOC_0000015462/DOC_0000015462.pdf
8. OCDIE 5, « Influence et contre-influence », Christian Harbulot.
9. www.lemonde.fr, 24 avril 2011.
10. Voir détails dans le rapport du CHEAR, 41e session 2004-2005, sur l'autonomie stratégique européenne, Groupe A, Comité n° 5.
11. 1921, traduction de l'allemand par le Dr S. Jankélévitch en 1921, un document produit en version numérique par Gemma Paquet, bénévole, professeur à la retraite du Cégep de Chicoutimi, collection « Les classiques des sciences sociales », fondée et dirigée par Jean-Marie Tremblay, professeur de sociologie. Site web : http://www.uqac.uquebec.ca/zone30/Classiques_des_sciences_sociales/index.html, une collection développée en collaboration avec la bibliothèque Paul-Émile-Boulet de l'université du Québec à Chicoutimi. Site Web : http://bibliotheque.uqac.uquebec.ca/index.htm
12. Un document produit en version numérique par Roger Deer, bénévole, ingénieur à la retraite, diplômé de l'ENSAIA de Nancy (École nationale

supérieure d'agronomie et des industries alimentaires), même collection, même université.

13. Tchou, édition française, 1985.
14. Stock, édition française, 1998.
15. Voir notamment les travaux de Michel Ferrary, chercheur associé à SKEMA Business School et professeur aux HEC de l'université de Genève.
16. Freedman J. L., et Fraser S. C., "Compliance without Pressure : The Foot-in-the-door Technique", *Journal of Personality and Social Psychology* (JPSP), 1966, 4.
17. *Psychologie des minorités actives*, PUF, 1991 (3e édition), traduction de *Social Influence and Social Change*, 1976, Academic Press, Londres.
18. *Influence : The Psychology of Persuasion*, 1984 et 1993 (William Morrow, HarperCollins) ; traduction française : *Influence et manipulation, comprendre et maîtriser les techniques de persuasion*, First, 2004.
19. Robert Vincent Joule et Jean-Léon Beauvois, 1987 et 2002, Presses universitaires de Grenoble.
20. Numerama.com, 18 décembre 2010 et 28 juin 2011.
21. Éric Delbecque, *L'influence ou les guerres secrètes. De la propagande à la manipulation*, Vuibert, 2011.
22. Claude Revel, *La gouvernance mondiale a commencé*, Ellipses, 2006.
23. Joseph Badaracco a été, semble-t-il, le premier à utiliser ce terme qui a connu un succès international, dans *The Knowledge Link : How Firms Compete through Strategic Alliances*, Boston, Harvard Business School Press, 1991.
24. L'auteur est bien consciente qu'il faudrait écrire *consortia* au lieu de *consortiums* ou, plus loin, *fora* au lieu de *forums* et *media* au lieu de *médias*, pour respecter la langue latine dont sont issus ces mots. Néanmoins (et à son regret) l'usage de ces barbarismes s'est définitivement répandu.
25. Éric Denécé et Claude Revel, *L'autre guerre des États-Unis*, éditions Robert Laffont, 2005, et Claude Revel, *La gouvernance mondiale a commencé*, Ellipses, 2006.
26. Voir les articles de Sofiane Saadi et de Jonathan Calof dans *Hors les murs*, revue des anciens élèves de l'ENA, novembre 2001.
27. New York, Free Press, 1980, traduction française en 1982, *Choix stratégiques et concurrence*, Économica, puis en 1986 sous le titre *L'Avantage concurrentiel*, InterÉditions, puis en 1993 *L'Avantage concurrentiel des nations*, Dunod.
28. *Competitor Intelligence : How To Get It - How To Use It*, John Wiley & Sons, 1985.

29. *Strategic and Competitive Analysis : Methods and Techniques for Analyzing Business Competition*, Prentice Hall, 2003.
30. Ben Gilad et Tamar Gilad, *The Business Intelligence System*, AMACOM, 1988.
31. Articles « Influence » et « Intelligence économique » écrits par Claude Revel, ouvrage dirigé par Pascal Lorot, Ellipses, 2001.
32. Colloque organisé par la revue *Géoéonomie* le 23 octobre 2001 à l'Assemblée nationale, intervention de l'auteur sur « Les normes, enjeu de souveraineté », puis dans la revue *Géoéconomie*, automne 2002, articles de Claude Revel et Pascal Lorot : « Normes internationales et système-monde, l'élaboration des règles et normes, enjeu de pouvoir et de souveraineté ».
33. Du nom de leur auteur, le député du Gard, Bernard Carayon.
34. Voir le dossier de la revue l'ENA, *Hors les murs* de novembre 2011, « L'intelligence économique adulte ».
35. Voir les articles et ouvrages d'Éric Delbecque sur l'intelligence économique comme sur la gouvernance.
36. Dirigé par Éric Denécé, http://www.cf2r.org
37. Claude Revel, « Sécurité globale et risques immatériels », revue *Sécurité globale*, été 2008.
38. Voir l'article de Patrick O'Quin, revue de l'ENA *Hors les murs*, novembre 2011.
39. Voir les articles de Claude Revel, « Economic Intelligence » et « Economic Security », *Financial Times Business Education*, 9 février 2012. http://lexicon.ft.com
40. Telfer School of Management, université d'Ottawa, Canada's University.
41. Center for Innovation Management Studies (CIMS), North Carolina State University.
42. *Revue de la gendarmerie nationale*, 1er trimestre 2006.
43. *Dictionnaire de la mondialisation*, dirigé par Pascal Lorot, Ellipses, 2001.
44. Journée sur les systèmes d'information élaborée, Laboratoire I3M, université du Sud Toulon.
45. Peter A. G. van Bergeijk et Selwyn Moons, "Economic Diplomacy and Economic Security", *New Frontiers of Economic Diplomacy*, C. Costa éd., Lisbonne, 2008.
46. Raymond Saner et Michalun, *Negotiations between State Actors and Non-State Actors : Case Analyses from Different Parts of the World*, Republic of Letters publishing, Dordrecht, 2009.
47. Revue *Géoéconomie*, n° 56, hiver 2010-2011, Institut Choiseul.
48. Ali Fischer et Aurélie Bröckeroff, *Options for Influence*, Counterpoint, British Council, 2008.

49. In *Soft Power Comparing Global Influence : China's and U.S. Diplomacy, Foreign Aid, Trade, and Investment in the Developing World*, CRS, Congressional Research Service, 15 août 2008.
50. http://www.simonanholt.com/Explained/explained-introduction.aspx
51. Les lignes qui suivent sont librement inspirées des propos d'Éric Denécé, « Le formatage culturel par le *social learning* », dans Ludovic François (dir.), *Business sous influence*, Éditions d'Organisation, 2004, et dans *L'autre guerre des États-Unis* (avec Claude Revel), éditions Robert Laffont, 2005.
52. Pascal Dasseux, directeur général Havas Digital, « L'apport des réseaux sociaux dans l'image et la réputation des marques », revue de l'ENA *Hors les murs*, avril 2010.
53. *Ibid.*
54. Stéphane Hessel, *Indignez-vous !*, éditions Indigène, 2010.
55. Directeur adjoint de la prospective, ministère français des Affaires étrangères et européennes, *in* « La prospective, une procédure cognitive et d'action », revue *Mondes*, n° 4, été 2010.
56. http://www.leap2020.eu/Le-GEAB-N-61-est-disponible–Crise-systemique-globale-2012-L-annee-du-grand-basculement-geopolitique-mondial_a8756.html
57. http://www.diploweb.com/crises-et-catastrophes-que-faire.html
58. *Pays et guerre entre les nations*, Calmann-Lévy, 1962.
59. « Our Impoverished Discourse », 1er novembre 2006. http://www.huffingtonpost.com/joseph-nye/our-impoverished-discours_b_33069.html
60. Ali Fisher et Aurélie Bröckeroff, *Options for Influence*, Counterpoint, British Council, 2008.

Chapitre 2. Une gouvernance mondiale sous influences

1. Claude Revel, « Droit des affaires et influence internationale : à la croisée des chemins », revue *Accomex* (CCIP), décembre 2003.
2. Claude Revel, *La gouvernance mondiale a commencé*, Ellipses, 2006.
3. Commission dirigée par Mme Gro Harlem Brundtland, qui devint Premier ministre de Norvège.
4. Voir Éric Denécé et Claude Revel, *L'autre guerre des États-Unis*, éditions Robert Laffont, 2005.
5. Voir les études de la Fondation pour le droit continental.
6. *The exposure of French companies to measures against international corruption in a diverse and growing international regulatory framework*, Georgetown University Law Center, mai 2012.
7. Claude Revel, « Nouvel environnement concurrentiel et normes morales », *Problèmes économiques*, n° 2 778, 2 octobre 2002.

Chapitre 3. Comment travailler les opinions

1. Claude Revel, « Les stratégies d'influence, fondements, champs, méthodes », revue *Prospective Stratégique* du CEPS, Centre d'étude et de prospective stratégique, mars 2002.
2. 28 janvier 2008, au sujet du classement des MBA : « *Schools aspire to be forces for social good, there is a responsability for social good.* »
3. Voir la définition de Claude Revel dans le *Financial Times* en ligne du 9 février 2012. http://lexicon.ft.com
4. *Le Guide de l'influence*, Eyrolles, mars 2010.
5. Alain Abelhauser, Roland Gori, Marie-Jean Sauret, *La Folie Évaluation, les nouvelles fabriques de la servitude*, éditions Mille et une nuits, octobre 2011.
6. Claude Mathon, « Pour en finir avec les agences de notation : un haut lieu de conflits d'intérêts au service d'une finance totalement débridée ». http://www.claudemathon.fr
7. Règlement (CE) n° 1060/2009 du Parlement européen et du Conseil du 16 septembre 2009 sur les agences de notation de crédit.
8. Jean-Charles Billaut, Denis Bouyssou et Philippe Vincke, « Faut-il croire le classement de Shanghai ? », *Revue de la régulation*, 2e semestre 2010, n° 8. http://regulation.revues.org/index9016.html
9. Jessica Berthereau, « Classement de Shanghai : les universités françaises piétinent au plan mondial », *Les Échos*, 12 août 2010.
10. « Évaluer la qualité des climats des affaires », rapport des conseillers du commerce extérieur de la France, dirigé par Patrick Patelin et Claude Revel, juillet 2010.
11. *Ibid.* : « Notons que cette classification simpliste et réductrice est d'ailleurs discutée outre-Manche, v. J. Reitz, *Toward a Study of the Ecology of Judiucial Activism ?*, 59 U. Toronto L.J. 185 (2009) ».
12. House of Representatives, première session, rapport 111-151.
13. « Évaluer la qualité des climats des affaires », rapport des conseillers du commerce extérieur de la France, dirigé par Patrick Patelin et Claude Revel, juillet 2010.
14. *Ingénierie sociale et influence sur Internet : d'un usage par/contre les entreprises* et *Ingénierie sociale et leurre par Internet sur pots de miel*, MISC 59, janvier-février 2012.
15. *L'impact des réseaux sociaux*, Jamespot & Inter-Ligere, février 2009.
16. Ce résultat a été établi par un site spécialisé (http://blog.bitly.com) à partir de la comptabilisation du nombre de clics sur un panel de *tweets*.
17. Gonçalves, Perra, Vespignani, *Validation of Dunbar's numbers in Twitter conversations*, Center for complex networks and systems research, Indiana University.

18. Article « Social networks Primates on Facebook », *The Economist*, 26 février 2009.
19. Pascal Dasseux, « L'apport des réseaux sociaux dans l'image et la réputation des marques », revue de l'ENA *Hors les murs*, avril 2010.
20. *Le nouveau management de l'information, la gestion des connaissances au cœur de l'entreprise 2.0.* www.fypeditions.com, 2009.
21. Emmanuel Lemieux, *Constructif*, n° 16, février 2007.
22. Sébastien Chainay, thèse professionnelle du mastère spécialisé « Intelligence économique et management des connaissances », IEMC, SKEMA Business School, 2010.
23. http://www.cluetrain.com
24. Rick Levine, Christopher Locke, Doc Searls, David Weinberger, McKee Jake, *The Cluetrain Manifesto*, Basic Books.
25. *Constructif*, n° 16, février 2007.
26. http://www.maxisciences.com, Info rédaction, 23 juillet 2011.
27. Yves Pigneur, *Business Model Generation : A Handbook for Visionaries, Game Changers, and Challengers*, John Wiley & Sons, 2010, traduction française : *Business Model nouvelle génération : un guide pour visionnaires, révolutionnaires et challengers*, Pearson, 2011.
28. Eyrolles, 2010.
29. Gwendal Legrand, chef du service expertise informatique à la CNIL, « Vie privée : faut-il avoir peur de Google ? », *La Tribune*, 4 juin 2007, cité par Wikipédia dans son article français sur Google.
30. In *Internet et la révolution : une question de forme*, blog Intelligence économique des *Échos*, 24 février 2011.
31. Internet Corporation for Assigned Names and Numbers, pour plus de détails voir www.icann.org
32. Benoît Thieulin, directeur de l'agence La Netscouade, www.Lesechos.fr, 3 août 2011.
33. En mai 2010, devant les étudiants de l'université d'Hampton en Virginie, LeFigaro.fr, 10 mai 2010.

Chapitre 4. Les États influents... et les autres

1. CRS, Congressional Research Service, 15 août 2008.
2. Voir http://www.simonanholt.com
3. http://www.terraeco.net/Les-pays-attractifs-ne-sont-pas.html
4. Colloque de la FRS (Fondation pour la recherche stratégique), 2 avril 2012, Paris.
5. « Putting the power in soft power ? », 13 et 14 octobre 2011.
6. « Culture : pourquoi la France va perdre la bataille du *soft power* », Fondation Terra Nova, 31 mars 2010. http://www.tnova.fr/note/culture-

pourquoi-la-france-va-perdre-la-bataille-du-soft-power. Également auteur de *Mainstream. Enquête sur la guerre globale de la culture et des médias*, éditions Flammarion, mars 2010 ; rééd. Champs/Flammarion, 2012.

7. Claude Revel, « De l'information dans l'approche internationale des décideurs américains et français », *Revue internationale et stratégique*, n° 31, automne 1998.
8. In *Soft Power Comparing Global Influence : China's and U.S. Diplomacy, Foreign Aid, Trade, and Investment in the Developing World*, CRS, Congressional Research Service, 15 août 2008.
9. Alec Castonguay, « Les marchands d'influences - Washington, cœur de la planète *lobbying* », *Le Devoir* (Canada), 17 janvier 2005.
10. *Aftershock, The Next Economy and America's Future*, Random House, New York, 2010. Traduction française : *Le jour d'après*, Vuibert, février 2011.
11. "*Get smart*", *Foreign Affairs*, juillet-août 2009.
12. Massimo Alabresi, *Time*, 7 novembre 2011.
13. Éric Denécé et Claude Revel, *L'autre guerre des États-Unis*, éditions Robert Laffont, 2005.
14. *Ibid.*
15. Pierre Hassner et Justin Vaïsse, *Washington et le monde. Dilemmes d'une superpuissance*, Autrement, 2003.
16. http://exchanges.state.gov/ivlp/Alumni.html
17. Dominique Jolly : « *L'indice de Gini, qui était à 0,19 dans la période maoïste est maintenant à 0,47 – à comparer au 0,33 français et au 0,41 américain. Le premier pays communiste au monde est donc devenu plus inégalitaire que les États-Unis* », http://dominiquejolly.wordpress.com
18. John Lee, *Wall Street Journal Asia*, 6 juin 2011.
19. *Perspectives on Globalization, China's View of European Cultural Soft Power and Recommendations for Europe to Strengthen its Soft Power Positioning*, Certificate on Sino-US relations, Hopkins-Nanjing Center, juin 2011.
20. Président de la Hong Kong Association for European Studies, Department of Government and International Studies, Hong Kong Baptist University.
21. *Comparing Global Influence : China's and U.S. Diplomacy, Foreign Aid, Trade, and Investment in the Developing World*, CRS - Congressional Research Service, 15 août 2008.
22. http://nanjing.jhu.edu
23. Claude Revel et Laure Pallez-Varani, in *Pensée compétitive dans les pays émergents : l'exemple de la Chine*, blog intelligence économique des *Échos*, septembre 2010.
24. Rapport d'information fait au nom de la Commission des affaires étrangères, de la défense et des forces armées de l'Assemblée nationale, à la suite

d'une mission effectuée du 11 au 14 avril 2011 au Brésil, par MM. Josselin de Rohan, Jean Besson, Bernard Piras et Yves Pozzo di Borgo.

25. http://www.challenges.fr/economie/20111229.CHA8663/ce-que-possede-le-qatar-en-france.html
26. Rapport du Sénat présenté par le sénateur Adrien Gouteyron et enregistré le 11 février 2009.
27. In Wikipedia, article « Al Jazeera », citant "Foreign Affairs, Glasnost In the Gulf", Thomas Friedman, *The New York Times*, 27 février 2001.
28. Christophe Boltanski et Vincent Jauvert, article paru dans *Le Nouvel Observateur* du 22 décembre 2011. http://tempsreel.nouvelobs.com/monde/20111227.OBS7586/qatar-les-liaisons-dangereuses.html, repris sur le site Mediapart.fr le 29 décembre 2011.
29. http://www.gsdp.gov.qa
30. http://english.farsnews.com/newstext.php?nn=9010173143
31. 31 janvier 2012, http://blogs.ft.com/beyond-brics/2012/01/31/iran-launches-tv-for-latin-america
32. Claude Revel, *La crise et l'Europe*, Démocratie 2012, septembre 2011 - http://democratie2012.fr/la-crise-et-leurope-1526.html
33. Voir les détails dans le rapport *Lobbying des entreprises françaises à Bruxelles. Nouveau contexte et nouvelles pratiques*, Jean-Claude Karpelès, CCIP, 22 septembre 2011.
34. http://www.finance-watch.org
35. *Jean Monnet, the founding father of the EU, believed that European unity was "not an end in itself, but only a stage on the way to the organised world of tomorrow".*
36. « *Is Europe doomed to fail a power ?* », rapport de juillet 2009.
37. « *Brussels is becoming the world's regulatory capital... usurping America's role as a source of global standards* », *Charlemagne column*, 22 septembre 2007.
38. « Union européenne : la puissance par la norme », *Les Échos*, 29 janvier 2008.
39. Anne-Sophie Boisard, Dominique Desjeux avec Li-Hua Zheng, *Comment les Chinois voient les Européens. Essai sur les représentations et les valeurs des Chinois*, PUF, 2003.
40. Laure Pallez-Varani, *Perspectives on Globalization, China's View of European Cultural Soft Power and Recommendations for Europe to Strengthen its Soft Power Positioning*, Certificate on Sino-US relations, Hopkins-Nanjing Center, juin 2011.
41. « [...] *the EU's diminishing influence over the last decade is all the more surprising given the amount of money that it invests in multilateral processes, and its strong representation within the UN System [...] It often seems defensive where it should be visionary* », *A Global Force for Human Rights ?*

An Audit of European Power at the UN, septembre 2008. http:/www.ECFR.eu

42. http://www.lisbon-treaty.org/wcm/the-lisbon-treaty/treaty-on-the-functioning-of-the-european-union-and-comments/part-3-union-policies-and-internal-actions/title-xiii-culture/455-article-167.html
43. Rapport Jouyet-Levy de 2007, commission sur « L'économie de l'immatériel – La croissance de demain ».
44. http://www.vinzblog.com/et-le-3e-pays-au-monde-le-plus-innovant-est
45. *La Seduction : How the French Play the Game of Life*, Times Book, 2011 ; traduction française : *La Séduction. Comment les Français jouent au jeu de la vie*, Presses de la Cité, 2011.
46. 31 mars 2012.
47. 29 mars 2012.

Chapitre 5. Les autres acteurs de l'influence

1. Voir Claude Revel, *La gouvernance mondiale a commencé*, Ellipses, 2006.
2. Revue *Géoéconomie* n° 56, hiver 2010-2011, Institut Choiseul.
3. In Claude Revel, « Les ONG et le commerce international », revue *Accomex*, novembre 2004.
4. Michel Doucin, *Les ONG*, éditions Toogezer, 2007.
5. Voir Jean-Marie Aoust, Gilbert Canameras, Xavier Guilhou, Claude Revel, *Quand ONG et PDG osent*, Eyrolles, 2004.
6. *International NGOs are the Verge of Facing Irrelevance*, rapport de CIVICUS, World Alliance for Citizen Participation, 2010.
7. États-Unis, Japon, Allemagne, France, Royaume-Uni, Italie, Canada et Russie.
8. Les membres du G8 ainsi que onze autres pays : Argentine, Australie, Brésil, Chine, Inde, Indonésie, Mexique, Arabie Saoudite, Afrique du Sud, Corée du Sud, Turquie, auxquels s'ajoute l'Union européenne.
9. Sur toutes ces questions, voir Claude Revel, *La gouvernance mondiale a commencé*, Ellipses, 2006.
10. Philip Stephens, « How a self-sufficient America could go it alone », *Financial Times*, 13 janvier 2012.
11. Jeanne Favret-Saada, *Jeux d'ombre sur la scène de l'ONU*, L'Olivier, 2010.
12. Voir *infra*.
13. *Superclass : The Global Power Elite and the World They Are Making*, Farrar, Straus and Giroud, 2009 ; traduction française : *La Caste*, éditions Robert Laffont, 2009.
14. Guy Debaux, « De l'information financière aux ratings non financiers de la RSE : les nouvelles cibles et stratégies d'influence de l'IE », conférence IEMA5-axe 2, Alger, 23-24 mai 2011.

15. *Ibid.*
16. Claude Revel, *La gouvernance mondiale a commencé*, Ellipses, 2006.
17. http://www.gotothinktank.com
18. Claude Revel, *La gouvernance mondiale a commencé*, Ellipses, 2006.
19. « Les vecteurs privés d'influences dans les relations internationales », rapport enregistré le 18 octobre 2011 à l'Assemblée nationale.
20. Jeremy Rifkin, *Le Rêve européen : ou comment l'Europe se substitue peu à peu à l'Amérique dans notre imaginaire*, Fayard, 2005.
21. Franck Frommer, *La pensée PowerPoint, enquête sur ce logiciel qui rend stupide*, La Découverte, 2010.
22. Olivier Pommeret, « Renseignement humain et outils techniques », revue *Hors les murs*, novembre 2011.
23. Voir Claude Revel, *Nous et le reste du monde*, éditions Saint-Simon, 2007.
24. Directrice du CERAM de Sophia-Antipolis, près de Nice, puis directrice générale de SKEMA Business School, fusion du CERAM avec l'École supérieure de commerce de Lille en novembre 2009.
25. Table ronde organisée par l'agence de presse spécialisée AISG, 15 mars 2012, Palais des Congrès.
26. *Marchands d'influence, les lobbies en France*, Le Seuil, 1991.
27. http://www.lesiecle.asso.fr
28. http://www.rue89.com/2011/08/08/comment-un-petit-club-davocats-et-de-juristes-inspire-les-lois-216682
29. Gallimard, 2004.
30. Gallimard, 2007.
31. Odile Jacob, 2010.
32. Pierre-André Taguieff, *L'Express*, 20 mai 2011.
33. Serge Halimi et Arnaud Rindel, « La conspiration - Quand les journalistes (et leurs favoris) falsifient l'analyse critique des médias », *Le Magazine de l'Homme Moderne*, janvier 2006, L'Herne. Publié avec l'autorisation des auteurs, ce texte est extrait des pages 233-243 de : Jean Bricmont et Julie Frank (sous la direction de), *Chomsky*, Cahier de L'Herne, Paris, 2007, 356 pages.
34. Michael Gama, *Rencontres au sommet, quand les hommes de pouvoir se réunissent*, L'Altiplano, 2007.
35. « Sécurité globale : fondamentaux pour aujourd'hui et pour demain », revue *Sécurité globale*, hiver 2011-2012, et *L'Europe face au défi des stupéfiants*, Fondation Robert Schuman, juillet 2009.
36. *Main basse sur l'Europe, enquête sur les dérives de Bruxelles*, Plon, décembre 1994.
37. *Les mafias contre la démocratie*, Jean-Claude Lattès, 1992.
38. http://flarenetworkfrance.blogspot.com

Chapitre 6. Les grandes batailles d'influences à l'œuvre

1. Joseph Henriot, *Champagne Charlie*, Albin Michel, 1982.
2. « *We aspire to be the world's leading management education authority and association* ». http://www.aacsb.edu/about/mission-statement.asp
3. Exposé de Denis Kessler, président de SCOR, au Cercle Henner, 11 janvier 2012.
4. Courrier de janvier 2011 à tous ses correspondants de l'Evian Group.
5. Robert Cialdini, *Influence: The Psychology of Persuasion*, 1984 et 1993 (William Morrow, HarperCollins) ; traduction française : *Influence et manipulation, comprendre et maîtriser les techniques de persuasion*, First, 2004.
6. Similitude relevée dans « Orwell, Bradbury et le "printemps arabe" », Bernard Pasobrola, 27 avril 2011. http://nawaat.org/portail/2011/04/27/orwell-bradbury-et-le-printemps-arabe
7. Julian Assange, « Nous avons été un déclencheur », *Libération*, 16 avril 2011.
8. Catharine Smith, *The Huffington Post*, 11 février 2011.
9. *The Facebook Effect*, Simon and Schuster, 2010.
10. « Les cyber-activistes arabes face à la liberté sur Internet made in USA ». http://nawaat.org/portail/2011/01/03/les-cyber-activistes-arabes-face-a-la-liberte-sur-Internet-made-in-usa
11. http://think-tanks.findthedata.org/l/91/National-Democratic-Institute-for-International-Affairshttp://think-tanks.findthedata.org/l/91/National-Democratic-Institute-for-International-Affairs
12. The 20th century roots of 21st century statecraft, post de Evgeny Morozov, 7 septembre 2010 - http://neteffect.Foreignpolicy.com/posts/2010/09/07/the_20th_century_roots_of_the_21st_century_statecraft
13. Allen McDuffee, *Washington Post*, 24 juin 2011. http://www.washingtonpost.com
14. Shawn Donnan, « Think again », *Financial Times*, 8 juillet 2011.
15. « Les réseaux sauvages », *Le Monde*, 31 août 2011.
16. Article de *Libération* précité, http://www.liberation.fr/medias/01012332032-julian-assange-nous-avons-ete-un-declencheur
17. *Ibid.*
18. http://www.ted.com
19. http://fing.org/?Lift-France-2011-Be-Radical

Chapitre 7. Retrouver l'initiative et l'influence intellectuelles

1. *Le jour d'après*, Vuibert, 2011.
2. *La Démocratie des autres : pourquoi la liberté n'est pas une invention de l'Occident*, Payot, 2005.
3. Interview de Laurence Parisot, présidente du Medef, *Le Figaro*, 29 août 2011.
4. Jeremy Rifkin, *Le Rêve européen ou comment l'Europe se substitue peu à peu à l'Amérique dans notre imaginaire*, Fayard, 2005.
5. « A growth agenda for the Eurozone », non signé.
6. Stéphane Hessel et Edgar Morin, *Le Chemin de l'espérance*, Fayard, septembre 2011.
7. *The Empathic Civilization : The Race to Global Consciousness in a World in Crisis*, Polity Press, UK, 2010.
8. Rafik Smati, *Vers un capitalisme féminin*, Eyrolles, 2010.
9. Jean-François Rischard, *High Noon*, Basic Books, 2002.

L'auteur

Claude Revel est une spécialiste reconnue de l'intelligence stratégique et de l'influence internationale, en France et à l'étranger. Ancienne élève de l'ENA, elle fut d'abord haut fonctionnaire, notamment aux ministères du Commerce extérieur puis des Affaires étrangères, avant d'entrer dans le secteur privé en créant l'une des premières structures françaises d'intelligence économique internationale pour des entreprises. Elle a ensuite dirigé la Confédération mondiale de la construction. Ancien membre du Haut Conseil pour la coopération internationale, elle est Conseillère du commerce extérieur de la France et membre de nombreux instituts et cercles français et étrangers consacrés aux relations internationales et à la géoéconomie. Elle partage aujourd'hui son expérience publique, privée et internationale entre son cabinet de conseil, IrisAction, la direction d'enseignements et de travaux consacrés à l'influence, à SKEMA Business School, et des publications et conférences en France et à l'étranger. Elle a en particulier déjà écrit sur les défis concrets de la gouvernance mondiale pour les États et les entreprises, la politique d'intelligence et d'influence des États-Unis, les conséquences des relations Chine-Amérique dans le nouvel ordre mondial, la mise en phase de la France avec le reste du monde, la place qu'elle pourrait prendre dans l'avenir de la mondialisation ou encore les relations entre entreprises et ONG.

IMPRIM'VERT

Certifié PEFC
Ce produit est issu de forêts gérées durablement et de sources contrôlées.
PEFC
10-31-2007
pefc-france.org

Achevé d'imprimer en mai 2012 par EMD S.A.S. (France)
N° éditeur : 2012/0664 - Dépôt légal : mai 2012
N° d'imprimeur : 26627